Ética

Dados Internacionais de Catalogação na Publicação (CIP)
(Câmara Brasileira do Livro, SP, Brasil)

Espinosa, Baruch de, 1632-1677
  Ética demonstrada em ordem geométrica / Baruch de Espinosa ; tradução de Diego Fragoso Ferreira et. al.; revisão da tradução de Fernando Bonadia de Oliveira, Samuel Thimounier Ferreira. – Petrópolis, RJ : Vozes, 2023.

  Vários tradutores.
  Título original: Ethica ordine geometrico demonstrata

  ISBN 978-65-5713-765-9
  1. Ética II. Título.

22-129440   CDD-170

Índices para catálogo sistemático:
1. Ética 170
Cibele Maria Dias – Bibliotecária – CRB-8/9427

Baruch de Espinosa

Ética
Demonstrada em ordem geométrica

Tradução de
Diego Fragoso Ferreira
Alessandro Jocelito Beccari
Matheus Knispel da Costa
Luiza dos Santos Souza

Revisão da tradução
Fernando Bonadia de Oliveira
Samuel Thimounier Ferreira

Petrópolis

Tradução realizada a partir do original em latim intitulado *Ethica, ordine geometrico demonstrata.*

© desta tradução:
2023, Editora Vozes Ltda.
Rua Frei Luís, 100
25689-900 Petrópolis, RJ
www.vozes.com.br
Brasil

Todos os direitos reservados. Nenhuma parte desta obra poderá ser reproduzida ou transmitida por qualquer forma e/ou quaisquer meios (eletrônico ou mecânico, incluindo fotocópia e gravação) ou arquivada em qualquer sistema ou banco de dados sem permissão escrita da editora.

CONSELHO EDITORIAL

Diretor
Gilberto Gonçalves Garcia

Editores
Aline dos Santos Carneiro
Edrian Josué Pasini
Marilac Loraine Oleniki
Welder Lancieri Marchini

Conselheiros
Elói Dionísio Piva
Francisco Morás
Ludovico Garmus
Teobaldo Heidemann
Volney J. Berkenbrock

Secretário executivo
Leonardo A.R.T. dos Santos
_____

Diagramação: Raquel Nascimento
Revisão gráfica: Jaqueline Moreira
Capa: Renan Rivero

ISBN 978-65-5713-765-9

Este livro foi composto e impresso pela Editora Vozes Ltda.

Sumário

Apresentação, 7

Prefácio às Obras póstumas *de Baruch de Espinosa*, 19
  Jarig Jelles

Parte I – Sobre Deus, 59

Parte II – Sobre a natureza e origem da mente, 121

Parte III – Sobre a origem e a natureza dos afetos, 199

Parte IV – Sobre a servidão humana, ou sobre as forças dos afetos, 297

Parte V – Sobre a potência do intelecto, ou sobre a liberdade humana, 401

Apresentação

[1]

Ninguém põe em xeque a afirmação segundo a qual a descoberta filosófica do mundo deve à Matemática um de seus capítulos mais instigantes. A Matemática se fez presente desde as mais antigas realizações da Filosofia que pouco a pouco retiraram das narrativas antigas o privilégio de descrever o enigma da origem do universo. Os matemáticos não pouparam esforços para evidenciar que os números, os teoremas e os cálculos podem favorecer uma explicação rigorosa do universo e desvendar seus mistérios. Na Modernidade, a Matemática extrapolou isto que hoje é seu lugar epistêmico próprio, e passou a constituir um método, ou seja, um meio de pensar aplicado universalmente às ciências; converteu-se, não é exagero dizer, em paradigma de certeza científica. Desse momento em diante, o que estivesse em conformidade com as matemáticas estaria certo com a mesma evidência de que um mais um é igual a dois.

Galileu Galilei (1564-1642), o revolucionário filósofo da natureza, considerou o universo um grande livro escrito em língua matemática, no qual constam caracteres que são figuras geométricas. René Descartes (1596-1650), que atingiu a fama de expoente do racionalismo moderno, não só favoreceu o desenvolvimento da Matemática por ampliá-la, mas também por fazê-la instrumento de descoberta do novo. Descartes demonstrou por meio de procedimentos matemáticos diversas questões da Física e alguns fundamentos da Metafísica, a Filosofia Primeira, cujo objeto de investigação é o ser. Outros pensadores se dedicaram também a deduzir, tal como os geômetras, ideias verdadeiras dos mais diversos objetos. Bento [ou Baruch] de Espinosa (1632-1677) conduziu, a partir de demonstrações geométricas, a descobertas em um campo de conhecimentos extraordinário: a ética.

Tal como Galileu argumentou por uma teoria verdadeira da órbita celeste, e para isso se serviu dos modelos geométricos, Espinosa se empenhou por uma teoria que descrevesse o caminho mais seguro e verdadeiro para uma vida feliz. Em outras palavras, se o conhecimento da filosofia de Galileu prometeu levar, pela Matemática, a outra concepção sobre o mundo entendido como coisa física e, portanto, a uma concepção diferente daquela defendida pelos pensadores escolásticos, o conhecimento da filosofia prática de Espinosa prometeu guiar, de forma idêntica, a outra concepção de salvação, em nada similar àquela professada por religiosos e teólogos. Em primeiro lugar, Espinosa encontrou na Matemática uma norma de verdade contra os preconceitos e as superstições que nos impedem de filosofar ou mesmo de querer filosofar. Depois, ele se deu ao grande trabalho de demonstrar, pelo recurso à geometria, todas as descobertas que teve no campo da Metafísica (Filosofia Primeira), da Epistemologia (Teoria do Conhecimento), da Física (Filosofia Natural), da Ética e, finalmente, da Política. O filósofo reuniu tudo isso em uma única obra constituída de cinco partes, a *Ética demonstrada em ordem geométrica*, que agora, em nova tradução, apresentamos.

[2]

Na *Ética*, as noções da Física e da Política são oferecidas apenas em seus fundamentos. Apesar disso, aqueles três grandes domínios da Filosofia do século XVII, a saber, a Metafísica, a Epistemologia e a Ética constituem os três grandes momentos desta obra, que envolve praticamente toda a Filosofia de Espinosa. Em outros escritos o pensador não hesitou em designar o conteúdo deste seu tratado como "minha Filosofia".

Não raro, encontraremos quem chame as "partes" da obra de "livros": Livro I, Livro II etc. Seja como for, a primeira parte trata de Deus, e trabalha com conceitos que se relacionam às noções de substância, modo e atributo. A segunda, sobre a Mente, expõe as principais questões da teoria do conhecimento, as quais se seguem necessariamente do conteúdo da primeira parte. As últimas três partes envolvem o que chamamos de Filosofia Prática: a terceira versa sobre os Afetos, a quarta sobre a Servidão e a quinta sobre a Liberdade.

As partes da obra estabelecem uma ordem de exame das questões da Filosofia, afinal, a *Ética*, como um todo, segue da teoria do ser para o estudo da mente humana, da mente humana para os afetos; dos afetos em si mesmos para a vida sob a preponderância de um afeto particular, a tristeza (vida servil) e, daí, para a vida sob a preponderância de outro afeto particular, o afeto contrário à tristeza, isto é, a alegria (vida livre). Essa ordem não é despropositada, mas está estabelecida para que se conheça a natureza das coisas e, sobretudo, das coisas humanas a partir das causas que as determinam. A tarefa da *Ética* é, em resumo, não só dar-nos a conhecer como as coisas são, mas também como elas são na ordem em que existem na realidade. Por isso, o livro causa tanta trepidação em seus leitores, deixando-os inquietos e maravilhados, não porque lê-lo seja fácil, mas porque sua dificuldade tem um especial efeito excitante: o que Espinosa assegura demonstrar (e demonstra) traz uma satisfação digna da expressão *epifania*, o sentimento que surge de entendermos o todo em um instante, e captarmos da forma mais plena possível a totalidade do que se passa em nós e fora de nós.

Tudo isso pode parecer simplesmente sublime à primeira vista, mas a exigência de atenção, persistência e disposição para ler a *Ética* torna as coisas mais tensas. Não é possível ler rigorosamente o livro fora de sua ordem própria, já que a última passagem do volume, pela qual o leitor transita do tema da servidão ao da liberdade, só se consolida se forem bem compreendidas as razões que a determinam necessariamente. O leitor não se sentirá culpado, porém, se avançar certas proposições, ler certa parte antes da anterior, saltar escólios que parecem longos demais, e construir um percurso próprio de leitura. Nesse caso, entretanto, terá de confiar naquilo que foi demonstrado antes e terá um conhecimento obtido de maneira dogmática. Por outro lado, parando um momento e acompanhando o livro desde a primeira página até a última, ainda que boa parte das deduções não esteja bem assimilada, o leitor sentirá a inevitabilidade de cada conclusão alcançada à semelhança de um matemático que acompanha a solução completa de uma equação, e anota as partes da resolução que não entendeu bem para estudar com calma depois.

Teria então a *Ética*, com essa estratégia de ordenação rigorosa pela qual segue do todo para a parte, de Deus para o ser humano, da servidão à liberdade, o objetivo de libertar os seus leitores? Em termos do século XVII ou em contexto espinosano, seria mais adequado dizer a mesma coisa pelo nome de "salvação". De acordo com as últimas linhas do livro, o percurso cumprido da primeira à última proposição visa indicar o caminho para esse fim. A salvação não é mera recompensa ou prêmio (incluindo os mais celestiais) por agir bem, mas a própria virtude de agir buscando sempre a conveniência entre os nossos desejos e os desejos de muitos outros, com os quais podemos alcançar em comum a mais alta felicidade possível.

[3]

O complemento do título da *Ética*, "demonstrada em ordem geométrica", define o tamanho da missão assumida pelo autor. Este tratado, constituído por uma infinidade de proposições, exigiu aguda precisão matemática, assim como em cálculos e em teoremas nos quais a mínima imprecisão do texto pode desaguar em confusões que mutilam nosso conhecimento sobre a matéria ensinada, resultando na impressão deformada de um conteúdo que pretende ser evidentíssimo. Escrito em latim, à época uma língua acessível a um universo importante de nações, com especializados dicionários à mão de qualquer tradutor, o livro não deveria, em tese, ser de difícil apreensão e tradução.

De acordo com Espinosa, em passagem de outra obra, o *Tratado teológico-político*, os *Elementos* com que Euclides fundamentou a geometria diferem em natureza de um texto como a *Bíblia*, por exemplo. Euclides, afirma Espinosa, "só escreveu coisas extremamente simples e altamente inteligíveis"; sua matéria pode ser ensinada sem dificuldade a qualquer pessoa, sendo suficiente que o aprendiz tenha um domínio básico da língua do autor. Em contrapartida, a compreensão completa da *Escritura* depende do conhecimento integral da língua hebraica, da história de seus autores, do futuro que tiveram seus livros e das inúmeras variantes que registraram ao longo do tempo. Se dos *Elementos* desaparecesse definitivamente a memória do nome do autor, ainda assim o texto poderia ser perfeitamente compreendido por todos os que conhecem o fundamental da gramática grega.

O texto euclidiano, apesar de ter sido escrito com extrema clareza e a partir de noções perfeitamente inteligíveis, encontra leitores que, bem alfabetizados, não se dão ao trabalho de lê-lo com atenção e de perseverar no entendimento de cada proposição sempre com o mesmo empenho e paciência. A magnitude das cadeias demonstrativas dos *Elementos* pode angustiar os leitores que, por falta de maior interesse em geometria, acabam tendo vontade de desistir da obra. A *Ética* também é assim. Victor Delbos, no início de *O espinosismo*, adverte, de modo convincente, que as definições iniciais de Euclides podem ser concebidas sem grandes entraves, pois as identificamos intuitivamente como evidentes; mas as definições que dão partida na *Ética* contêm, apesar da aparência de simplicidade, um enorme trabalho de lapidação técnica. As definições de Espinosa se valem de conceitos produzidos por filosofias anteriores, e mais que pontos de partida, são pontos de chegada[1].

Todos os passos que constituem o texto geométrico dependem da ação de imaginar e memorizar, porque são dados pela mediação de palavras que trazem uma história. Ademais, por nascerem de definições que submetem as palavras à determinação da mente, ligam-se também ao ato de entender. O texto da *Ética* de Espinosa está entre a situação da *Escritura* e a dos *Elementos*, não porque dependa da fé de um leitor religioso e, ao mesmo tempo, do saber geométrico de um leitor matemático, mas porque requer de um lado a cautela de um intérprete que se arrisca a decifrar um texto cheio de história e, de outro, a firmeza de um bom estudioso de Matemática.

[4]

A escolha da síntese geométrica como via mais adequada de exposição da *Philosophia* levou em consideração o ensino. Segundo o prefácio de Luís Meyer aos *Princípios da filosofia cartesiana* (escritos por Espinosa para demonstrar geometricamente os princípios filosóficos de Descartes), a escolha da síntese dos geômetras se justifica pelo fato de que "o método dos matemáticos para investigar e transmitir as ciências, isto é, aquele em que se demonstram as conclusões a partir de definições, postulados e axiomas" é "a melhor e mais segura via para indagar e ensinar a verdade"[2].

---

1 DELBOS, V. *O espinosismo*. Trad. H. Santiago. São Paulo: Discurso, 2002, p. 19-20.

2 ESPINOSA, B. *Princípios da filosofia cartesiana*. Trad. H. Santiago e L.C. Oliva. Belo Horizonte: Autêntica, 2015, p. 33.

Certamente não é uma via fácil, mas é a melhor e a mais segura. A dedução geométrica, expressa através de proposições e demonstrações, faz com que nossa inteligência não apenas capte a verdade, mas enxergue a forma pela qual a verdade se produziu. Por conseguinte, ao longo das páginas da *Ética*, todo e qualquer leitor, porque humano e dotado de raciocínio, chega por um mesmo caminho ao conhecimento exemplar das coisas. Nesse sentido, convém saber que a rigor não há textos não geométricos na *Ética*. Mesmo escólios, prefácios ou apêndices seguem a mesma necessidade e o mesmo método da obra como um todo, ainda que não apareçam configurados na forma de definições, axiomas, postulados etc.

A composição da obra em cinco partes firmemente demonstradas teve em vista evitar aquilo que se deu com o cartesianismo pouquíssimo tempo após a morte de Descartes. Conforme acentua o prefácio de Meyer acima aludido, muitos cartesianos, ao invés de manterem ativo o hábito de compreender as ideias do autor das *Meditações* pelo esforço de demonstrá-las, "guardaram tão somente de memória a posição e os dogmas dele", de sorte que, diante de qualquer dificuldade, a única coisa que sabem é repeti-lo e parafraseá-lo como uma grande autoridade.

Em essência, o trabalho da *Ética* é permitir ao leitor compreender a ordem e a conexão das coisas da natureza e ordenar e concatenar tudo quanto pensa de tal forma que, ciente das coisas como são e de si mesmo como é, possa diferenciar-se e singularizar-se, tornando-se cada vez mais apto a uma pluralidade de encontros que aumentem sua potência de existir. Tem razão, portanto, a psiquiatra brasileira Nise da Silveira que em uma das cartas extemporâneas que redigiu a Espinosa enfatizou como, em favor dos seres humanos, o filósofo se empenhou "através de toda *Ética* para ajudá-los a se diferenciarem de maneira especial, reformando o entendimento, trabalhando ideias confusas, a fim de torná-las claras", de modo a indicar "o caminho para libertarem-se da escravidão das paixões e mesmo atingirem a beatitude". Dirigindo-se a ele, Nise enfim observa: "esta arte de diferenciação, que você propõe, chega ao ponto de admitir a possibilidade de um modo perecível por definição, saltar, graças a um assíduo trabalho, de sua instável condição de existência para conquistar a eternidade". A esse "verdadeiro pulo olímpico", caberia bem à obra, de acordo com ela, o subtítulo: "Arte de diferenciação do modo humano"[3].

[5]
Já explicamos que é verdadeira a perspectiva segundo a qual a *Ética*, embora seja um texto geométrico, não é como o texto de Euclides e, em virtude disso, entendê-la não é tarefa tão serena quanto interpretar, com conhecimentos matemáticos, demonstrações numéricas que se valem de palavras extremamente simples. No entanto, se é efetivamente válida a tese de que qualquer ser humano é capaz de dirigir sua atenção para o livro e dele compreender ao menos o essencial para capturá-lo em seus principais horizontes, não é impossível que tradutores especializados na língua latina, mas despidos de quaisquer conhecimentos especializados de filosofia moderna e de filosofia espinosana tenham po-

---

[3] SILVEIRA, N. *Cartas a Spinoza*. Rio de Janeiro: Francisco Alves, 1995, p. 24-25.

dido verter a obra para outra língua e entregá-la em sua integralidade. Esta foi justamente a experiência a que se propôs esta edição. Se, por um lado, foi possível realizá-la, por outro lado foi exigido muito cuidado dos revisores para, na medida do possível, conferir uniformidade ao texto final.

Assim, passamos a ter em língua portuguesa uma tradução diferenciada da *Ética*. Por não ter sido composta por especialistas, ela atende ao interesse do leitor não acadêmico, que não busca com o livro se tornar especialista em Espinosa, mas encontrar sua salvação nos termos em que a salvação deve aqui ser entendida. Se, depois de alcançar a mensagem da filosofia de Espinosa com este volume, o leitor desejar lapidar sua erudição no assunto recorrendo a comentários ou mesmo ao original, todo o caminho mais árduo terá sido percorrido.

Quando em 1677 a *Ética* foi publicada pela primeira vez, logo após a morte de Espinosa, os editores a disponibilizaram juntamente com as demais obras do filósofo sob o título de *Opera posthuma* (*Obras póstumas*). A este conjunto de títulos, fizeram anteceder um longo prefácio no qual exploram o conteúdo geral do volume. A maior parte deste texto introdutório concerne à *Ética*, e expressa um esforço argumentativo imenso para mostrar que o núcleo da filosofia espinosana não estava em desconformidade com a *Sagrada Escritura* ou com os princípios da virtude cristã. O autor do prefácio, Jarig Jelles, uma figura próxima a Espinosa, a certa altura reconhece: "embora a primeira parte da *Ética* requeira um prefácio, essa obra supera de longe as outras e pode ser considerada um trabalho absolutamente completo". De fato, a parte I se inicia abruptamente com complexas definições; além disso, a preocupação didática do autor aparece apenas no final desta primeira parte, na forma de apêndice. Este apêndice, com o qual todos podem iniciar a leitura do livro se assim preferirem, pretende remover de seus leitores os preconceitos que obstam o entendimento da concatenação precisa de suas explicações.

Isso não impede, contudo, que sintamos falta de um prefácio para a parte I. Mais do que isso: o leitor contemporâneo pode sentir falta de um prefácio para toda a *Ética*. Em vista de preencher essa lacuna, ainda que parcialmente, dispomos então, a seguir, antes da tradução, o prefácio às *Obras póstumas* de Espinosa, escrito por Jelles em holandês e vertido ao latim por Meyer. Lembremos: não é, evidentemente, um prefácio dedicado exclusivamente à obra aqui traduzida, mas à obra espinosana em seu conjunto, nos termos em que foi apresentada ao público no ano de 1677. Se, todavia, a *Ética* contém, pelas palavras de Espinosa, a sua própria *Philosophia*, e, de acordo com as palavras de Jelles, ela consiste em um "trabalho absolutamente completo", nada pode ser melhor do que conhecer a *Philosophia* completa de um autor, tendo notícia, ao mesmo tempo, dos outros escritos que ele deixou.

Fernando Bonadia de Oliveira

Prefácio às *Obras póstumas* de Baruch de Espinosa*

Jarig Jelles

[1] Benévolo leitor, ainda que a maior parte dos escritos contidos neste livro esteja incompleta e sequer tenha sido examinada, corrigida ou revisada pelo autor, não vemos como inoportuno publicá-los, pois serão de grande utilidade para o mundo dos estudiosos, bem como para o conhecimento do leitor filósofo, o qual não confia na aparência da verdade, nem é movido por autoridade, mas está à procura de verdades sólidas e indubitáveis.

[2] Embora em um livro em que quase tudo é demonstrado matematicamente haja pouco interesse em saber quem foram os pais do autor e que regra de vida seguiu (aliás, isso está mais que suficientemente manifesto em seus escritos), não nos parece inútil narrar os escassos dados a respeito de sua vida.

[3] Foi nutrido com o estudo das letras desde a mais tenra idade e ocupou-se com a teologia por muitos anos na

---

* Tradução de Alessandro Jocelito Beccari.

adolescência. Mas, depois de atingir a idade em que o engenho amadurece e está apto a indagar sobre a natureza das coisas, dedicou-se inteiramente à filosofia. Quando nem os preceptores nem a ciência de seus autores foram capazes de satisfizer seu desejo de conhecer, como tivesse grande amor pelo conhecimento, resolveu experimentar o quanto valiam as forças de seu engenho nesse assunto. Para perseguir esse propósito, foram-lhe de grande ajuda os escritos filosóficos do grande e nobilíssimo filósofo René Descartes.

[4] Nesse sentido, após se libertar de todo tipo de preocupação e dos negócios que impediam em grande parte sua inquirição da verdade, e para não ser perturbado em suas meditações por aqueles que o visitavam, mudou-se da cidade de Amsterdã, onde nascera e fora educado, primeiramente para Rijnsburg, depois para Voorburg e finalmente Haia, onde morreu de tuberculose aos quarenta e quatro anos, no dia 21 de fevereiro de 1677.

[5] Não se dedicou apenas à pesquisa da verdade, mas também se ocupou especialmente da óptica e do polimento e torneadura de lentes para serem usadas em microscópios e telescópios; e se uma morte prematura não o tivesse surpreendido, coisas ainda maiores poderiam ser esperadas dele (como, de fato, demonstra suficientemente aquilo que foi capaz de fazer).

[6] Embora tendo se afastado completamente do mundo e vivendo no anonimato, foi conhecido por homens de notável cultura e prestígio devido a sua sólida erudição e grande inteligência, como se vê pelas cartas que lhe escreveram e suas respostas[4].

---

4 As cartas que compõem o conjunto da correspondência de Espinosa estão indicadas, neste texto, de acordo com a numeração que consta no volume das

[7] Dedicou muito tempo à pesquisa detalhada da natureza, organizando e redigindo os resultados de suas descobertas, e comunicando-os aos amigos. Permitia-se o mínimo de distrações: seu desejo de pesquisar a verdade era tão intenso que, como testemunham aqueles com quem viveu, por três meses seguidos não apareceu em público. Além disso, para não ser perturbado em sua busca da verdade, e seguir adiante com toda dedicação, escusou-se modestamente de um professorado na Universidade de Heidelberg, que lhe oferecera o Sereníssimo Eleitor Palatino, como se lê nas cartas 53 e 54.

[8] Fruto de seu grande empenho no estudo da verdade, vieram a lume em 1670[5] as partes 1 e 2 de *Princípios da filosofia cartesiana* demonstrados (pelo nosso autor) segundo o método geométrico, ao qual acrescentaram-se *pensamentos metafísicos*, do mesmo, e, em seguida, também em 1670, O *Tratado político-teológico*, em que são discutidos assuntos muito delicados e dignos da mais alta consideração a respeito da Teologia, das Sagradas Escrituras e dos sólidos fundamentos da república.

[9] Da mesma fonte, jorraram os materiais que, sob o título *B.D.S. Obras póstumas*, são aqui comunicados ao leitor. Na verdade, é tudo que foi possível recolher dos correspondentes, juntamente com algumas cópias que haviam sido esquecidas entre amigos e familiares. E embora seja possível acreditar que em algum lugar encontre-se escondido um trabalho que fora elaborado pelo nosso filósofo e não tenha

---

Obras póstumas, e não em conformidade com a numeração das cartas constante nas edições mais recentes do epistolário espinosano.

5 O ano correto é 1663.

sido encontrado, estima-se, todavia, que nada que pudesse ser achado não houvesse sido mencionado com frequência nos escritos aqui coligidos. A não ser talvez um pequeno tratado sobre o arco-íris, que, como alguém observou, redigiu há alguns, e que, se não foi queimado, o que provavelmente aconteceu, foi esquecido em um lugar qualquer.

[10] O nome do autor, na folha de rosto e outras partes, é indicado somente pelas letras iniciais, isso porque pouco antes de morrer, ele pediu expressamente que seu nome não figurasse na *Ética*, quando mandou imprimi-la. Todavia, por que motivo o proibira, não se pode dar outra razão a não ser que não desejava que seus ensinamentos tivessem o seu nome. De fato, disse no capítulo 25 do Apêndice da quarta parte da *Ética* que "os que querem ajudar os outros com conselhos ou atos, para fruírem juntos do sumo bem, não se preocupam que sua doutrina leve seus nomes". Além disso, na definição 44 dos afetos, em que explica o que seja a ambição, acusa os que fazem as coisas não com discrição, mas desejosos de glória.

[11] No que diz respeito a estes escritos, embora a primeira parte da *Ética* requeira um prefácio, essa obra supera de longe as outras e pode ser considerada um trabalho absolutamente completo. Nosso filósofo a distribui em cinco partes, das quais a primeira é *Sobre Deus*; a segunda, *Sobre a mente humana*; a terceira, *Sobre a origem e a natureza dos afetos*; a quarta, *Sobre a servidão humana*, em que trata ao mesmo tempo da regra e norma do viver e sobre o bem e o mal humanos; e finalmente na quinta, *Da potência do intelecto* ou *Sobre a liberdade humana*, em que também discute a eternidade da mente.

[12] Na primeira parte, é demonstrado que Deus:
I. existe necessariamente;
II. é único;
III. existe e age apenas pela necessidade de sua natureza;
IV. é a causa livre de todas as coisas e todas as coisas estão em Deus e dele dependem, de tal modo que sem ele não existiriam nem poderiam ser concebidas;
V. finalmente, que todas as coisas foram predeterminadas por Deus, não por livre vontade ou arbítrio absoluto, mas pela natureza ou potência absoluta de Deus.

[13] Quanto às dificuldades que alguns opõem ao *Tratado teológico-filosófico*, são as seguintes: que nosso filósofo confunde o Deus Criador com a natureza, ou (como sustentam eles) que os considera a mesma coisa; e que sustenta que haja uma necessidade inelutável de todas as coisas e ações.

[14] À primeira dessas objeções, respondeu na vigésima primeira carta[6], escrita ao ilustre senhor D. Oldenburg, com estas palavras: "Sustento que Deus é a causa imanente de todas as coisas, como é costume dizer, e não a causa transitiva. Com Paulo, afirmo que todas as coisas estão em Deus e em Deus se movem – e com todos os outros filósofos, embora digam-no de outro modo. E ousarei dizer: declaro-o com todos os hebreus, na medida em que, de suas tradições embora de muitos modos adulteradas, pode-se conjecturar".

---

6 Trata-se da vigésima terceira carta trocada entre Espinosa e Oldenburg (ESPINOSA, B. *Correspondência entre Espinosa e Oldenburg*. Trad. S.T. Ferreira. Belo Horizonte: Autêntica, 2021, p. 14; p. 259).

[15] À segunda objeção, assim ele responde na vigésima terceira carta[7] que lhe foi enviada: "Gostaria de explicar em poucas palavras porque sustento que haja uma necessidade inelutável para todas as coisas e ações. Ora, Deus de modo algum é subjugado pelo destino, mas penso que todas as coisas derivam-se por necessidade irresistível da natureza de Deus, assim como todos pensam que se segue da própria natureza de Deus que ele conhece a si mesmo – o que ninguém nega que se siga necessariamente da natureza divina – e ninguém o concebe como subjugado ao destino, mas inteiramente livre, embora conheça a si mesmo de modo necessário. Ademais, essa necessidade inelutável das coisas não suprime nem as leis divinas nem as humanas. Pois, sejam esses preceitos morais aceitos na forma da lei, sejam entendidos como julgamentos de Deus, de qualquer modo são divinos e conduzem à salvação. E, se o bem, que se deriva da virtude e do amor divino, recebemo-lo somente de Deus ou entendemos que emane da necessidade da natureza divina, não será menos desejável que as coisas más – que se seguem das ações perversas e das paixões que delas se derivam necessariamente – devam ser menos temidas. Em suma, agindo por necessidade ou contingência, somos, todavia, conduzidos ou pelo medo ou pela esperança".

[16] Esta necessidade inelutável das coisas, por meio da qual são determinadas a existir e agir a partir de causas, as quais também são determinadas a existir e agir a partir de outras causas e estas novamente de outras, e

---

7 Trata-se da vigésima quinta carta trocada entre Espinosa e Oldenburg (Idem, p. 14; p. 267).

assim procedendo até chegar a Deus (primeira causa produtora de todas as coisas, mas não produzida), o nosso filósofo demonstra-a nas proposições 26 a 29 da primeira parte da *Ética**.

[18] Tendo sido estabelecido que Deus é a causa absoluta de todas as coisas e que todas as coisas emanam de Deus, segue-se que ele parece ser a causa do pecado e do mal. Mas o nosso filósofo dá uma resposta a essa dificuldade e àquelas que dependem dela nas cartas 32, 34 e 36. Ademais, é sem dúvida evidente e manifesto que não pode haver completamente qualquer opinião contrária ao fato que tudo emana de Deus e que todas as coisas são determinadas e pré-ordenadas pelo mesmo eterno decreto: muitos

---

* Na edição das *Obras póstumas* em holandês, consta o seguinte parágrafo: [17] O que parece semelhante ao que o historiador e poeta P.C. Hooft, em sua vida de Drost van Muiden, disse, inspirado no *Felix qui potuit* ("Feliz aquele que pode") de Virgílio, e expressou com tanto vigor, que julguei útil citá-lo a seguir:

> Feliz aquele que as causas das coisas
> Compreende, intimamente ligadas
> Reunidas de tal modo que nenhum ser
> (exceto Deus) sozinho nada faça
> Ou sofra, mas que tudo seja impelido por outra causa.]

> A força das causas deixa visível todas as coisas.
> Se fosse muito fraca, nenhuma obra seria lembrada;]
> E as causas não seriam causas. O que se fez
> Neste mundo foi provocado
> Por forças tão grandes, que não poderia deixar de sê-lo.]

> Toda causa proclama sua causa originária.
> Tudo acontece como é justo que aconteça. E vem de Deus.]
> Sua bondade, sábia e poderosa, é a fonte
> Da qual tudo emana, como os raios do sol.
> E, em nossas necessidades, ele pode e quer nos ajudar ainda.

A seção 17 com seu poema, originalmente escritos em holandês, foram retraduzidos da versão italiana [N.T.].

cristãos não apenas creem desse modo, mas também o defendem como uma verdade necessária.

[19] Às dificuldades acima citadas, acrescenta-se outra, a saber, que nosso autor teria simplesmente estabelecido uma regra ou norma de vida e uma doutrina do bem supremo do homem que são completamente diferentes daquelas transmitidas por Nosso Salvador Jesus Cristo e seus apóstolos. Para que essa dificuldade seja removida é necessário levar em conta a opinião do autor sobre o assunto, o que imediatamente demonstra que essa opinião é em nada discrepante da doutrina de Cristo e de seus apóstolos.

[20] Nosso autor trata dessa questão, conforme acabou de ser dito, na quarta parte da *Ética*. E nas proposições 26 e 27 esforça-se por demonstrar que "a mente, enquanto faz uso da razão, julga que lhe seja útil somente aquilo que a conduz ao conhecimento, mau aquilo que possa impedi-lo, fazendo com que nosso entendimento seja diminuído". Ademais, por meio das proposições 23 e 24 da mesma parte, demonstra que é próprio da essência da virtude conceber as coisas somente de maneira adequada, por meio do intelecto e que "agir conforme ideias adequadas nada mais é que agir absolutamente de acordo com a virtude". A partir disso, ele mostra, na proposição 28 da mesma parte, "que sendo Deus o maior ser que a mente é capaz de perceber, o conhecimento de Deus é o bem supremo da mente e conhecer a Deus é sua maior virtude". Além disso, ele refere à religião quaisquer desejos que podemos ter e tudo que fazemos conforme temos a ideia de Deus ou enquanto conhecemos a Deus; chama de sentido de dever o desejo de fazer o bem que nasce do fato de vivermos guiados pela razão. Chama de honesti-

dade o desejo que a pessoa que é conduzida pela razão tem de atrair outros a si em amizade. Chama de honesto aquilo que é elogiado nas pessoas que vivem sob a guia da razão e, do contrário, de repulsivo aquilo que se opõe à conciliação da amizade (no escólio 1 da proposição 37 da mesma parte).

[21] Mas, na proposição 35, demonstra que "os seres humanos, na medida em que vivem orientados pela razão, concordam sempre e necessariamente (enquanto tem-se em conta apenas o intelecto, a vontade, o desejo e os outros afetos) neste ponto: o bem que procuram alcançar para si também desejam para os outros seres humanos (veja a proposição 37) e tanto maior quanto maior for o conhecimento de Deus que adquiriram; e, o quanto podem, esforçam-se por compensar o ódio, a ira e o desprezo com o amor ou a generosidade" (proposição 46).

[22] Ademais, como se deduz da definição do amor e do intelecto "aqueles que procuram vencer o ódio com o amor, lutam felizes e seguros, e resistem facilmente a um só indivíduo como a muitos; e são menos carentes do auxílio da sorte: os vencidos cedem felizes, não pela falta, mas pelo aumento de suas forças" (veja o escólio da proposição 46).

[23] Na proposição 66, trata da diferença que existe entre a pessoa que é guiada apenas por sentimentos e opiniões e aquela que é guiada pela razão, afirmando que "a primeira, querendo ou não, faz aquilo que ignora completamente; a segunda, na verdade, não é controlada por ninguém a não ser por si mesma, e faz apenas o que é prioritário na vida, o que, por isso, deseja acima de tudo"; por esse motivo, nosso autor chama a primeira de escrava e a segunda de livre.

[24] Demonstra na proposição 69 da mesma parte que "a virtude de todas as pessoas livres é igualmente grande quando evitam como quando superam os perigos" e também que "têm gratidão verdadeira uns para com os outros" (proposição 71); na proposição 72, que "nunca agem com dolo, mas sempre de boa fé"; que são mais livres "na cidade, onde vivem de acordo com uma lei comum, do que na solidão, onde obedecem somente a si mesmos" (proposição 73).

[25] No escólio da mesma proposição 73, quando trata da verdadeira liberdade, mostra sua relação com a fortaleza, e declara: "A pessoa forte não odeia, não se ira, não inveja, não se indigna, não despreza ninguém e jamais se ensoberbece.".

[26] Na quinta parte da *Ética*, procura demonstrar que nós, por meio do intelecto ou do simples conhecimento intelectual adequado que adquirimos a respeito de Deus e das coisas, superamos os maus afetos e, a partir disso "surge a maior satisfação que pode haver na mente" (proposição 27 da quinta parte e escólio da proposição 52 da quarta parte), e "origina-se o amor eterno de Deus" (veja o corolário das proposições 32 e 33), e, finalmente, a consciência que "nossa salvação, felicidade ou liberdade consiste em nosso amor eterno a Deus" (veja o escólio da proposição 36 da quinta parte).

[27] São essas as principais daquelas coisas relacionadas à correta maneira de viver e ao sumo bem do ser humano, que nosso filósofo demonstra serem ditadas pela razão. Se essas coisas forem cotejadas com aquelas que Nosso Salvador Jesus Cristo e seus apóstolos ensinaram, não apenas se depreende uma completa harmonia, mas constata-

-se também que aquilo que a razão prescreve harmoniza-se perfeitamente com tais ensinamentos. Ver-se-á que neles estão perfeitamente contidos os dogmas morais da religião cristã. Pois, de fato, aquilo que Nosso Salvador e seus apóstolos ensinaram é entendido de maneira sumária nisto, a saber: deve-se amar a Deus acima de todas as coisas e o próximo como a si mesmo (Mateus 7,12; 22,37-40; Lucas 10,27-28; Romanos 13,8-10; Gálatas 5,14). Evidentemente é esse mesmo amor a Deus e ao próximo que nosso autor demonstra ser prescrito pela razão.

[28] Do que já foi dito, fica evidente o porquê de o Apóstolo Paulo, em Romanos 12,1, dizer que a religião cristã é racional: certamente porque a razão a prescreve, e é racionalmente fundamentada. Erasmo em suas anotações sobre esse assunto observa que Orígenes chamou de religião racional aquela de que se pode dar a razão, e acrescentou que Teófilo afirma que todas as nossas ações devem ser levadas a cabo segundo os preceitos da razão, o que Erasmo subscreve.

[29] A regeneração, sem a qual ninguém pode entrar no reino de Deus, está incluída no amor de Deus, que (como é demonstrado de modo idêntico por nosso filósofo) origina-se do conhecimento intelectual de Deus, o que parece evidente naquilo que o Apóstolo João afirma na sua Primeira Epístola, no capítulo 4, versículos 7, 16, 17, 18 ao serem confrontados com os versículos 20 e 21 no que diz respeito ao amor. Ora, a regeneração consiste na vitória que obtemos contra os maus afetos e na mortificação dos desejos terrenos e vãos que se encontram naturalmente em nós, e, do contrário, na aquisição dos bons desejos, ou seja, aqueles que dizem respeito somente ao que é bom e verda-

deiro, a saber, na aquisição do amor de Deus, da paz ou verdadeira tranquilidade da alma, da alegria, da verdade, da justiça (que é a vontade constante e eterna de atribuir a cada um o que é seu), da benignidade etc. Como defende nosso filósofo, essas coisas são frutos necessários do intelecto. E isso fica manifesto a partir do que o Apóstolo diz acerca do domínio do Espírito sobre a carne na Carta aos Efésios 4,22-24, e aos Colossenses 3,9-10 (sobre o velho e o novo ser humano) e naquela aos Romanos 8,5-15, e também aos Gálatas 5, do versículo 16 até o fim do capítulo.

[30] Esforçar-se por entender por conta própria aquilo de que necessitamos para alcançar a salvação, buscar percepções intelectuais puras e proceder de acordo com elas, isto é, viver segundo os justos ditames da razão, não se opõe às Sagradas Escrituras, nem aos fundamentos da Religião Cristã (como creem muitos que são guiados somente pela letra e não pelo Espírito), mas essas coisas em grande parte concordam entre si. E isso transparece naquelas passagens das Escrituras[8] em que se indicam e recomendam a meditação e a aquisição da verdade, a sabedoria[9] e o conhecimento; e também naquelas em que a sa-

---

8   Jó 20,12-20; Pr 1,20 até o fim e 2,1-13; 3,10-18; 4,5-7; 7,4-5, 8, *passim*, 16, 22-23; 1Cor 14,20; Gl 3,1; Cl 2,2-3; Tm 2,3-4, 1Pd 2,2-9. O que deve ser entendido pelo que este nono versículo chama de luz admirável de Cristo, à qual ele chama os que jazem nas trevas, sabem-no aqueles que possuem o conhecimento de Deus e de sua vontade, que se apoia seja na Lei seja nas Escrituras – como é comum entre os judeus (cf. Rm 2,17-18), em particular, entre os eleitos –, mas que ainda caminham nas trevas, e sabem tratar-se de uma propriedade tanto da perfeita claridade da verdade quanto da pura percepção intelectual [nota do autor do prefácio].

9   Sobre os efeitos da verdade, do conhecimento etc., vejam-se as passagens que se referem a *Provérbios*, a que se acrescentem: Is 33,6; 53,11; Mt 13,15.23; Jo 8,31-32; 17,3; Fl 3,8-10; Tg 3,17 [nota do autor do prefácio].

bedoria, o conhecimento e o entendimento são instituídos como causas das atitudes produtoras da salvação. De fato, quem ousaria negar que esse conhecimento, que esse entendimento etc. não seria objeto dos dogmas da salvação, ou aquilo que é necessário conhecer para obter a salvação? Além disso, para que serviria a meditação e a aquisição da verdade, do entendimento etc. se nossa vida e nossas ações não estivessem de acordo com seus ditames?

[31] E não se deve pensar que, nas Sagradas Escrituras, por meio de palavras como "verdade", "sabedoria", "conhecimento" etc. refira-se ao saber ou assentimento da alma à letra ou testemunho das Escrituras, pois se essas palavras fossem interpretadas como referindo-se a pessoas destituídas de toda verdade, sabedoria etc. indicar-se-ia com elas, de fato, uma grande ignorância.

[32] Além disso, como poderia suceder que uma pessoa tivesse ideias intelectuais puras e adequadas a respeito dos artigos de fé, cujo conhecimento é necessário para a salvação e, ademais, vivesse e agisse de acordo com os ditames da razão e assim mesmo não concordasse com os fundamentos da religião cristã? Pois as Sagradas letras (que todos os cristãos concordam não podem conter afirmações contraditórias) ensinam essas coisas em muitas passagens e de maneira muito evidente, a saber: a nova aliança, que Deus instituiu por Cristo e da qual Cristo é o mediador[10], consiste em que Deus fez com que suas leis, que tinha inscrito em tábuas[11] para o conhecimento dos israelitas, fossem escritas nas mentes dos seres humanos, isto é, fez com que o sentido

---

10   Hb 8,6; 9,15; 12,24 [nota do autor do prefácio].
11   Jr 31,33-34; 2Cr 3,3; Hb 8,8-10; 10,16 [nota do autor do prefácio].

dessas leis fosse entendido por eles. Portanto, os ministros de Deus não são guiados pela letra ou pelo que está escrito, como aqueles que ministravam[12] na antiga aliança, mas pelo Espírito[13], isto é, pelo entendimento, como resulta do que foi dito acima e também do testemunho de João (1Jo 5,6) e de outras passagens bíblicas. É, pois, evidente que esta doutrina concorda com os fundamentos da religião cristã.

[33] Porque, na verdade, o que é demonstrado aqui sobre a nova aliança ou religião cristã difere muito daquilo em que, em grande parte, o vulgo crê, e porque este adere a preconceitos que favorecem outra opinião sobre esse assunto, sendo poucos os que dão seu assentimento a essa demonstração, é necessário apresentar alguns testemunhos das Escrituras que sejam dignos de consideração, em que aparece de modo transparente que a tarefa e a finalidade principal por que Cristo nosso Salvador veio ao mundo foi para anunciar aos seres humanos essa mensagem, e assim não serem guiados, como os judeus, por uma lei ou uma determinação, mas pela luz do conhecimento.

[34] O primeiro testemunho é o de João Batista, no Evangelho de João 1,17, em que diz: "A lei foi dada por Moisés, a graça e a verdade foram criadas por meio de Cristo"; isto é, Moisés instituiu que os homens fossem conduzidos pela lei ou preceito e que agissem pela força da lei e do preceito, mas Cristo ensinou que fossem guiados, vivessem e agissem pela luz da graça e da verdade[14].

---

12 Rm 2,27-29; 7,6; 2Cr 3,6-7 e 9; Hb 7,16 [nota do autor do prefácio].

13 Vejam-se as três passagens citadas e Rm 8,1-17; Gl 2,18.25 [nota do autor do prefácio].

14 Vejam-se Jo 1,4.9, e cf. Jo 1 e Jo 14; também 8,12; 12,35-36.46, com 14,6 [nota do autor do prefácio].

[35] O outro testemunho é dado pelo próprio Salvador, que, em João 18,37, interrogado por Pilatos se porventura seria rei (de acordo com a versão siríaca de Termello) para benefício de Pilatos respondeu: "Para isto nasci e para isto vim ao mundo: para dar testemunho da verdade"; sem dúvida essa verdade é a razão ou compreensão de Deus.

[36] Utilizo aqui a palavra "razão" e não "verbo", pois é de fato assim que se traduz o original grego *logos*[15], e o Apóstolo João indica com esse termo o filho de Deus, como demonstra Erasmo em suas *Anotações* a Jo 1,1, bem como outros peritos em língua grega, para os quais o vocábulo *logos* é muito mais bem traduzido por "razão" do que por "verbo". Ademais, traduzo assim esse termo porque o que João indica com o vocábulo *logos* pode ser pensado e aplicado de modo muito mais adequado com o sentido de razão interna ou intelecto do que de verbo ou palavras. Essa razão que estava "no princípio junto a Deus" era, na verdade, "o próprio Deus", isto é, participava da natureza divina; "sem ela nada daquilo que se fez foi feito, nela estava a vida e essa vida era a luz dos seres humanos", segundo João testemunha em seu evangelho (Jo 1,2-4).

[37] A quem não é evidente que a razão de Deus ou seu intelecto em nada difere do próprio Deus e que, no princípio, estivesse junto a Deus ou fosse partícipe da essência divina? Quem duvidaria que sem sua obra nada teria sido feito e, enfim, que a mente humana seria iluminada por uma admirável luz divina? Seria supérfluo explicar os

---

15 Vejam-se Jo 1,1.14; 1Jo 1,1; 5,7; Ap 14,13 [nota do autor do prefácio].

motivos por que essas coisas não podem ser entendidas a partir do vocábulo ou das palavras pronunciadas pela boca, que, consideradas em si mesmas, não passam de movimentações de ar, o que nos parece óbvio. E mesmo que Erasmo entendesse que o termo *logos* deveria ser interpretado como razão externa e não interna, entretanto, é expressamente comprovado por outros peritos em língua grega que a palavra *logos* significava entre os gregos também a razão interna; portanto, nada impede que adotemos este sentido.

[38] Ademais, Cristo testifica que a razão santifica (Jo 17,17.19), que regenera (vejam-se Jo 3,5-6 e Tt 3,5, a serem confrontados com 1Jo 5,6), que verdadeiramente liberta o ser humano (Jo 8,31-32), que por meio dela somos conduzidos à verdade total (Jo 14,26; 15,16; 16,13), que só por meio dela nos aproximamos de Deus (confronte-se Jo 14,6 com 1Cor 1,24), e, finalmente, que sem ela não podemos fazer absolutamente nada do que é exigido para nossa salvação (confronte-se Jo 15,3-5 com Jo 14,6 – onde aquilo que Cristo diz de si mesmo, ou seja, que ele é a verdade, deve ser entendido como significando necessariamente a mesma coisa que entendemos daquela passagem em que Salomão declara quem é o intelecto e a sabedoria eterna).

[39] Dado que Cristo disse, com palavras bastante compreensíveis, em Mt 5,17-18, que não viera para destruir a Lei, mas cumpri-la, afirmando que no futuro passariam os céus e a terra antes que até mesmo um *iota* (que é a menor letra do alfabeto) da Lei passasse, quem prestou atenção a tudo que foi discutido até aqui observará que não há discordância entre o testemunho de Cristo e o de João. Em primeiro lugar, verá que a obrigação de agir de acordo com

aquilo que a lei ordena e a obediência prestada que se exige daqueles que estão sob a lei são duas coisas bem diferentes. Em segundo lugar, que essa obrigação não se limita àqueles a quem a luz da graça e da verdade iluminou – que executam o mandamento da lei com conhecimento de causa –, mas inclui igualmente aqueles que vivem sob o preceito da lei e apenas obedecem aos mandamentos. Portanto, é fácil entender que Jesus Cristo, nessa passagem, fala somente de uma obrigação e não de uma vida regulada pela lei.

[40] Essas coisas são percebidas com maior nitidez a partir daquilo que nos é transmitido pelo Apóstolo Paulo a respeito da lei, a saber: que "por Cristo somos libertados e redimidos da lei" (Rm 7,6; 8,2; Gl 4,5), que "pelo corpo de Cristo a lei está morta para nós" (Rm 7,4.6; Gl 2,19), que "a lei acaba quando vem a fé" (Gl 2,23-25), que "o ministério da letra foi abolido" (2Cor 3,7.11; Hb 7,16.18), que aqueles "que estão sob a graça" não estão "sob a lei" (Rm 6,14.15) e, finalmente, que a "lei não é estabelecida para os justos" (1Tm 1,9; Gl 5,22-23). Como é evidente que nessas passagens em seu conjunto o Apóstolo não está falando da lei cerimonial, mas especificamente da lei moral, essas passagens não podem ser entendidas como relacionadas às obrigações que a Lei prescreve, mas com relação à vida e as obras a serem cumpridas segundo a lei, e isso é indubitável a partir das explicações do próprio Salvador e com base no testemunho do Apóstolo (Rm 8,3-4; 13, 8-10 e outras passagens).

[41] O terceiro e último testemunho nos é dado pelo Apóstolo Paulo em sua Epístola aos Efésios: Cristo "destinou uns para apóstolos, outros para profetas, outros para

evangelistas, outros para pastores e doutores, com vistas ao aperfeiçoamento dos santos, no trabalho ministerial, para a edificação do corpo de Cristo, para que desse modo todos cheguemos à unidade da fé e ao conhecimento do filho de Deus como ser humano adulto, na medida da plena estatura de Cristo" (Ef 4,11-15). Nessa passagem, quem negaria que Paulo ensina que Cristo deixou os apóstolos, os profetas etc. senão para este fim, a saber, que todos nós tivéssemos um conhecimento igual ao de Cristo e, desse modo, atingíssemos a magna ciência de Cristo em sua plenitude? Quem duvidaria que todo o trabalho ministerial não tivesse por finalidade infundir em nossas mentes essa grande ciência? Enfim, quem negaria que por meio dessa ciência e de sua aquisição leva-se a cabo o aperfeiçoamento dos santos e, ao mesmo tempo, edifica-se o corpo de Cristo?

[42] Ademais, é evidente que o conhecimento de nosso Salvador – o qual, como todos proclamam, é o conhecimento da verdade – é a compreensão puramente intelectual de Deus e da sua vontade, e não aquela que se fundamenta na autoridade do testemunho externo. Isso é manifesto pelo fato de Jesus Cristo entender a vontade de seu Pai, isto é, a verdade da doutrina salvífica que ele próprio pregou, e não havia espaço nele para uma ciência baseada em testemunho externo. Em segundo lugar, enquanto somos levados ao conhecimento das coisas necessárias à salvação com base em testemunho externo, não chegamos à unidade da fé, por intermédio da qual nós e Cristo somos "um, como ele é um com o Pai" (Jo 17,21-23; Gl 3,28) nem à firmeza (Ef 4,14), a respeito da qual o Apóstolo Paulo insiste e estabelece como consequência necessária que nasce do conhecimento

de Cristo. Mas chegamos a essa unidade e firmeza somente na medida em que entendemos a verdade dessas coisas em Cristo. E isso já foi demonstrado e parece evidente também no que tange ao versículo 15.

[43] Além desses três, muitos outros testemunhos poderiam ser apresentados, com os quais o que está sendo demonstrado aqui poderia ser confirmado com não menos eficácia. Mas, para que não insistamos demasiadamente em uma coisa tão evidente nas Sagradas letras, tudo que se deve dizer a respeito desse assunto é que as Escrituras dão testemunho da fé salvífica, sem a qual, como todos os cristãos concordam, ninguém pode ser cristão, e, mediante participação nessa fé, todo cristão chega a um conhecimento profundamente espiritual ou meramente intelectual. Na verdade, essa fé só pode ser possuída e entendida como sendo aquela "fé de Deus" (Rm 3,3), "fé de Jesus Cristo" (Rm 3, 22.26; Gl 2,16; 3,22; Fl 3,9), "do filho de Deus" (Gl 2,20) (pois aquele a quem Deus se manifestou sabe que n'Ele só há lugar para o conhecimento intelectual: Cristo, de fato, entendia a doutrina da salvação que pregava), a própria "verdade" (2Ts 2,13; 1Tm 2,7), "o conhecimento da verdade" (Tt 1,1; Jo 17,3), "a sabedoria" (vejam-se At 6,5.8 com o v. 10; Rm 10,8 com 1Cor 1,24; 2Cor 2,16), "o Espírito" (2Cor 4,13), "o fruto do Espírito" (1Cor 12,9; Gl 5,22), "o Verbo" (Rm 10,8), em que atingimos o conhecimento das coisas necessárias para a salvação, não a partir do que vem de fora, mas internamente, na alma, "o testemunho de Deus que testifica em nós de seu filho" (1Jo 5,10), "o dom" (Rm 12,3; Ef 2,8), "a obra de Deus" (Jo 6,29) por meio da qual são eficazmente realizadas a "caridade"

(Gl 5,6) e a nossa "regeneração" ou "vivificação espiritual" e "salvação" (Cl 2,12; 1Pd 1,5; Jo 5,4).

[44] A fé salvífica é "outra Lei" (Rm 3,27; Gl 3,11.12) ou outro modelo de vida, diferente da Lei ou do mandamento, cujo sentido e tudo mais que precisa ser conhecido devem ser extraídos dos Sagrados códices (2Tm 3,15), que abrange a perfeita certeza (Hb 10,22; 11,1; Ef 6,16; Cl 2,5), que exclui absolutamente a dúvida (Mt 21,21; Rm 14,23; Tg 1,6), e, finalmente, por meio de que "a Lei é confirmada" (Rm 3,31) (a palavra "Lei" nessa passagem denota a obrigação de cumprir o mandamento da Lei e não a razão de viver e agir de acordo com a Lei), e somente por meio dessa fé nos é dada a justificação de Deus, que não pode ser obtida nem pela "Lei" (Gl 3,11.21; Fl 3,9), nem pelas "obras da Lei" (Rm 3,21.28; 9,31-32; Gl 2,16), a qual foi comprovada pela "Lei" e os Profetas, isto é, pelas Sagradas letras, e foi revelada sem a Lei, ou seja, à parte as Escrituras (Rm 3,31).

[45] Essas coisas de que a Lei e os Profetas dão testemunho e que se manifestam sem a Lei ou as Escrituras (que parecem realmente contraditórias entre si e muitos não as puderam entender) são exatamente aquelas que não podem ser entendidas sem o Espírito ou o puro intelecto. Desse gênero são, por exemplo, o filho de Deus, isto é, o *lógos* de Deus ou sua sabedoria, verdade e justiça, que discutimos anteriormente; trata-se de uma extraordinária disposição da alma e, em termos de gênero, é a essência das coisas. Na verdade, como as Sagradas Escrituras indicam que essas coisas não podem ser conhecidas sem a sua comprovação, além da evidência externa das Escrituras

(e junto a elas) é necessária uma Revelação do alto, ou seja, o testemunho interno do Espírito.

[46] Foi essa a única razão por que Jesus Cristo, depois de ter revelado tudo a respeito da vontade de seu Pai, com palavras acessíveis, também disse-lhes que "ninguém pode vir a mim se não lhe foi concedido pelo Pai" (Jo 6,65), e que, para virem a ele, é necessário que "ouçam a Deus e aprendam dele" (Jo 6, 44 e 45; 5, 37; 8, 43 e 47), que o "Espírito da verdade", quando viesse, lhes "ensinaria todas as coisas", "daria testemunho dele", e os "conduziria à plena verdade" (Jo 14,16-17.26; 15,26; 16,13).

[47] Esse também foi o motivo por que o Apóstolo Paulo, depois de ter anunciado aos efésios e colossenses toda a "vontade de Deus", tanto por escrito quanto verbalmente, para que nada negligenciasse (At 20,17-27), pede a Deus pelos efésios para que "lhes dê o Espírito da Sabedoria e da Revelação no conhecimento de si" (ou seja, de Deus), para que amplie "seus olhos iluminados da mente", e assim saibam o que devem esperar aqueles que são chamados por Deus e quão gloriosa e rica é a herança que ele destinou aos santos etc. (Ef 1,16-17). Suplica pelos colossenses para que "sejam cheios do conhecimento da vontade de Deus em toda sabedoria e prudência de espírito e também cresçam no conhecimento do próprio Deus" (Cl 1, 9-10).

[48] Na verdade, foi esse o motivo pelo qual o "povo de Israel, que fora instruído a respeito de Deus e sua vontade" apenas por meio da letra (Rm 2,17-18) e baseara-se somente no testemunho das Escrituras, "tinha um véu colocado no coração em sua leitura do Antigo Testamento" (2Cor 3,14-15); o motivo pelo qual o ser humano em

sua condição natural, quando entende somente a letra e não é instruído pelo Espírito, "não percebe as coisas espirituais, que para ele são tolices, e não as pode conhecer" (1Cor 2,14), certamente porque esse tipo de conhecimento tem origem na imaginação. Do contrário, o ser humano em sua condição espiritual, que produz percepções espirituais ou puramente intelectuais "compreende tudo, mas ele próprio não é compreendido por nenhum ser humano" natural (veja-se o mesmo v. 15).

[49] Por fim, resta dizer que Paulo, em sua carta sobre a "fé", que foi escrita aos Romanos (Rm 10,17), com o termo "ouvido" não indica o "ouvir dos ouvidos" externos, mas do ouvido interno, ou seja, do entendimento, e isso ficará evidente para qualquer um que compreendeu a conclusão tão bem quanto a premissa do capítulo supracitado.

[50] Não há dúvida que um leitor amante da verdade que leia atentamente o que é declarado nas Sagradas letras e pondere todas as coisas com juízo convirá totalmente que aquilo que desejávamos demonstrar já foi demonstrado. Isto é, que seja visível que nosso filósofo indica que aquilo que é prescrito pela própria razão sobre a norma do bom proceder na vida e o sumo bem do ser humano concordam exatamente com os ensinamentos que o Salvador e os apóstolos ensinaram, e que também os dogmas morais da religião cristã ou as coisas que precisamos fazer para que sejamos salvos estão perfeitamente incluídos nos princípios da razão. Nosso filósofo demonstra, enfim, que essa disciplina, por meio de que nos esforçamos para entender os artigos da doutrina cristã e viver e agir de acordo com eles, concorda em tudo com a Sagrada Escritura.

[51] Pois, se as coisas que o doutor dos gentios [Paulo] transmite a seus interlocutores a respeito da carne e das coisas carnais (que não devem ser entendidas senão como referindo-se a instintos animais ou pessoas que não têm o controle das paixões) são comparadas com aquelas que o filósofo apresenta na quarta parte da *Ética* (*A força dos afetos e a impotência humana de moderá-los*), depreender-se-á que em tudo coincidem, menos em sua forma de exposição.

[52] Que os cristãos observem aqui essa coisa excelente e digna de ser notada, que é o fato de nosso filósofo indicar em que medida aquilo que os escritores sacros ensinam concorda com os fundamentos da religião cristã, demonstrar a divindade e a autoridade das Sagradas letras e, ao mesmo tempo, a verdade da religião cristã; ele faz isso de tal maneira que, por meio de suas demonstrações, estejamos ou possamos estar certos dessa verdade, de modo que nem os judeus, nem os pagãos, nem os ateus ou quem quer que seja possa derrubar nossa certeza.

[53] Quem assegurará que uma certeza cujo fundamento são milagres tenha lugar entre os cristãos ou lhes seja necessária? A certeza é demonstrada quando sua demonstração compete especificamente àqueles que compreendem a verdade dos artigos que são necessários para a salvação, e quando é certo que a absoluta e irremovível certeza é uma propriedade da verdade, ou seja, da verdadeira percepção intelectual, desde que essa percepção inclua todos os tipos de certeza. Assim, como poderia ocorrer que aqueles que percebem a verdade, por exemplo, que Deus existe, que o filho de Deus – que é sem dúvida a razão e a

sabedoria de Deus –, é o salvador da humanidade, que nós não podemos nos salvar sem ele, que, para chegarmos à salvação, é necessário que conheçamos e amemos a Deus e a seu filho etc. precisariam de milagres para ter certeza da verdade? Como seria isso possível quando estes encontram em si mesmos maior certeza sobre essas coisas do que poderiam adquirir de todos os milagres jamais feitos em todos os tempos? Foi por isso que Paulo, com exatidão e de modo excelente, disse que os judeus, que estão sob a Lei e não compreendem a verdade, pedem milagres; de fato, para consegui-los, importunavam o Cristo com frequência (Mt 12,38; 16,1-4; Mc 8,11; Lc 11,29). E foi por esse motivo que o Apóstolo Paulo tanto trabalhou e fadigou-se com tantas preocupações para conduzir aqueles que aderiam a Cristo "a toda a riqueza da persuasão e ao entendimento do conhecimento do mistério de Deus Pai e de Cristo" (Cl 2,1-2), que ele também se gloriou de ter conhecido.

[54] Os argumentos que trazemos aqui em defesa de nosso filósofo e seus sofisticados escritos servem para a refutação daqueles que, sem dúvida, por uma grosseira e completa ignorância e estando seduzidos por suas paixões, não só acusam de ateísmo um homem genial, mas também, cada um de acordo com suas forças, tentam persuadir seus leitores que ele quer ensinar o ateísmo em seus escritos e que todas as suas opiniões removem toda piedade religiosa das almas das pessoas. Na verdade, se esses adversários estivessem atentos ao Salmista: "Disse o tolo em sua alma, Deus não existe" (Sl 14,1; 53,2), essa passagem bíblica poderia fazê-los mais sábios e prudentes, ou melhor, poderia mostrar-lhes sua imprudência.

Pois, com essas palavras, o Salmista demonstra, de uma maneira muito evidente, que uma atitude tão horrenda certamente não concerne nem pode concernir aos sábios (entre os quais, como eles próprios reconhecem, deve ser incluído nosso filósofo).

[55] Portanto, fiquem os opositores deste homem bem atentos e, desse modo, quando se aplicarem ao exame destes escritos, prestem a máxima atenção para não o repudiarem como contrário às Sagradas letras e à religião cristã antes mesmo de haverem entendido bem suas ideias, verificando-as e comparando-as com o sentido verdadeiro das Sagradas letras e da verdadeira religião. Acima de tudo, tomem cuidado para não adotar como norma ou pedra de toque de verdade ou falsidade (ou daquilo que está de acordo ou não com a religião cristã) conceitos passíveis de erro e suas próprias opiniões destituídas de certeza sobre o sentido da Sagrada Escritura: um procedimento como esse não apenas impediria um julgamento verdadeiro destas ideias, mas também faria com que se recaísse nos absurdos que discutimos anteriormente, porque tomaria o verdadeiro e o bom como falso e mau, e rejeitaria aquilo que concorda com o Sagrado livro e a religião cristã como se fosse contrário a estes.

[56] Pois, embora os cristãos dividam-se em tantas seitas (alardeadas por grupos ou indivíduos), sustentam com grande ênfase que os seus artigos de fé, apesar de discrepantes e contrários entre si, sejam os dogmas da religião cristã, e que aquilo que é louvado por alguns como dogma divino e bom, é por outros repudiado como diabólico, ímpio e mau; enfim, toda essa desordem e disputas come-

çaram entre eles há muito tempo e perduram até hoje. A origem de tudo isso não teve outra causa senão o fato de estarem falsamente convencidos de que suas ideias erradas e opiniões incertas sobre o sentido da Sagrada página correspondessem às Escrituras e ao Verbo de Deus infalível; em seguida, adotaram essas ideias como norma e pedra de toque da verdade e da falsidade. Tais cismas e embates continuarão a existir, sem nenhuma esperança de correção, até que os cristãos levem em conta a verdadeira e infalível norma da verdade e falsidade e aquilo que discrepa ou concorda com as Sagradas Escrituras e a religião cristã.

[57] A partir do que foi dito até aqui, é fácil compreender qual seja essa norma e qual seja a pedra de toque (a respeito de que os cristãos divergem), o que, portanto, não será necessário indicar. Quem, no entanto, desejar sabê-lo, reflita brevemente que, em primeiro lugar, "todos os mandamentos de Deus, seus testemunhos e Leis são eternos" e são a própria verdade, isto é, são verdades eternas (Sl 19,10; 119,86; 138; 142; 144; 151; 152; 160), e que a doutrina do Evangelho, em que está contida a religião cristã, funda-se sobre a única verdade, como todos os cristãos são obrigados a conceder. Em segundo lugar, considerem atentamente que a verdade é indicadora de si mesma e também da falsidade e que pode ser conhecida somente por si mesma e não por meio de outra coisa. Disso resulta, de modo mais que suficiente, que a verdade é a norma que já foi anteriormente discutida. Por isso, os cristãos que entendem a verdade que as Escrituras ensinam, ou seja, que têm percepções verdadeiras e puras, seguindo aquelas coisas que apresentamos há pouco sobre a própria verda-

de, ou seja, sobre as verdadeiras ideias intelectuais, estarão infalível e absolutamente certos de terem entendido as Escrituras e de possuírem o verbo de Deus.

[58] Além disso, porque a verdade, como a natureza ou essência das coisas, é simples e indivisível, e porque, para cada coisa corresponde senão uma única verdade e apenas um sentido, os cristãos, enquanto compreendem a verdade a respeito desse assunto, permanecerão unidos em um mesmo entendimento e uma mesma opinião, como assegura-nos Paulo (1Cor 10–11; Fl 2,2; 3,16). Aliás, esses cristãos desejarão dar exemplo, sempre e continuamente, daquilo que o Espírito Santo ensina a respeito da tolerância: "estender a mão aos fracos na fé" (Rm 14,1), que são aqueles a quem falta um maior conhecimento, "suportar as fraquezas dos fracos" (Rm 15, 1), ou seja, entender a ignorância dos que erram; "darão prova do próprio trabalho" (Gl 6,4; Rm 14,4; 2Cor 1,14) e "não sobrepujarão a fé das outras pessoas" (1Pd 5,3), "mas serão plácidos com os que erram e os instruirão com mansidão, na esperança que talvez Deus lhes conceda a conversão, para que conheçam a verdade" (vejam-se 2Tm 2,24-26; 1Ts 14–15; Mt 12,19-20). Nesta última passagem (Mt 12,19-20), "o caniço rachado" e "o pavio que fumega" indicam aquelas pessoas que se encontram imersas em muitas dúvidas e para as quais o sol da verdade ainda não nasceu, mas permanece oculto sob as nuvens da ignorância e do erro.

[59] O Apóstolo Paulo ensina-nos, com seu exemplo, que essa tolerância é estendida não só àqueles que estão imbuídos em erros leves, mas também àqueles que erram no que diz respeito aos artigos fundamentais e essenciais da

fé. Pois, embora os gálatas houvessem passado para um outro Evangelho (Gl 1,6-7), diferente daquele que fora anunciado por Cristo, enredados no equívoco segundo o qual a justiça e as outras obras do Espírito não são acrescidas pela fé, nem pela obediência da verdade, mas pelas obras da Lei (veja-se Gl 2,21 e igualmente Gl 3,5 em diversas passagens) – o que significa errar em um artigo fundamental da fé –, Paulo, havendo suportado tudo isso, chamou-os de irmãos (Gl 1,11 e Gl 3,5.15) e até mesmo de filhos (Gl 4,19 e outras passagens).

[60] Ademais, quando o doutor dos gentios diz aos filipenses (Fl 3,15) "é isso que pensamos" – referindo-se àquilo que já lhes havia ensinado sobre o conhecimento de Cristo e sua virtude, com que se realiza nossa vivificação e justificação – e "se em algum ponto pensais diversamente, também isto Deus vos revelará", indica de modo muito evidente seu desejo de tolerar aqueles que pensavam de modo diferente do seu (e não como deveriam) a respeito de um artigo fundamental acerca da justificação, querendo que fossem reconhecidos como irmãos e membros da Igreja.

[61] Já que aqueles que erram por fraqueza ou ignorância não erram menos que os que não o fazem propositalmente e as crianças em Cristo (como são considerados aqueles que entendem mal os artigos fundamentais da fé) são necessariamente crianças, e, portanto, como uma criança natural, para atingirem a adolescência e a idade adulta em Cristo exigem educação por um longo tempo, e as Sagradas Escrituras fazem distinção entre a criança, o adolescente e o adulto em Cristo com respeito ao grau

de entendimento, é evidente que aqueles que erram com relação aos princípios fundamentais ou de qualquer outra forma devem ser tolerados.

[62] Pois, os cristãos – que acalentam diferentes opiniões e se dividem, consideram uns aos outros como inimigos de Deus, chamam outros cristãos de hereges, marcam-nos com negro carvão, perseguem-nos, praticam contra eles delitos que os próprios cristãos abominam –, não têm qualquer verdade por fundamento, mas necessariamente uma falsa opinião.

[63] É inegável que argumentos que foram demonstrados a respeito da religião cristã parecem contrastar com aquilo que o filósofo estava empenhado em demonstrar no *Tratado teológico-político*, ou seja, que a religião consiste somente na obediência e que nela não há lugar para a pesquisa a respeito da verdade e a meditação em prol da aquisição de ideias puramente intelectuais e adequadas a respeito das coisas que as Escrituras ensinam. Mas qualquer um que tenha lido esse tratado com atenção não ignorará os motivos que levaram este homem de grande sutileza a propor essa afirmação, e ao mesmo tempo será compelido a aceitar que nosso autor admitia uma religião racional.

[64] Quem não vê que as circunstâncias em que nos encontramos e a maneira como somos constituídos conduzem-nos necessariamente por meio da obediência e não do conhecimento? Quem não percebe que muitos permanecem nesse estado até o fim de suas vidas? A respeito desse assunto, pode-se facilmente entender que um homem perspicaz como Baruch de Espinosa, em seu tratado, demonstre que Deus, no Sagrado livro, não exige outro reconheci-

mento que o de ser Ele maximamente justo, misericordioso e o único modelo de vida, que deve ser cultuado por meio da obediência, da caridade e da justiça.

[65] Em várias passagens, o Apóstolo Paulo indica que muitos não são igualmente aptos a ser guiados pelo entendimento e que a maioria, se for levado em conta todo o gênero humano, deve ser conduzida pela obediência. De fato, ele escreve, na Primeira Epístola aos Coríntios (3,12): "Meus irmãos, eu não pude falar-vos como a espirituais (ou seja, como a pessoas guiadas pelo espírito e o entendimento), mas somente como a carnais e crianças em Cristo (isto é, como a pessoas que são conduzidas pela obediência), dei-vos de beber leite (em outras palavras, 'mostrei-vos o caminho da obediência e com ele vos nutri'), e não vos dei alimento sólido (conhecimento), porque não podíeis e ainda não podeis comer alimento sólido."

[66] O mesmo Apóstolo diz (1Cor 2,6): "falamos sobre a sabedoria aos perfeitos, isto é, falamos sobre o caminho da sabedoria aos espirituais (cf. o versículo 15 no mesmo capítulo), que são guiados pelo espírito e o entendimento".

[67] Finalmente, na Segunda Epístola a Timóteo (3,7), descreve aqueles que estão sempre aprendendo e nunca conseguem chegar ao conhecimento da verdade e, assim, conhecer as coisas que são necessárias à salvação. Na verdade, é próprio dos judeus e das crianças em Cristo, sejam eles jovens ou idosos, doutos ou indoutos, ricos ou pobres de engenho, conhecerem-nas idoneamente por meio das Escrituras.

[68] Aqueles que consideraram as teses apresentadas e demonstradas pelo nosso filósofo no tratado supracitado

como nocivas e sediciosas – a saber, que Deus, nas Escrituras, nada exige além da obediência, que a filosofia e a teologia não têm relação entre si, pois cada uma é regida por princípios próprios – e que se esforçaram muito para demonstrar a falsidade dessas teses, darão seu assentimento às coisas que dissemos acerca da religião cristã no que tange o seu conhecimento.

[69] Concluímos aqui a apresentação da *Ética* e do pensamento do nosso autor, que foram tratados com mais prolixidade do que havíamos planejado; as restantes obras serão apresentadas de maneira mais abreviada, para que a leitura não se torne entediante ao leitor.

[70] Nosso autor escreveu seu *Tratado político* pouco antes de morrer. Há nesse tratado tanto reflexões esmeradas quanto clareza de estilo. Depois de ter rejeitado as opiniões políticas de muitos autores, propõe suas próprias ideias, de modo absolutamente rigoroso, derivando conclusões de todas as premissas. Nos primeiros cinco capítulos trata da política de um modo geral; no sexto e no sétimo, da monarquia; no oitavo, nono e décimo, da aristocracia; finalmente, no começo do décimo primeiro, do governo da democracia. A morte intempestiva impediu-o de concluir o tratado, por isso, não discutiu nele as leis nem várias outras questões que se referem a política, como se pode ver na carta do autor a seu amigo, que está na parte precedente do *Tratado político*.

[71] O *Tratado da emenda do intelecto* figura entre as primeiras obras do nosso filósofo, como comprovam-no o estilo e os conceitos nele presentes. A importância que deu ao assunto tratado e a grande utilidade do escopo que o au-

tor estabeleceu nessa obra – a saber, abrir uma via de grande nitidez e simplicidade para o verdadeiro entendimento das coisas – sempre serviram de estímulo para o direcionamento de seus argumentos. Mas o peso da obra, suas profundas meditações e o vasto conhecimento das ciências que sua consecução exigia fizeram com que ele progredisse a passos lentos, e foram o motivo pelo qual esse tratado não foi concluído e é insuficiente em alguns pontos. Nas anotações que acrescentou ao texto, o próprio autor frequentemente salienta que o assunto deveria ter sido demonstrado com mais cuidado, com explicações mais amplas, seja em sua própria filosofia seja na de outros pensadores. Como possui conteúdos sobremodo notáveis e de imensa utilidade, que despertarão grande interesse no estudioso da verdade e ajudá-lo-ão muito em suas pesquisas, entendeu-se que deveria ser editado juntamente com as outras obras, como é dito na advertência que o antecede.

[72] Em primeiro lugar, trata do bem aparente, que é aquilo que os seres humanos mais desejam: as riquezas, o prazer e a honra, e do bem verdadeiro e como deve ser adquirido. Em segundo lugar, ensina algumas regras para a vida; em seguida passa a tratar da emenda do intelecto. Para que essa emenda aconteça da melhor forma possível, classifica quatro modos diferentes de entender, que depois analisa com mais atenção; desses quatro modos, escolhe os que melhor servem a seus objetivos. Ademais, para que conheçamos sua utilidade, trata dos instrumentos do entendimento, ou seja, das ideias verdadeiras e, na mesma obra, dos caminhos certos para guiar o entendimento e sobre o método e suas partes.

[73] Na primeira parte discute-se como as ideias verdadeiras podem ser discernidas das falsas, propiciando uma forma de as ideias falsas, fictícias e dúbias não serem confundidas com as verdadeiras. Nessa altura, o autor discute extensamente a respeito das ideias verdadeiras, falsas e dúbias, a que acrescenta discussões a respeito da memória e do esquecimento. Na segunda parte, fornece regras com as quais o desconhecido é derivado do conhecido e entendido; para que isso seja possível, estabelece que uma percepção pode ser de dois tipos: por meio da essência ou da causa próxima. Como esses dois tipos de percepção só podem ser deduzidos a partir das definições das coisas, propõe leis para a definição das coisas, sejam as criadas sejam as incriadas. Ademais, indica os meios pelos quais as coisas particulares sejam conhecidas como eternas para que, desse modo, nossos conceitos concatenem-se. E a fim de que todas essas coisas sejam estabelecidas de maneira mais completa, trata da força do entendimento e enumera suas propriedades. Conclui-se desse modo o *Tratado da emenda do intelecto*.

[74] As cartas não foram organizadas de acordo com o assunto, nem segundo a importância daqueles a quem o autor as escreveu, mas de acordo com o tempo: foram dispostas de modo que a cada carta endereçada a qualquer pessoa se seguissem as respectivas respostas. Tendo em conta que a importância recai no assunto tratado na carta e não em quem a escreve, em algumas foram transcritos os nomes completos, em outras apenas as iniciais e em outras o nome foi omitido. Observe também o benévolo leitor que não é de admirar que a *Ética*, então inédita, seja citada nessas cartas – tanto por quem escreve quanto por quem

responde –, pois estava sendo divulgada e descrita muitos anos antes de sua publicação. Achamos que seria importante fazer essa advertência aqui para que não haja suspeita que a *Ética* houvesse sido publicada anteriormente à data conhecida. Observe-se também que toda a obra, com exceção de algumas poucas epístolas, foi escrita em latim.

[75] Benévolo leitor, como nossa intenção era oferecer-te todas as *Obras póstumas* de nosso filósofo, não poderíamos omitir seu *Compêndio da gramática hebraica*. Parece-nos que o autor dividiu essa gramática em duas partes: na primeira, discute a etimologia, ou flexão dos nomes e verbos, cuja discussão inteiramente concluiu; a segunda parte, em que tratou da sintaxe ou construção dos nomes e verbos, apenas começou. Ele sempre teve a intenção de escrever uma gramática hebraica à maneira dos geômetras, em cujo prefácio demonstrasse, em primeiro lugar, que a pronúncia verdadeira dessa língua fora perdida. Nesse sentido, ressaltou que as vogais foram acrescentadas à Bíblia em tempos recentes pelos judeus, e por isso as vogais mais comuns foram adscritas a nomes antigos. Na página 44 de sua gramática, afirma que "o feminino não parece ter tido somente a forma *'at*, mas também *'atî*", e que "*hî* parece ter tido a mesma consoante do masculino *hw'*, porém vogais diferentes". De fato, esses pronomes encontram-se frequentemente escritos dessa maneira na Bíblia, e os massoretas corrigiram-nos em todas as passagens sem dúvida porque se trata de formas arcaicas. Em terceiro lugar, demonstrou que a letra *vav* tem o valor de "w", e que o *'alef* transforma-se com frequência em *vav*. Em quarto lugar, demonstrou que se confundem diferentes dialetos nas Escrituras. Por último, indicou que

podemos variar as sílabas livremente; é permitido, por exemplo, que *'shmoroh* ["vigília"] tenha como modelo *'shmoreth*, que, entretanto, podemos escrever como *'shmorath*.

[75a] No que diz respeito ao mesmo compêndio, na página 24, o autor adverte que houve muitos que escreveram gramáticas das Escrituras, mas que ninguém tivesse escrito uma gramática da Língua Hebraica. Muita coisa tens aqui, benévolo leitor, que dificilmente encontrarás em outros lugares! Principalmente isto (a respeito de que o autor aconselha que devemos meditar cuidadosamente): todas as palavras da Língua Hebraica, com exceção das interjeições e conjunções – e uma ou outra partícula –, têm a significação e as propriedades dos nomes. Como os gramáticos não atentaram para isso, acreditaram que houvesse muito mais coisas irregulares – que, na verdade, são altamente regulares do ponto de vista do uso – e, portanto, ignoraram a maior parte das noções necessárias para o conhecimento e a utilização da língua.

[75b] Sobre os acentos, nosso autor retoma brevemente aquilo que outros autores escreveram de modo prolixo e confuso, elimina o supérfluo e indica sua verdadeira utilidade. Talvez ninguém jamais tenha explicado, como ele, de maneira tão cuidadosa e completa, as mudanças das marcações e, com igual zelo, as flexões dos nomes e verbos. Se alguém, com base nesses fundamentos, desejasse construir uma sintaxe da Língua Hebraica, não deveria ser pouco grato aos filo-hebreus, e um gênio da Língua Sagrada, até hoje ignorado, seria mais bem conhecido[16].

---

16 Este parágrafo e os dois anteriores não constam na edição holandesa das obras espinosanas (*De Nagelate Schriften*), que não inclui o *Compêndio de gramática da língua hebraica*. O autor do prefácio, Jarig Jelles, "limita-se a

[76] Benévolo leitor, essas foram as coisas que consideramos importante considerar a respeito dos conteúdos deste livro. Todos aqueles que amam sinceramente a verdade e aspiram a um conhecimento indubitável das coisas, serão sem dúvida afligidos pela dor de saber que esses escritos do nosso filósofo estão em grande parte incompletos. De fato, é lastimável que ele, que tantos progressos já fizera no conhecimento da verdade e tamanha capacidade tivesse de nela progredir, encontrasse a morte de maneira tão prematura e intempestiva. Tanto mais que se poderia esperar dele não só a conclusão desses escritos, mas também, como lembra em várias passagens no *Tratado da emenda do intelecto*, a finalização de sua filosofia, em que, sem dúvida, demonstraria "a verdadeira natureza do movimento e de que modo se deveriam deduzir a priori todas as formas variáveis da matéria etc.", de que faz menção nas cartas 43 e 44.

[77] Dispusera-se também a escrever uma álgebra, segundo um método mais inteligível e facilitado de compreender, e muitos outros trabalhos, como vários de seus amigos diversas vezes ouviram-no mencionar. Mas a morte comprovou, no caso do nosso admirável filósofo, que os propósitos humanos raramente são realizados. Apesar disso, não pequena é a esperança que nos ilumina de que tenhamos prestado um serviço, não dos menores, ao mun-

---

justificar a ausência com a alegação de que quem deseja conhecer o hebraico deve primeiramente aprender latim". Nestes três parágrafos dedicados exclusivamente a descrever o *Compêndio*, Luís Meyer (que verteu o prefácio das *Obras póstumas* do holandês para o latim) oferece contribuições preciosas "para a inteligência da gramática, especialmente no que se refere a sua forma final" (SANTIAGO, H. *Geometria do instituído*: estudo sobre a gramática hebraica espinosana. Fortaleza: EdUECE, 2014, p. 32).

do da erudição, pois, embora estes escritos estejam incompletos, esperamos que sejam aceitos com gratidão pelo público erudito. O objetivo da publicação dessas obras não foi outro que iluminar as pessoas e fazer com que o entendimento da verdade fosse cada vez mais divulgado.

Ética demonstrada em ordem geométrica

Parte I
Sobre Deus

Definições

I. Por causa de si entendo aquilo cuja essência implica a existência, ou seja, aquilo cuja natureza não pode ser concebida a não ser como existente.

II. Diga-se finita em seu gênero aquela coisa que pode ser limitada por uma outra da mesma natureza. Por exemplo, um corpo é dito finito porque sempre concebemos um outro maior. Assim, um pensamento é limitado por outro pensamento. Mas um corpo não é limitado por um pensamento, nem um pensamento por um corpo.

III. Por substância entendo aquilo que é concebido em si e por si, isto é, aquilo cujo conceito não necessita do conceito de uma outra coisa, do qual deva ser formado.

IV. Por atributo entendo aquilo que o intelecto percebe de uma substância como constituindo sua essência.

V. Por modo entendo as afecções de uma substância ou aquilo que é em uma outra coisa, pela qual também é concebido.

VI. Por Deus entendo um ente absolutamente infinito, isto é, a substância constituída por infinitos atributos, dos quais cada um exprime uma essência eterna e infinita.

Explicação

Digo absolutamente infinito e não infinito em seu gênero, pois podemos negar infinitos atributos daquilo que é infinito apenas em seu próprio gênero. Porém, para o que é absolutamente infinito, pertence à sua essência tudo o que exprime uma essência e não implica nenhuma negação.

VII. Diga-se livre aquela coisa que existe apenas pela necessidade da sua própria natureza e é determinada a agir apenas por si. Por outro lado, diga-se necessária, ou, antes, coagida, aquela coisa que é determinada por uma outra a existir e a operar de maneira certa e determinada.

VIII. Por eternidade entendo a própria existência, enquanto é concebida a se seguir necessariamente apenas da definição de uma coisa eterna.

Explicação

Com efeito, tal existência é concebida como verdade eterna, como a essência da coisa e, por esta razão, não pode ser explicada pela duração ou pelo tempo, ainda que a duração seja concebida como não tendo princípio nem fim.

Axiomas

I. Tudo o que existe, ou existe em si ou existe em um outro.

II. Aquilo que não pode ser concebido através de uma outra coisa, deve ser concebido por si.

III. De uma causa determinada que se supõe dada, segue-se necessariamente um efeito, e o contrário: se nenhuma causa determinada se dá é impossível que um efeito se siga.

IV. O conhecimento do efeito depende do conhecimento da causa e o implica.

V. As coisas que não têm nada em comum uma com a outra não podem ser entendidas uma por meio da outra, ou seja, o conceito de uma não implica o conceito da outra.

VI. A ideia verdadeira deve convir com o objeto do qual ela é a ideia.

VII. Qualquer coisa que pode ser concebida como não existente, sua essência não implica existência.

Proposição 1
A substância é anterior por natureza a suas afecções.

Demonstração
É evidente pelas definições 3 e 5.

Proposição 2
Duas substâncias que têm atributos diversos não têm nada em comum entre si.

Demonstração
É evidente pela definição 3. Com efeito, cada uma deve existir em si e deve ser concebida por si mesma, ou seja, o conceito de uma não implica o conceito da outra.

Proposição 3
Coisas que não têm nada em comum entre si, uma delas não pode ser causa da outra.

Demonstração

Se elas não têm nada em comum entre si, portanto (pelo axioma 5), elas não podem ser entendidas uma pela outra, e assim (pelo axioma 4), uma não pode ser causa da outra. C.Q.D.[17]

Proposição 4

Duas ou mais coisas distintas se distinguem entre si ou pela diversidade dos atributos das substâncias ou pela diversidade das suas afecções.

Demonstração

Tudo o que existe, existe em si ou em outra coisa (pelo axioma 1), isto é, (pelas definições 3 e 5) nada se dá fora do intelecto além das substâncias e das suas afecções. Portanto, nada se dá fora do intelecto, por meio de que muitas coisas possam se distinguir entre si além das substâncias, ou seja, o que é o mesmo (pela definição 4), dos seus atributos e das suas afecções. C.Q.D.

Proposição 5

Na natureza das coisas não podem se dar duas ou várias substâncias da mesma natureza, ou seja, do mesmo atributo.

Demonstração

Se se dessem várias substâncias distintas, elas deveriam se distinguir entre si ou pela diversidade dos atributos

---

17 A abreviatura "Q.E.D.", em latim "*Quod erat demonstrandum*", segue sempre traduzida por "C.Q.D.", ou seja, "Como se queria demonstrar" [N.E.].

ou pela diversidade das afecções (pela proposição precedente). Se fosse apenas pela diversidade dos atributos, seria concedido, portanto, haver apenas uma substância do mesmo atributo. Mas se fosse pela diversidade das afecções, como uma substância é anterior por natureza às suas afecções (pela proposição 1), portanto, não se poderá, colocadas suas afecções de lado e considerada em si mesma, isto é, (pela definição 3 e pelo axioma 6) verdadeiramente concebê-la como distinta de uma outra, isto é, não poderão ser dadas várias substâncias, mas apenas uma.

Proposição 6
Uma substância não pode ser produzida por outra substância.

Demonstração

Na natureza das coisas não podem ser dadas duas substâncias de mesmo atributo (pela proposição precedente), isto é (pela proposição 2), que têm algo em comum entre si. E assim (pela proposição 3) uma não pode ser a causa da outra, ou seja, não pode ser produzida por outra. C.Q.D.

Corolário

Segue-se daqui que a substância não pode ser produzida por uma outra coisa. Pois na natureza das coisas nada se dá além de substâncias e das suas afecções, como fica evidente pelo axioma 1 e pelas definições 3 e 5. Ora, uma substância não pode ser produzida por uma outra substância (pela proposição precedente). Portanto, a substância não pode, absolutamente, ser produzida por outra coisa. C.Q.D.

Outra demonstração

Isto se demonstra mais facilmente pelo absurdo da contraditória. Pois se a substância pudesse ser produzida por outra coisa, seu conhecimento deveria depender do conhecimento da sua causa (pelo axioma 4); e assim (pela definição 3) não seria a substância.

Proposição 7
Existir pertence à natureza da substância.

Demonstração

A substância não pode ser produzida por outra coisa (pelo corolário da proposição precedente). Ela será então causa de si, isto é (pela definição 1), sua essência implica necessariamente a existência, ou seja, existir pertence à sua natureza. C.Q.D.

Proposição 8
Toda substância é necessariamente infinita.

Demonstração

A substância de um único atributo não existe a não ser de maneira única (pela proposição 5) e o existir pertence à sua natureza (pela proposição 7). Por isso, será de sua natureza que ela exista quer como finita quer como infinita. Mas não pode ser finita, pois (pela definição 2), ela deveria ser limitada por outra da mesma natureza que, ela também, deveria necessariamente existir (pela proposição 7). Assim, haveria duas substâncias de mesmo atributo, o que é absurdo (pela proposição 5). Portanto, ela existe como infinita. C.Q.D.

Escólio 1

Como ser finito é, na realidade, negação parcial e ser infinito é afirmação absoluta da existência de uma natureza qualquer, segue-se, então, apenas da proposição 7 que toda substância deve ser infinita.

Escólio 2

Não duvido que a todos aqueles que julgam confusamente as coisas e não se acostumaram a conhecê-las pelas suas primeiras causas, seja difícil de conceber a demonstração da proposição 7; sem surpresa, pois eles não distinguem entre as modificações das substâncias e as próprias substâncias, e não sabem como as coisas são produzidas. Donde ocorre que eles forjam para as substâncias o princípio que eles veem que as coisas da natureza têm. Com efeito, os que ignoram as verdadeiras causas das coisas confundem tudo e, sem qualquer protesto de sua mente, forjam árvores falantes como homens, imaginam que homens são formados de pedra e sêmen, e que formas quaisquer se mudam em outras quaisquer. Igualmente, aqueles que confundem a natureza divina com a humana atribuem facilmente a Deus os afetos humanos, sobretudo enquanto ignoram ainda como se produzem os afetos na mente. Se, ao contrário, os homens estivessem atentos à natureza da substância, não duvidariam de modo algum da verdade da proposição 7. Na verdade, essa proposição seria para todos um axioma e seria enumerado entre as noções comuns. Pois, por substância, eles entenderiam aquilo que é em si e é concebido por si, isto é, aquilo cujo conhecimento não tem necessidade do conhecimento de outra coisa. Porém, por modificações, entenderiam aquilo que existe em outra coisa, e cujo conceito forma-se do conceito da coisa na qual elas existem. É por isso que podemos ter ideias verdadeiras de modificações não existentes: ainda que elas não existam em ato fora do intelecto, sua essência, porém, é de tal maneira compreendida em uma outra coisa que podem ser por ele entendidas, enquanto a verdade das substâncias fora do intelecto não reside senão nelas mesmas, já que elas se concebem por si mesmas. Então, se alguém diz que tem a ideia clara e distinta de uma substância, isto é, verdadeira, e, entretanto, duvida se esta substância existe, seria, por Hércules!, o mesmo que dissesse que tem uma ideia verdadeira, mas está em dúvida se não é falsa (como se torna manifesto com um pouco de atenção); ou ainda quem admitisse a criação de uma substância, admitiria ao mesmo tempo que uma ideia falsa tornou-se verdadeira, e nada mais absurdo se pode conceber. Portanto, é preciso necessariamente reconhecer que a existência de uma substância, assim como sua essência, é uma verdade eterna. E disso podemos concluir, de um outro modo, que não pode haver senão uma substância única de mesma natureza, o que eu acreditei que valeria a pena ser mostrado aqui. Mas, para fazê-lo com ordem, é preciso observar: 1) que a definição verdadeira de cada coisa não implica nem exprime nada senão a natureza da coisa definida. Donde se segue: 2) que nenhuma definição implica nem jamais exprime algum número determinado de indivíduos, visto que ela nada exprime senão a natureza da coisa definida. Por exemplo, a definição do triângulo não exprime nada mais que a natureza simples do triângulo, mas não certo número de triângulos. 3) É preciso notar que, para cada coisa existente, há necessariamente uma certa causa em virtude da qual ela existe. 4) Finalmente, é preciso notar que esta causa em virtude da qual uma coisa existe ou deve estar contida na própria natureza e na definição da coisa existente (sem surpresa, pois pertence à sua natureza de existir), ou deve ser dada fora dela. Posto isso, segue-se que, se na natureza existe um certo número de indivíduos, deve haver aí necessariamente uma causa em virtude da qual esses indivíduos e não um menor ou um maior número existam. Se, por exemplo, existem na natureza vinte homens (para que fique mais claro, suponha-se que eles existem ao mesmo tempo e não foram precedidos por outros), não será suficiente (para dar a razão da existência desses vinte homens) que mostremos a causa da natureza humana em geral; porém, será preciso que mostremos a causa pela qual não existem nem mais nem menos de vinte, já que (em virtude da 3ª observação) deve haver necessariamente aí uma causa por que cada um existe. Mas essa causa (seguindo as observações 2 e 3) não pode estar contida na própria natureza humana, já que a verdadeira definição de homem não implica o número vinte; e assim (após a observação 4), a causa pela qual esses vinte homens existem, e consequentemente cada um deles em particular, deve ser necessariamente dada fora de cada um; e, por essa razão, é preciso concluir absolutamente que para toda coisa de cuja natureza podem existir vários indivíduos, deve haver necessariamente aí uma causa externa em virtude da qual esses indivíduos existam. Visto que (como já se mostrou neste escólio) pertence à natureza da substância o existir, sua definição deve implicar a existência necessária e consequentemente sua existência deve se concluir apenas de sua definição. Mas de sua definição (como já mostramos pelas observações 2 e 3) não pode se seguir a existência de várias substâncias. Portanto, segue-se necessariamente que não existe senão uma única substância de sua mesma natureza, como se havia proposto.

Proposição 9

À proporção de realidade ou de ser que possui cada coisa, um maior número de atributos lhe pertence.

Demonstração

É evidente pela definição 4.

Proposição 10

Cada um dos atributos de uma substância deve ser concebido por si.

Demonstração

Com efeito, o atributo é aquilo que o intelecto percebe de uma substância como constituindo sua essência (pela definição 4); consequentemente (pela definição 3), ele deve ser concebido por si. C.Q.D.

Escólio

Disso é evidente que, embora dois atributos sejam concebidos como realmente distintos, isto é, um sem o auxílio de outro, não podemos, todavia, concluir disso que eles constituam dois entes, ou seja, duas substâncias diversas. De fato, é da natureza de uma substância que cada um de seus atributos seja concebido por si, visto que todos os atributos que ela possui sempre estiveram ao mesmo tempo ali e que um não pode ser produzido pelo outro, mas que cada um exprime a realidade, ou seja, o ser da substância. Portanto, está longe de ser absurdo atribuir vários atributos a uma mesma substância; ademais, não há nada mais claro na natureza do que isto: cada ser deve ser concebido sob um certo atributo e, à proporção de realidade ou de ser que possui, ele tem um maior número de atributos que exprimem uma necessidade, eternidade e infinidade; e consequentemente nada também mais claro que isto: um ser absolutamente infinito deve ser necessariamente definido (como dissemos na definição 6) como sendo um ente que é constituído de infinitos atributos dos quais cada um exprime uma certa essência eterna e infinita. Se alguém pergunta agora por que sinal nós poderemos reconhecer a diversidade das substâncias, que leia as proposições seguintes. Elas mostram que existe na natureza das coisas uma única substância e que ela é absolutamente infinita, o que torna inútil procurar tal sinal.

Proposição 11

Deus, ou seja, a uma substância que consta de infinitos atributos dos quais cada um exprime uma essência eterna e infinita, existe necessariamente.

Demonstração

Se tu negas, concebe, se é possível, que Deus não existe. Portanto (pelo axioma 7), sua essência não implica a existência. Ora, isto (pela proposição 7) é absurdo. Portanto, Deus existe necessariamente. C.Q.D.

Outra demonstração

Para toda coisa deve haver a causa ou razão tanto por que existe quanto por que não existe. Por exemplo, se um triângulo existe, deve haver uma razão ou causa por que ele existe; porém, se ele não existe, deve haver uma razão ou causa que impede que ele exista ou que suprime sua existência. Além disso, esta razão ou causa deve estar contida ou na natureza da coisa ou fora da coisa. Por exemplo, a razão pela qual um círculo quadrado não existe, sua própria natureza indica; sem surpresa, dado que implica contradição. Ao contrário, o motivo por que uma substância existe, segue-se também apenas de sua natureza, porque implica existência (pela proposição 7). Mas é diferente a razão pela qual existe um círculo ou um triângulo, ou que não existe, pois isso não se segue de sua natureza, mas da ordem da natureza corporal inteira; já que deve se seguir ou que o triângulo existe atualmente por necessidade ou que é impossível que exista atualmente. E isto é evidente por si. Segue-se disso que existe necessariamente esta coisa de que não é dada nenhuma razão ou causa que impeça que exista. Portanto, se nenhuma razão ou causa não pode ser dada que impeça que Deus não exista ou que seja suprimida sua existência, não se poderá, de modo algum, evitar concluir que ele existe necessariamente. Mas, para que tal razão ou causa possa ser dada, ela deveria estar contida ou na natureza mesma de Deus ou fora desta natureza, isto é, em outra substância de outra natureza. Pois se ela fosse da mesma natureza, seria concedido por isso mesmo que Deus é dado. Mas uma substância que fosse de outra natureza nada poderia ter de comum com Deus (pela proposição 2) e, portanto, não poderia nem pôr sua existência nem a suprimir. Portanto, visto que a razão ou causa que suprimiria a existência divina não pode estar dada fora da natureza de Deus, ela deverá necessariamente, se se quer que ele não exista, estar contida em sua própria natureza, a qual deveria então implicar uma contradição. Ora, é absurdo afirmar isto de um ente absolutamente infinito e sumamente perfeito; portanto, nem em Deus nem fora de Deus, nenhuma razão ou causa é dada que suprima sua existência, e, por consequência, Deus existe necessariamente. C.Q.D.

Outra demonstração

Poder não existir é impotência e, ao contrário, poder existir é potência (como é conhecido por si). Portanto, se isto que existe necessariamente agora são apenas entes finitos, os entes finitos serão mais potentes que o ente absolutamente infinito; ora, isto (como é conhecido por si) é absurdo. Portanto, ou nada existe ou o ser absolutamente infinito também existe necessariamente. Ora, nós existimos ou em nós mesmos ou em outra coisa que existe necessariamente (cf. axioma 1 e proposição 7). Portanto, existe necessariamente um ente absolutamente infinito, isto é (pela definição 6), Deus. C.Q.D.

Escólio

Nessa última demonstração, eu quis mostrar a existência de Deus *a posteriori*, para que a demonstração fosse mais fácil de ser percebida; não que a existência de Deus não se siga *a priori* do mesmo fundamento. Pois, se poder existir é uma potência, segue-se disso que, quanto mais realidade pertence à natureza de uma coisa, mais ela tem por si mesma as forças para existir; assim, o ente absolutamente infinito, ou seja, Deus, tem por ele mesmo uma potência absolutamente infinita de existir e, por isso, ele existe absolutamente. No entanto, talvez muitos não poderão ver facilmente a evidência dessa demonstração, pois estão acostumados a contemplar apenas as coisas que provêm de causas externas; e entre essas coisas, aquelas que se produzem rapidamente, isto é, que existem facilmente, as quais eles veem que também facilmente perecem; ao contrário, aquelas coisas às quais eles concebem pertencer muita coisa, julgam-nas mais difíceis de serem feitas, ou seja, eles não consideram que elas existam tão facilmente. Todavia, para liberá-los destes preconceitos, não tive necessidade de mostrar aqui por qual razão é verdadeiro este dito: *o que vem rapidamente, perece rapidamente*; nem mesmo se, em relação à natureza inteira todas as coisas são igualmente fáceis ou não. Basta, porém, notar apenas que não falo aqui de coisas feitas de causas externas, mas apenas das substâncias, que (pela proposição 6) não podem ser produzidas por nenhuma causa externa. Pois, para as coisas que são feitas de causas externas, que se compõem de muitas ou de poucas partes, tudo o que têm de perfeição ou de realidade é devido totalmente à força de uma causa externa, e assim sua existência provém apenas da perfeição desta causa externa, e não da sua. Ao contrário, tudo o que uma substância tem de perfeição não é devido a nenhuma causa externa, porque sua existência deve seguir-se apenas de sua natureza, a qual, por consequência, nada mais é que sua essência. Logo, a perfeição de uma coisa não suprime sua existência, mas, ao contrário, a põe; é sua imperfeição que a suprime; e assim nós não podemos estar mais certos da existência de nenhuma coisa que da existência de um ente absolutamente infinito ou perfeito, ou seja, de Deus. Pois, visto que sua essência exclui toda imperfeição e implica a perfeição absoluta, por isso mesmo ela suprime toda causa de duvidar de sua existência e oferece disso uma suma certeza, como creio que o perceberá toda pessoa um pouco atenta.

Proposição 12

Nenhum atributo da substância, do qual se siga que a substância possa ser dividida, pode ser concebido verdadeiramente.

Demonstração

Com efeito, ou as partes nas quais a substância assim concebida seria dividida conteriam a natureza da substância ou não. Na primeira hipótese, cada parte (pela proposição 8) deveria ser infinita e (pela proposição 6) causa de si, e (pela proposição 5) ser constituída por um atributo diverso; assim, de uma única substância muitas substâncias poderiam ser constituídas, o que (pela proposição 6) é absurdo. Acrescente-se que as partes (pela proposição 2) nada teria de comum com seu todo e que o todo (pela definição 4 e proposição 10) poderia existir e ser concebido sem suas partes, o que ninguém poderá duvidar que seja absurdo. Porém, de acordo com a segunda hipótese, a saber, que as partes não reteriam a natureza da substância, então, se a substância toda fosse dividida em partes iguais, ela perderia sua natureza de substância e cessaria de ser, o que (pela proposição 7) é absurdo.

Proposição 13
A substância absolutamente infinita é indivisível.

Demonstração

Pois se fosse divisível, as partes nas quais ela se dividiria ou reteriam a natureza da substância absolutamente infinita, ou não a reteriam. Na primeira hipótese, seriam dadas muitas substâncias da mesma natureza, o que (pela proposição 5) é absurdo. Na segunda, a substância absolutamente infinita poderia (como se viu mais acima) cessar de ser, o que (pela proposição 11) é igualmente absurdo.

Corolário

Segue-se disso que nenhuma substância e, consequentemente, nenhuma substância corpórea, enquanto é uma substância, é divisível.

Escólio

Que a substância seja indivisível é entendido mais simplesmente disto somente: que a natureza da substância não pode ser concebida a não ser como infinita, e que pela parte de uma substância nada mais se pode entender senão uma substância finita, o que (pela proposição 8) implica uma contradição manifesta.

Proposição 14

Nenhuma substância, além de Deus, pode ser dada ou concebida.

Demonstração

Deus é um ser absolutamente infinito, do qual nenhum atributo que exprime a essência de substância pode ser negado (pela definição 6), e ele existe necessariamente (pela proposição 11); portanto, se alguma substância além de Deus fosse dada, ela deveria ser explicada por algum atributo de Deus, e assim existiriam duas substâncias de mesmo atributo, o que (pela proposição 5) é absurdo; por conseguinte, nenhuma substância fora de Deus pode existir e consequentemente também ser concebida. Pois, se ela pudesse ser concebida, ela deveria necessariamente ser concebida como existente; ora, isso (pela primeira parte desta demonstração) é absurdo. Portanto, fora de Deus nenhuma substância pode ser dada nem ser concebida. C.Q.D.

Corolário 1

Segue-se clarissimamente daqui: 1º que Deus é único, isto é, (pela definição 6), que na natureza das coisas pode se dar apenas uma única substância que é absolutamente infinita, como já indicamos no escólio da proposição 10.

Corolário 2

Segue-se: 2º que a coisa extensa e a coisa pensante são ou atributos de Deus ou (pelo axioma 1) afecções dos atributos de Deus.

Proposição 15

Tudo o que é, é em Deus, e sem Deus nada pode ser nem ser concebido.

Demonstração

Além de Deus, nenhuma substância pode ser dada nem ser concebida (pela proposição 14), isto é (pela definição 3), nenhuma coisa que é em si e concebida por si. Contudo, os modos (pela definição 5) não podem existir nem ser concebidos sem a substância. Portanto, eles podem existir apenas na natureza divina e apenas ser concebidos por ela. Ora, nada é dado além das substâncias e dos modos (pelo axioma 1). Portanto, sem Deus, nada pode existir nem ser concebido. Q. E. D.

Escólio

Há quem forja um Deus composto como um homem de corpo e mente e submisso às paixões. Mas quão longe estão estes do verdadeiro conhecimento de Deus; as demonstrações precedentes bastam para estabelecer. Deixo tais pessoas de lado, pois todos os que, de algum modo, contemplaram atentamente a natureza divina negam que Deus seja corpóreo. E eles provam muito bem por entendermos pelo corpo qualquer quantidade longa, larga e profunda, limitada por uma certa figura, o que é a coisa mais absurda que se possa dizer de Deus, ser absolutamente infinito. Ao mesmo tempo, porém, eles fazem ver claramente, tentando demonstrá-lo por outras razões, que separam inteiramente a substância corpórea ou extensa da natureza de Deus, e admitem que ela é criada por Deus. Mas eles ignoram completamente por qual potência divina ela pode ter sido criada, o que mostra claramente que eles não entendem o que eles próprios dizem. A meu juízo, eu ao menos demonstrei bem claramente (pelo corolário da proposição 6 e escólio 2 da proposição 8) que nenhuma substância pode ser produzida ou criada por outra coisa. Além disso, mostramos pela proposição 14 que além de Deus nenhuma substância pode ser nem ser concebida; e concluímos disso que a substância extensa é um dos atributos infinitos de Deus. Entretanto, em vista de uma explicação mais completa, refutarei os argumentos destes adversários[18] que retornam a isso: primeiro, que a substância corpórea, enquanto substância, compõe-se de partes, como pensam; e, por essa razão, negam que ela possa ser infinita e consequentemente que ela possa pertencer a Deus. Eles exprimem isso por inúmeros exemplos, dos quais citarei alguns. Se a substância corpórea é infinita, eles dizem, que seja concebida dividida em duas partes: cada uma delas será ou finita ou infinita. Da primeira hipótese, o infinito se compõe de duas partes finitas, o que é absurdo. Na segunda, haverá então um infinito que é o dobro de um outro infinito, o que não é menos absurdo. Além disso, se uma quantidade infinita é

---

18 Os "adversários" (*adversari*) aqui assinalados, assim como adiante (no escólio da Proposição 17), são os teólogos daquele tempo, bem como os pensadores que se fundamentavam na metafísica da Escolástica [N.E.].

medida através de partes que têm o tamanho de um pé, ela deverá ser composta de infinitas partes como essas; igualmente, se ela é medida por meio de uma parte que tem o tamanho de uma polegada; e, consequentemente, um número infinito será doze vezes maior que uma outro número infinito. Enfim, se se concebe que duas linhas AB, AC partem de um ponto em uma quantidade infinita e, situadas a distância certa e determinada, sejam prolongadas ao infinito, é certo que a distância entre B e C aumentará continuamente e, finalmente, de determinada se tornará indeterminável.

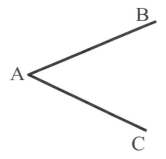

Então, visto que esses absurdos são, para aqueles que os pensam, a consequência do se supor uma quantidade infinita, eles concluem que a substância corpórea deve ser finita e consequentemente não pertence à essência de Deus. Um segundo argumento se extrai também da suprema perfeição de Deus: Deus, eles dizem, já que é um ser sumamente perfeito, não pode padecer; ora, a substância corpórea, já que é divisível, pode padecer; segue-se, portanto, que ela não pertence à essência de Deus. Tais são os argumentos, encontrados por mim nos autores, pelos quais se tenta demonstrar que a substância corpórea é indigna da natureza de Deus e não pode lhe pertencer. Entretanto, se se atenta corretamente, se reconhecerá que já respondi, visto que esses argumentos se fundam apenas sobre se supor a substância corpórea composta de partes, o que já mostrei (pela proposição 12 com o corolário da proposição 13) que é absurdo. Em seguida, se se quer examinar corretamente a questão, se verá que todos aqueles absurdos (pois são todos absurdos, sobre o que já não discuto), dos quais eles querem concluir que a substância extensa é finita, não se segue o mínimo do que se supõe uma quantidade infinita, mas do que se supõe essa quantidade infinita mensurável e composta de partes finitas; portanto, nada se pode concluir desses absurdos, a não ser que uma quantidade infinita não é mensurável e não pode ser composta de partes finitas. E isso é justamente o que já demonstramos mais acima (pela proposição 12 etc.). Portanto, o golpe que eles nos destinam é, na realidade, contra eles mesmos. Ademais, se eles querem concluir do absurdo da sua própria suposição que a substância extensa deve ser finita, na verdade, eles fazem tudo, por Hércules!, como alguém que, por ter forjado um círculo com as propriedades do quadrado, concluem disso que um círculo não tem um centro de onde todas as linhas traçadas até a circunferência são iguais. Pois a substância corpórea, que só pode ser concebida como infinita, única e indivisível (pelas proposições 8, 5 e 12), eles a concebem múltipla e divisível, para poder concluir daí que ela é finita. É assim que outros, depois de terem forjado que uma linha é composta de pontos, sabem inventar numerosos argumentos para mostrar que uma linha não pode ser dividida ao infinito. Com efeito, não é menos absurdo supor que a substância corpórea é composta de corpo ou de partes, que supor o corpo composto por superfície, a superfície por linhas, a linha, enfim, por pontos. E isso, todos aqueles que sabem que uma razão clara é infalível, devem reconhecê-lo, e em primeiro lugar aqueles que negam que um vácuo seja dado. Pois se a substância corpórea pudesse ser dividida de tal modo que suas partes fossem realmente distintas, por que uma parte não poderia ser destruída, as demais conservando entre elas as mesmas conexões que antes? E por que elas todas devem se ajustar entre si de modo que não haja vácuo? Certamente se as coisas são realmente distintas umas das outras, uma pode existir e conservar seu estado sem a outra. Então, já que não há vácuo na natureza (tema que discuto em outros lugares[19]) e todas as partes devem concorrer de modo que não seja dado o vácuo, segue-se daí que elas não podem se distinguir realmente, isto é, que a substância corpórea, enquanto substância, não pode ser dividida. Entretanto, se agora se pergunta: por que tendemos assim por natureza a dividir a quantidade? Respondo que a quantidade é concebida por nós de duas maneiras: abstratamente, ou seja, superficialmente, tal como a imaginamos, ou como substância, o que é feito apenas pelo intelecto. Portanto, se atentarmos à quantidade tal como ela está na imaginação, o que é o caso ordinário e mais fácil, nós a encontraremos finita, divisível e composta de partes; se, ao contrário, nós a consideramos tal como ela é no inte-

---

[19] Cf., em especial, a Proposição 3 da Parte II da obra espinosana *Princípios da Filosofia Cartesiana*, bem como a Carta 13 do epistolário de Espinosa, endereçada a Henry Oldenburg [N.E.].

lecto e a concebemos enquanto substância, o que é muito difícil, então, como já demonstramos bem, nós a encontraremos infinita, única e indivisível. Isso será bem manifesto a todos aqueles que saberão distinguir entre imaginação e intelecto: sobretudo se se considera também que a matéria é a mesma em toda parte e que não há nela partes distintas, a não ser apenas enquanto nós a concebemos como afetada de diversas maneiras; donde se segue que entre suas partes há somente uma distinção modal e não real. Por exemplo, nós concebemos que a água, enquanto água, se divide e que suas partes se separam umas das outras, mas não enquanto ela é substância corpórea; com efeito, como tal, ela não se separa nem se divide. Ademais, a água, enquanto água, se gera e se corrompe; mas, enquanto substância, ela não se gera nem se corrompe. E por isso penso ter respondido já ao segundo argumento, visto que se funda também em ser a matéria, enquanto substância, divisível e formada de partes. E mesmo que não fosse assim, não sei por que a matéria seria indigna da natureza divina, já que (pela proposição 14) não pode ser dada fora de Deus nenhuma substância pela qual essa natureza padeça. Tudo, digo, está em Deus, e tudo o que acontece, acontece apenas pelas leis da natureza infinita de Deus e se segue da necessidade de sua essência (como mostramos); porque não se pode dizer que Deus padece pela ação de outra coisa ou que a substância extensa é indigna da natureza divina, ainda que se a supõe divisível, conquanto que se conceda que ela é eterna e infinita. Mas, sobre este ponto, é suficiente por agora o que foi discutido até aqui.

Proposição 16

Da necessidade da natureza divina devem se seguir, em infinitos modos, infinitas coisas, isto é, tudo o que pode cair sob o intelecto infinito.

Demonstração

Esta proposição deve ser evidente para cada um, desde que atente ao que, de uma definição dada de uma coisa qualquer, o intelecto conclui várias propriedades, que realmente dela (isto é, da própria essência da coisa) seguem necessariamente. E tanto mais quanto mais realidade a definição da coisa exprime, isto é, quanto mais realidade implica a essência da coisa definida. Porém, como a natureza divina tem, em absoluto, atributos divinos (pela definição 6), dos quais cada um exprime uma essência infinita em seu gênero, de sua necessidade devem se seguir, então, infinitas coisas em infinitos modos, isto é, tudo o que pode cair sob o intelecto infinito. C.Q.D.

Corolário 1

Segue-se disso que: 1° Deus é causa eficiente de todas as coisas que podem cair sob o intelecto infinito.

Corolário 2

Segue-se que: 2° Deus é causa por si e não por acidente.

Corolário 3

Segue-se que: 3° Deus é absolutamente a causa primeira.

Proposição 17

Deus age apenas pelas leis de sua natureza e não é coagido por ninguém.

Demonstração

Demonstramos (pela proposição 16) que apenas da necessidade da natureza divina ou (o que é o mesmo) apenas das leis de sua natureza, segue-se uma absoluta infinidade de coisas e (pela proposição 15) demonstramos que nada pode ser nem ser concebido sem Deus, mas que tudo é em Deus. Portanto, nada pode existir fora dele, pelo qual seja determinado a agir ou coagido a agir, e assim Deus age apenas pelas leis de sua natureza e sem a coação de ninguém. C.Q.D.

Corolário 1

Segue-se disso: 1º – que não há causa que, extrínseca ou intrínseca a Deus, o incita a agir, a não ser a perfeição de sua própria natureza.

Corolário 2

Segue-se: 2º – que apenas Deus é causa livre. Pois apenas Deus existe apenas pela necessidade de sua natureza (pela proposição 11 e corolário 1 da proposição 14) e age apenas pela necessidade de sua natureza (pela proposição precedente). Por conseguinte (pela definição 7), apenas ele é causa livre. C.Q.D.

Escólio

Outros pensam que Deus é causa livre porque, como julgam, ele pode fazer com que as coisas que dissemos se seguir de sua natureza, ou que estão em seu poder não aconteçam; em outros termos, não sejam produzidas por ele. Mas isso é o mesmo que dissessem: Deus pode fazer com que não se siga da natureza do triângulo que seus três ângulos igualem dois retos; ou com que de uma dada causa não se siga o efeito, o que é absurdo. Além disso, mostrarei depois e sem o auxílio dessa proposição que nem o intelecto nem a vontade pertencem à natureza de Deus. Bem sei que muitos acreditam poder demonstrar que um intelecto supremo e uma vontade livre pertencem à natureza de Deus; com efeito, eles dizem nada conhecer de mais perfeito que possam atribuir a Deus do que aquilo que em nós é a suma perfeição. Todavia, ainda que eles concebam Deus como sendo em ato sumamente inteligente, eles não acreditam, no entanto, que ele possa fazer existir tudo aquilo que entende em ato, pois eles acreditariam assim destruir a potência de Deus. Se ele tivesse criado, eles dizem, tudo o que está em seu intelecto, então, ele nada poderia criar a mais, o que eles acreditam repugnar a onipotência divina; e, por conseguinte, eles preferem admitir um Deus indiferente a todas as coisas e que nada mais cria que aquilo que, por uma certa vontade absoluta, ele decretou criar. Mas acredito ter mostrado bem claramente (pela proposição 16) que da suma potência, ou seja, da natureza infinita de Deus, tudo se seguiu ou se segue sempre com a mesma necessidade, uma infinidade de coisas em uma infinidade de modos; assim como de toda eternidade e para a eternidade se segue da natureza do triângulo que seus três ângulos igualem dois retos. É porque a onipotência de Deus esteve em ato desde a eternidade e permanece para a eternidade na mesma atualidade. Deste modo, a onipotência de Deus é muito mais perfeita, pelo menos no meu julgamento. Os adversários parecem (se me é permitido falar abertamente) negar bem mais a onipotência de Deus. Com efeito, eles são coagidos a admitir que Deus entende infinitas coisas criáveis que, no entanto, ele jamais poderá criar. Pois, de outro modo, ou seja, se ele criasse tudo o que entende, ele esgotaria toda sua onipotência e se tornaria imperfeito. Assim, para estabelecer um Deus perfeito, eles estão reduzidos a admitir, ao mesmo tempo, que ele não pode fazer aquilo a que se estende sua potência, e não vejo ficção mais absurda ou que concorde menos com a onipotência divina. Além disso, para dizer aqui alguma coisa também do intelecto e da vontade que atribuímos comumente a Deus, se o intelecto e a vontade pertencem à essência eterna de Deus, é preciso entender a ambos como atributos, outra coisa certamente que aquilo que as pessoas costumam fazer. Pois o intelecto e a vontade que constituíssem a essência de Deus deveriam diferir totalmente do nosso entendimento e da nossa vontade, e não poderia convir com eles em nada senão pelo nome, ou seja, como convém entre eles o cão, signo celeste, e o cão, animal que ladra. Eu o demonstrarei assim: se o intelecto pertence à natureza divina, não poderá, como nosso intelecto, ser de sua natureza posterior (assim como o querem a maioria) às coisas que ele entende ou simultânea a elas, pois Deus é anterior a todas as coisas por sua causalidade (pelo corolário 1 da proposição 16); mas, ao contrário, a verdade e a essência formal das coisas é tal, pois é tal como existe objetivamente no intelecto de Deus. Portanto, o entendimento de Deus, enquanto concebido como constituindo a essência de Deus, é realmente a causa das coisas, tanto de sua essência quanto de sua existência; isto parece ter sido percebido por aqueles que afirmaram que o intelecto de Deus, sua vontade e sua potência, são apenas uma única e mesma coisa. Portanto, visto que o intelecto de Deus é a única causa das coisas, ou seja (como o demonstramos), tanto de sua essência quanto de sua existência, ele deve necessariamente diferir delas tanto em relação à essência quanto em relação à existência. Com efeito, o causado difere de sua causa precisamente naquilo que ele possui de sua causa. Por exemplo, um homem é causa da existência, mas não da essência de um outro homem, pois essa essência é uma verdade eterna; além disso, eles podem convir inteiramente quanto à essência, mas eles devem diferir em relação à existência. Por esta razão, se a existência de um vem a perecer, a do outro não perecerá por isso. Mas, se a essência de um pudesse ser destruída e se tornar falsa, a do outro seria também destruída. Além disso, a coisa que é causa ao mesmo tempo da essência e da existência de certo efeito, deve diferir desse efeito tanto em relação à essência quanto em relação à existência. Ora, o intelecto de Deus é causa tanto da essência quanto da existência de nosso intelecto. Portanto, o intelecto de Deus, enquanto concebido como constituindo a essência divina, difere de nosso entendimento tanto em relação à essência quanto em relação à existência, e não pode convir em nada com ele, a não ser pelo nome, como queríamos demonstrar. Acerca da vontade, se precede do mesmo modo, como todos facilmente podem ver.

Proposição 18

Deus é causa imanente, mas não transitiva de todas as coisas.

Demonstração

Tudo o que é, é em Deus e deve ser concebido por Deus (pela proposição 15), e assim (pelo corolário 1 da proposição 1 e da proposição 16) Deus é causa das coisas que são nele mesmo, o que é o primeiro ponto. Em seguida, fora de Deus nenhuma substância pode ser dada (pela proposição 14), ou seja (pela definição 3), fora de Deus não há qualquer coisa que seja por si mesma, o que é o segundo ponto. Portanto, Deus é causa imanente e não transitiva de todas as coisas. Q. E. D.

Proposição 19

Deus é eterno, ou seja, todos os atributos de Deus são eternos.

Demonstração

Com efeito, Deus é uma substância (pela definição 6), que existe necessariamente (pela proposição 11), ou seja (pela proposição 7), à natureza da qual pertence o existir ou (o que é o mesmo) da definição da qual se segue que ele existe, e assim (pela definição 8) ele é eterno. Além disso, é preciso entender pelos atributos de Deus aquilo que (pela definição 4) exprime a essência da natureza divina, isto é, pertence à substância: digo que os atributos devem implicar exatamente isso. Ora, a eternidade pertence à natureza da substância (como já demonstrei pela proposição

7), logo, cada um dos atributos deve implicar a eternidade, e assim todos são eternos. Q. E. D.

Escólio

Esta proposição claríssima mostra-se ainda mais evidente pelo modo como (pela proposição 11) já demonstrei a existência de Deus. Com efeito, segue-se dessa demonstração que a existência de Deus, como sua essência, é uma verdade eterna. Ademais, já o demonstrei de outro modo ainda (pela proposição 19 dos *Princípios da filosofia cartesiana*[20]) a eternidade de Deus, e não há necessidade de repetir aqui.

Proposição 20

A existência de Deus e sua essência são uma única e mesma coisa.

Demonstração

Deus (pela proposição precedente) é eterno e todos os seus atributos são eternos, ou seja (pela definição 8), cada um de seus atributos exprime a existência. Portanto, os mesmos atributos de Deus que explicam a essência eterna de Deus (pela definição 4) explicam ao mesmo tempo sua existência eterna, isto é, aquilo mesmo que constitui a essência de Deus constitui ao mesmo tempo sua existência, e assim a essência e a existência são uma única e mesma coisa. Q. E. D.

---

20 Cf. ESPINOSA. *Princípios da filosofia cartesiana*. Parte I, Proposição 19 [N.E.].

Corolário 1

Segue-se daí: 1º que é uma verdade eterna tanto a existência de Deus quanto sua essência.

Corolário 2

Segue-se: 2º que Deus é imutável, ou seja, que todos os atributos de Deus são mutáveis. Pois, se eles viessem a mudar em relação à existência, deveriam também (pela proposição precedente) mudar em relação à essência, isto é, (como é conhecido por si), de verdadeiros, tornarem-se falsos, o que é absurdo.

Proposição 21

Tudo o que se segue da natureza absoluta de um atributo de Deus, sempre deve ter existido e é infinito, ou seja, é infinito e eterno pelo mesmo atributo.

Demonstração

Se tu o negas, concebe, se puderes, que, em um atributo de Deus haja alguma coisa que seja finita e tenha uma existência ou uma duração determinada e se siga da natureza absoluta desse atributo, por exemplo, a ideia de Deus no pensamento. Por um lado, o pensamento, visto que se supõe que é um atributo de Deus, é necessariamente infinito por sua natureza (pela proposição 11); por outro lado, enquanto o pensamento tem a ideia de Deus, supõe-se que é finito. Mas (pela definição 2), ele não pode ser concebido como finito se não é limitado pelo próprio pensamento. Contudo, o pensamento não pode ser determinado pelo próprio pensamento enquanto constitui a ideia de Deus à medida que é considerado finito. Portanto, o pensamento não deve ser determinado pelo próprio pensamento enquanto constitui a ideia de Deus, que deve existir necessariamente (pela proposição 11). Assim, há um pensamento que não constitui a ideia de Deus e, por conseguinte, a ideia de Deus, como pensamento tomado em sentido absoluto, não se segue da natureza de tal pensamento (com efeito, o pensamento é concebido como constituindo a ideia de Deus e como não a constituindo). Mas isso é contrário a hipótese. Portanto, se há uma ideia de Deus no pensamento, ou algo em qualquer de seus atributos (pouco importa, já que a demonstração é universal), segue-se da necessidade absoluta da natureza do próprio atributo que essa ideia deve ser necessariamente infinita. Este era o primeiro ponto.

Agora, o que se segue assim da necessidade da natureza de um atributo não pode ter uma duração determinada. Se tu o negares, suponha que uma coisa que se segue da necessidade da natureza de um atributo exista em algum atributo de Deus, por exemplo, a ideia de Deus no pensamento, e que essa coisa suponha-se não ter existido ou não dever existir em um certo momento do tempo. Contudo, como o pensamento supõe-se ser um atributo de Deus, deve existir necessariamente e ser imutável (pela proposição 11 e pelo corolário 2 da proposição 20). Portanto, além dos limites da duração da ideia de Deus (que se supõe não ter existido ou não dever existir em um certo momento do tempo) o pensamento deverá existir sem a ideia de Deus. Ora, isso é contra a hipótese; pois se supõe que, dado esse pensamento, a ideia de Deus a segue necessariamente. Portanto, a ideia de Deus no pensamento, não mais que qualquer coisa que se siga necessariamente da natureza absoluta de um atributo de Deus, não pode ter uma duração determinada; mas, em virtude desse atributo, essa coisa é eterna. Este é o segundo ponto. Nota-se que o que é dito aqui deve ser afirmado de toda coisa que, em um atributo de Deus, segue-se necessariamente da natureza absoluta de Deus.

Proposição 22

Tudo o que se segue de um atributo de Deus, enquanto modificado por uma modificação que em virtude desse atributo existe necessariamente e é infinita, deve também existir necessariamente e ser infinito.

Demonstração

A demonstração dessa proposição se faz do mesmo modo que a precedente.

Proposição 23

Todo modo que existe necessariamente e é infinito, deve ter se seguido necessariamente ou da natureza absoluta de um atributo de Deus, ou de um atributo modificado por uma modificação que ela própria existe necessariamente e é infinita.

Demonstração

O modo existe em outra coisa, pela qual ele deve ser concebido (pela definição 5), ou seja (pela proposição 15), ele existe somente em Deus e deve ser concebido apenas por Deus. Portanto, se se concebe um modo que existe necessariamente e é infinito, essas duas características deverão ser concebidas e percebidas necessariamente por meio de um atributo de Deus, enquanto esse atributo exprime a infinidade e a necessidade da existência, ou (o que é o mesmo pela definição 8) a eternidade, ou seja (pela definição 6 e pela proposição 19), enquanto se o considera absolutamente. Portanto, o modo que existe necessariamente e é infinito deve ter seguido da natureza absoluta de um atributo de Deus, e isso ou imediatamente (é o caso da proposição 21) ou por intermédio de alguma modificação que se segue daquela natureza absoluta, isto é (pela proposição precedente), que existe necessariamente e é infinita. C.Q.D.

Proposição 24
A essência das coisas produzidas por Deus não implica a existência.

Demonstração
Isto é evidente pela definição 1. Pois aquilo cuja natureza (considerada nela mesma) implica a existência, é causa de si e existe apenas pela necessidade de sua natureza.

Corolário
Segue-se daí que Deus não é apenas a causa que faz com que as coisas comecem a existir; mas também o que faz que elas perseverem na existência, ou seja (para usar um termo Escolástico), Deus é causa do ser das coisas. Pois, seja que elas existam, seja que não existam, todas as vezes em que nos referimos à sua essência, vemos que ela não implica nem existência nem duração; mas apenas

Deus, à cuja única natureza pertence existir (pelo corolário da proposição 14).

Proposição 25

Deus não é somente a causa eficiente da existência, mas também da essência das coisas.

Demonstração

Se o negas, então Deus não é causa da essência das coisas; e assim (pelo axioma 4) a essência das coisas pode ser concebida sem Deus; ora, isso (pela proposição 15) é absurdo. Portanto, Deus é causa também da essência das coisas. C.Q.D.

Escólio

Essa proposição segue-se mais claramente da proposição 16. Com efeito, segue-se desta última que, dada a natureza divina, seja a essência seja a existência das coisas devem ser necessariamente concluídas; e, em uma palavra, no sentido em que Deus é dito causa de si, deve ser dito também causa de todas as coisas, o que será estabelecido ainda mais claramente pelo corolário seguinte.

Corolário

As coisas particulares nada são senão afecções dos atributos de Deus, ou seja, modos pelos quais os atributos de Deus são exprimidos de uma maneira certa e determinada. Demonstração patente pela proposição 15 e pela definição 5.

Proposição 26

Uma coisa que é determinada a operar foi necessariamente determinada assim por Deus; e aquela que não é determinada por Deus não pode determinar-se por si mesma a operar.

Demonstração

Aquilo pelo qual as coisas são ditas determinadas a operar é necessariamente alguma coisa de positivo (como é conhecido por si); e assim sua essência como sua existência têm pela necessidade de sua natureza Deus por causa eficiente (pelas proposições 25 e 16), o que é o primeiro ponto. A segunda parte da proposição segue-se mais claramente; pois, se uma coisa que não é determinada por Deus pudesse determinar-se a si mesma, a primeira parte da proposição seria falsa, o que é absurdo, como mostramos.

Proposição 27

Uma coisa que é determinada por Deus a operar não pode se tornar ela mesma indeterminada.

Demonstração

Esta proposição é evidente pelo axioma 3.

Proposição 28

Uma coisa singular qualquer, ou seja, toda coisa que é finita e tem existência determinada não pode existir e ser determinada a operar, se ela não é determinada a existir e a operar por outra causa que é ela mesma finita e tem uma existência determinada; e, por sua vez, esta causa não pode mais existir e ser determinada operar se ela não é determinada a existir e a operar por outra que é também finita e tem uma existência determinada, e assim ao infinito.

Demonstração

Tudo o que é determinado a existir e a operar é determinado assim por Deus (pela proposição 25 e pelo corolário da proposição 24). Mas aquilo que é finito e tem uma existência determinada não pode ser produzido pela natureza absoluta de um atributo de Deus; pois tudo aquilo que se segue da natureza absoluta de um atributo de Deus é infinito e eterno (pela proposição 21). Portanto, essa coisa teve que se seguir de Deus ou de um de seus atributos, enquanto considerado como afetado por um modo; pois, além da substância e dos modos, nada é dado (pelo axioma 1 e pelas definições 3 e 5), e os modos (pelo corolário da proposição 25) nada são senão afecções dos atributos de Deus. Mas essa coisa não pode se seguir de Deus nem de um de seus atributos enquanto afetado por uma modificação eterna e infinita (pela proposição 22). Portanto, ela teve que se seguir de Deus, ou ser determinada a existir e a operar por Deus ou por um de seus atributos, enquanto ele é modificado por uma modificação que é finita e tem uma existência determinada. Isso era o primeiro ponto. Além disso, essa causa, por sua vez, ou esse modo (pela mesma razão que serviu para demonstrar a primeira parte) teve também que ser determinada por outra que é também finita e tem uma existência determinada, e, por sua vez, essa última (pela mesma razão) por uma outra, e assim ao infinito (sempre pela mesma razão). C.Q.D.

Escólio

Como certas coisas devem ter sido produzidas imediatamente por Deus, a saber, aquelas que se seguem necessariamente de sua natureza considerada absoluta, e outras – que não podem nem existir nem ser concebidas sem Deus – por intermédio das primeiras, segue-se daí: 1º que em relação às coisas imediatamente produzidas por ele, Deus é causa próxima absolutamente; mas não em seu gênero, como se diz. Pois os efeitos de Deus não podem nem existir nem ser concebidos sem sua causa (pela proposição 15 e corolário da proposição 24). Segue-se: 2º que Deus não pode ser dito propriamente causa remota das coisas singulares, a não ser talvez para distingui-las daquelas que ele produziu imediatamente ou, antes, que se seguem de sua natureza absoluta. Pois entendemos por causa remota uma causa tal que não esteja de nenhuma maneira ligada ao seu efeito. E tudo o que existe, existe em Deus e depende de Deus de tal modo que não pode nem ser nem ser concebida sem ele.

Proposição 29
Nenhum contingente é dado na natureza das coisas, mas tudo é determinado pela necessidade da natureza divina a existir e a operar de certa maneira.

Demonstração

Tudo o que é, é em Deus (pela proposição 15) e Deus não pode ser dito uma coisa contingente, pois (pela proposição 11) ele existe necessariamente e não de uma maneira contingente. Ademais, em relação aos modos da natureza de Deus, eles se seguem dessa natureza necessariamente também, não de uma maneira contingente (pela proposição 16), e isso ainda tanto se se considera a natureza divina absolutamente (pela proposição 21) quanto se considerada como determinada a agir de certa maneira (pela proposição 27). Além disso, Deus é causa dos modos não somente enquanto existem simplesmente (pelo corolário da proposição 24), mas também enquanto se os considera como determinados a operar (pela proposição 26). Se eles não são determinados por Deus, é impossível, mas não contingente, que se determinem a si mesmos (pela mesma proposição); e se, ao contrário, eles são determinados por Deus, é (pela proposição 27) impossível, mas não contingente, que se tornem eles mesmos indeterminados. Portanto, tudo é determinado pela necessidade da natureza divina, não apenas a existir, mas também a existir e a operar de uma certa maneira, e nada há de contingente. C.Q.D.

Escólio

Antes de prosseguir, quero explicar aqui o que se deve entender por Natureza Naturante e por Natureza Naturada ou, antes, chamar a atenção do leitor para isso. Pois já pelo que precede, está estabelecido, eu penso, que se deve entender por Natureza Naturante aquilo que é em si e é concebido por si, ou seja, os atributos da substância que exprimem uma essência eterna e infinita, ou ainda (pelo corolário 1 da proposição 14 e pelo corolário 2 da proposição 17) Deus enquanto considerado como causa livre. Por Natureza Naturada, entendo tudo aquilo que se segue da necessidade da natureza de Deus, ou seja, de cada um de seus atributos, ou ainda todos os modos dos atributos de Deus, enquanto se os considera como coisas que estão em Deus e não podem, sem Deus, nem ser nem ser concebidas.

Proposição 30

Um entendimento, atualmente finito ou atualmente infinito, deve compreender os atributos de Deus e as afecções de Deus, e nada mais.

Demonstração

A ideia verdadeira deve convir com o objeto do qual é a ideia (pelo axioma 6), isto é (como é conhecido por si), aquilo que está contido objetivamente no intelecto deve ser necessariamente dado na natureza; ora, é dada na natureza (pelo corolário 1 da proposição 14) apenas uma única substância, a saber, Deus; e não há outras afecções (pela proposição 15) senão aquelas que estão em Deus e que (pela mesma proposição) não podem, sem Deus, nem ser concebidas; portanto, o intelecto, atualmente finito ou atualmente infinito, deve entender os atributos de Deus e as afecções de Deus, e nada mais. C.Q.D.

Proposição 31

O intelecto em ato, seja ele finito ou infinito, como também a vontade, o desejo, o amor etc., devem ser referidos à Natureza Naturada e não à Natureza Naturante.

Demonstração

Com efeito, por intelecto, entendemos (como é conhecido por si) não o pensamento absoluto, mas apenas um certo modo de pensar, o qual difere dos outros tais como o desejo, o amor etc., e deve por conseguinte (pela definição 5) ser concebido pelo pensamento absoluto; ou seja, deve ser concebido (pela proposição 15 e pela definição 6) por um atributo de Deus que exprime a essência eterna e infinita do pensamento, e isso de tal maneira que não possa, sem esse atributo, nem existir nem ser concebido e, por essa razão (pelo escólio da proposição 29), deve ser referido à Natureza Naturada e não à Natureza Naturante, assim também os outros modos de pensar. C.Q.D.

Escólio

A razão pela qual eu falo aqui de um intelecto em ato não é que eu conceda ser dado algum intelecto em potência; mas, desejando evitar toda confusão, quis falar apenas da coisa mais claramente percebida por nós, a saber, a intelecção mesma, que é o que percebemos mais claramente. Pois nada podemos entender que não conduza a um conhecimento mais perfeito da intelecção.

Proposição 32

A vontade não pode ser chamada causa livre, mas apenas causa necessária.

Demonstração

A vontade, assim como o intelecto, é um certo modo de pensar; e assim (pela proposição 28) cada volição não pode existir e ser determinada operar, senão por uma outra causa determinada, esta causa sendo, por sua vez, por uma outra, e assim ao infinito. Pois, mesmo que se suponha que uma vontade seja infinita, ela deve também ter sido determinada a existir e operar por Deus, não enquanto ele é uma substância absolutamente infinita, mas enquanto um atributo que exprime a essência eterna e infinita do pensamento (pela proposição 23). Portanto, de qualquer maneira que se a conceba, uma vontade, finita ou infinita, requer uma causa pela qual ela seja determinada a existir e a operar e, por consequência (pela definição 7), não pode ser dita causa livre, mas apenas necessária ou coagida. C.Q.D.

Corolário 1

Segue-se daí: 1º que Deus não opera pela liberdade da vontade.

Corolário 2

Segue-se 2º que a vontade e o intelecto mantêm com a natureza de Deus a mesma relação que o movimento e o repouso e, absolutamente, todas as coisas da natureza que (pela proposição 29) devem ser, por Deus, determinadas a existir e a operar de uma certa maneira. Pois a vontade, como todas as outras coisas, precisa de uma causa pela qual seja determinada a existir e a operar de uma certa maneira. E ainda que, de uma vontade dada ou de um intelecto dado, sigam-se infinitas coisas, não se pode dizer por isso que Deus age pela liberdade da vontade, porque seria como dizer que, devido a seguirem-se certas coisas do movimento e do repouso (cujos efeitos também são inúmeros), Deus age pela liberdade do movimento e do repouso. Portanto, a vontade não pertence à natureza de Deus mais que as outras coisas da natureza, mas mantém com ele a mesma relação que o movimento e o repouso e todas as outras coisas, que mostramos que se seguem da necessidade da natureza divina e são determinadas por ela a existir e a operar de uma certa maneira.

Proposição 33
As coisas não puderam ser produzidas por Deus de nenhuma outra maneira e em nenhuma outra ordem que da maneira e na ordem em que foram produzidas.

Demonstração

Todas as coisas se seguem necessariamente na natureza dada de Deus (pela proposição 16), e são determinadas pela necessidade da natureza de Deus a existir e a operar de uma certa maneira (pela proposição 29). Portanto, se as coisas de uma natureza diferente pudessem ser ou ser determinadas a operar de uma outra maneira, de modo que a ordem da natureza fosse outra, Deus poderia ser também de uma outra natureza e, por conseguinte (pela proposição 11), esta outra natureza também deveria existir e poderia se dar, como consequência, dois ou vários deuses, o que (pelo corolário 1 da proposição 14) é absurdo. Por essa razão, as coisas não puderam ser de outra maneira e em uma outra ordem etc. C.Q.D.

Escólio 1

Tendo mostrado pelo que precede, mais claramente que a luz do dia, que nada existe absolutamente nas coisas, para que elas possam ser ditas contingentes, quero agora explicar em algumas palavras o que devemos entender por Contingente, e em primeiro lugar o que devemos entender por Necessário e Impossível. Uma coisa é dita necessária seja em relação à sua essência, seja em relação à sua causa. Pois a existência de uma coisa se segue necessariamente ou de sua essência e de sua definição ou de uma causa eficiente dada. Pelas mesmas causas uma coisa é dita impossível; sem surpresa, ou é porque sua essência ou definição implica contradição, ou porque nenhuma causa exterior é dada, que seja determinada de maneira a produzir esta coisa. Ora, por nenhuma outra causa uma coisa é dita contingente senão em relação a um defeito do nosso conhecimento, pois uma coisa cuja essência ignoramos implicar contradição ou da qual sabemos que não implica nenhuma contradição, sem podermos, contudo, nada afirmar com certeza de sua existência, porque ignoramos a ordem das coisas, uma tal coisa, digo, não pode jamais nos aparecer nem como necessária nem como impossível e, por conseguinte, nós a chamamos contingente ou possível.

Escólio 2

Segue-se do que precede que as coisas foram produzidas por Deus com suma perfeição, visto que elas se seguiram necessariamente de uma natureza dada que é perfeitíssima. E nenhuma imperfeição é imputada a Deus; pois é sua perfeição mesma que nos coagiu a afirmá-la. Ainda melhor, é da afirmação contrária que se seguiria (como já mostrei) que Deus não é sumamente perfeito; sem surpresa, pois se as coisas tivessem sido produzidas de outra maneira, seria preciso atribuir a Deus outra natureza, diferente daquela que a consideração do ente perfeitíssimo nos coage a lhe atribuir. Mas não duvido que muitos repelem imediatamente esta maneira de ver como uma coisa absurda e nem mesmo consentem em examiná-la; e isto pela única razão que eles estão acostumados a atribuir a Deus uma liberdade de um tipo bem diferente que aquela que definimos (pela definição 7), a saber, uma vontade absoluta. E não duvido que, se eles quisessem meditar sobre essa questão e examinar retamente a série das nossas demonstrações, rejeitariam inteiramente – não apenas como uma coisa fútil, mas como um grande impedimento à ciência – este tipo de liberdade que eles atribuem a Deus. Não há necessidade aqui de repetir o que já disse no escólio da proposição 17. Contudo, em seu favor, mostrarei ainda que, mesmo concedendo que a vontade pertence à essência de Deus, não se segue menos de sua perfeição que as coisas não puderam ser criadas por Deus de nenhuma outra maneira e em nenhuma outra ordem. Será fácil de mostrar se considerarmos em primeiro lugar aquilo que eles mesmos concedem, isto é, que depende apenas do decreto e apenas da vontade de Deus que cada coisa que é, seja aquilo que é. Com efeito, se fosse de outro modo, Deus não seria causa de todas as coisas. Em segundo lugar, eles concedem também que todos os decretos de Deus foram sancionados por Deus desde toda a eternidade. Se fosse de outro modo, imperfeição e inconsistência seriam imputadas a Deus. Ademais, na eternidade não há nem quando, nem antes, nem depois; portanto, segue-se disso, isto é, apenas da perfeição de Deus, que Deus não pode nem pôde jamais decretar de outra maneira; ou seja, Deus não existe anteriormente a seus decretos nem pode existir sem eles. Mas, eles dirão, ainda que se supusesse que Deus tivesse feito uma outra natureza de coisas, ou que ele tivesse desde toda a eternidade decretado outra coisa sobre sua natureza e sobre sua ordem, não se seguiria daí nenhuma imperfeição em Deus. Respondo que, ao dizer isso, eles concedem ao mesmo tempo que Deus pode mudar seus decretos. Pois, se Deus tivesse decretado outra coisa sobre a natureza e sobre sua ordem, que aquilo que ele decretou, ou seja, se ele tivesse, sobre a natureza, querido e concebido outra coisa, ele teria tido necessariamente um outro intelecto que agora tem e uma outra vontade que não é necessariamente a sua. E, se é permitido atribuir a Deus um outro intelecto e uma outra vontade, sem por isso nada mudar em sua essência e em sua perfeição, por qual causa ele não poderia agora mudar seus decretos em relação às coisas criadas, restando tudo igualmente perfeito? Pois, de qualquer maneira que se as conceba, seu intelecto e sua vontade acerca das coisas criadas mantêm sempre a mesma relação com sua essência e sua perfeição. De outra parte, todos os filósofos, em meu conhecimento, concedem que não existe em Deus intelecto em potência, mas apenas um intelecto em ato. Portanto, visto que seu intelecto e sua vontade não se distinguem de sua essência, o mesmo que todos também concedem, ainda se segue disso que se Deus tivesse um outro intelecto em ato e uma outra vontade, sua essência também teria sido necessariamente outra; e, por conseguinte (como concluí do início), se as coisas tivessem sido produzidas por Deus de um outro modo, o intelecto de Deus e sua vontade, ou seja (como se concede), sua essência deveriam ser diferentes, o que é absurdo.

Portanto, visto que as coisas não puderam ser produzidas por Deus de nenhuma outra maneira e em nenhuma outra ordem e que a verdade dessa proposição é uma consequência da suma perfeição de Deus, não nos deixaremos persuadir jamais por nenhuma sã razão que Deus não quis criar todas as coisas das quais seu intelecto tem a ideia com a mesma perfeição com que as entende. Objetar-se-á que nas coisas não há nem perfeição nem imperfeição, isso porque elas são ditas perfeitas ou imperfeitas e boas ou más dependendo unicamente da vontade de Deus; donde se segue que, se Deus tivesse querido, ele teria podido fazer que aquilo que agora é perfeição fosse uma extrema imperfeição e vice-versa. Mas então o que é isso senão afirmar abertamente que Deus, que entende necessariamente o que quer, pode, por sua vontade, fazer com que entenda as coisas de outra forma que as entende, o que (já mostrei) é um grande absurdo. Portanto, posso retornar contra eles seu argumento e isso do seguinte modo. Todas as coisas dependem do poder de Deus. Para que as coisas pudessem ser de outro modo que elas não são, então seria preciso necessariamente também que a vontade de Deus fosse outra; ora, a vontade de Deus não pode ser outra (como já mostramos que se segue muito evidentemente da perfeição de Deus). Portanto, as coisas também não podem ser de outro modo. Reconheço que essa opinião, que submete tudo a uma vontade divina indiferente e admite que tudo depende de seu bel prazer, afasta-se menos da verdade que aquela outra que consiste em admitir que Deus faz tudo tendo em vista o bem. Pois aqueles que a sustentam, parecem colocar fora de Deus qualquer coisa que não depende de Deus e à qual Deus tem em vista como a um modelo nas suas operações, ou à qual ele tende como a um fim determinado. Isso volta a submeter Deus ao destino, e nada mais absurdo pode ser admitido em relação a Deus, que nós mostramos que é a causa primeira e a única causa livre tanto da essência de todas as coisas quanto de sua existência. Portanto, não há razão para perder tempo em refutar este absurdo.

Proposição 34
A potência de Deus é sua própria essência.

Demonstração
Segue-se apenas da necessidade da essência de Deus que Deus é causa de si (pela proposição 11) e (pela proposição 16 com seu corolário) de todas as coisas. Portanto, a potência de Deus pela qual ele mesmo e todas as coisas são e agem é sua própria essência. C.Q.D.

Proposição 35

Tudo o que concebemos que está em poder de Deus, existe necessariamente.

Demonstração

Tudo o que está em poder de Deus deve (pela proposição precedente) assim estar compreendido em sua essência, o que se segue necessariamente e, por conseguinte, existe necessariamente. C.Q.D.

Proposição 36

Nada existe de tal natureza que não se siga algum efeito.

Demonstração

Tudo o que existe, exprime em um modo certo e determinado a natureza, ou seja, a essência de Deus (pelo corolário da proposição 25), isto é (pela proposição 34), tudo o que existe exprime em um modo certo e determinado a potência de Deus que é causa de todas as coisas e, por conseguinte (pela proposição 16), algum efeito deve se seguir dele. Q. E. D.

Apêndice

No que precede, expliquei a natureza de Deus e suas propriedades, a saber: que existe necessariamente; que é único; que existe e age apenas pela necessidade de sua natureza; que é a causa livre de todas as coisas, e de que modo ele a é; que tudo está em Deus e depende dele de tal sorte que nada pode existir nem ser concebido sem ele; enfim, que tudo foi predeterminado por Deus, não certamente pela liberdade da vontade, ou seja, por um beneplácito absoluto, mas pela natureza absoluta de Deus, isto é, sua potência infinita. Além disso, tive o cuidado, onde tive a oportunidade, de descartar os preconceitos que poderiam impedir que minhas demonstrações não fossem percebidas; no entanto, como restam ainda muitas delas que podiam e podem ainda, e mesmo ao mais alto ponto, impedir os homens de apreender o encadeamento das coisas do modo que expliquei, acreditei que valia a pena submeter aqui os preconceitos ao exame da razão. Ademais, todos os preconceitos que empreendi de aqui indicar dependem de um único, que consiste naquilo que os homens supõem comumente: todas as coisas natureza agem, como eles mesmos, em vista de um fim, e vão até ter por certo que mesmo Deus dirige tudo em vista de um certo fim; com efeito, eles dizem que Deus fez tudo em vista do ser humano e que fez o ser humano para lhe prestar culto. Portanto, é apenas esse preconceito que considerarei primeiro procurando primeiro por qual causa a maioria o admite e por que todos se inclinam naturalmente a aceitá-lo. Em segundo lugar, mostrarei sua falsidade, e para terminar mostrarei como dali saem os preconceitos relativos ao bem e ao mal, ao mérito e ao pecado, ao louvor e à culpa, à ordem e à confusão, à beleza e à fealdade, e a outras coisas do mesmo gênero. Todavia, não pertence ao meu presente objeto deduzir isto da natureza da mente humana. Para o momento, bastará tomar por fundamento o que todos devem reconhecer: que todos os homens nascem sem nenhum conhecimento das causas das coisas, e que todos têm o apetite de buscar aquilo que lhes é útil e que disso têm consciência. Segue-se disso: 1º que os homens se acham livres porque têm consciência de suas volições e de seu apetite e não pensam, nem por sonho, nas causas pelas quais estão dispostos a apetecer e a querer, porque não têm nenhum conhecimento disso. Segue-se: 2º que os homens agem sempre em vista de um fim, saber o útil que lhes apetece. Donde resulta que eles se empenham sempre unicamente em conhecer as causas finais das coisas realizadas e se aquietam quando são informados disso; sem surpresa, pois não têm mais nenhuma razão para depois duvidar. Se eles não podem aprendê-las de um jeito diferente, seu único recurso é o de inclinar sobre si mesmos e de refletir sobre os fins pelos quais eles têm o costume de ser determinados em situações semelhantes, e assim eles julgam necessariamente o engenho de outrem a partir do seu próprio. Além disso, como eles encontram neles mesmos e fora deles um grande número de meios que contribuem grandemente para atingir o útil, assim, por exemplo, os olhos para ver, os dentes para mastigar, as ervas e os animais para a alimentação, o sol para iluminar, o mar para alimentar os peixes, eles consideram todas as coisas que existem na natureza como meios ao seu uso. Ademais, sabendo que eles encontram esses meios, mas não os provêm, eles extraem daí um motivo para acreditar que há algo que proveu tais meios para que fizessem uso deles. Com efeito, eles não puderam, depois de ter considerado as coisas como meios, crê-las feitas por elas mesmas, mas, extraindo sua conclusão dos meios que eles estão acostumados a prover, eles se persuadiram de que existia um ou vários diretores da natureza, dotados de liberdade humana, que cuidaram de todas as suas necessidades e tudo efetuaram para seu uso. Não tendo jamais recebido informação sobre o engenho destes, eles também tinham que julgar de acordo com seu próprio engenho, e assim admitiram que os deuses dirigem todas as coisas para o uso dos homens a fim de lhes unir e ser tidos por eles na mais alta honra; por isso acontece que todos os homens, em conformidade com o próprio engenho, inventaram diversos meios para prestar culto a Deus a fim de serem amados por ele acima dos demais, e obter que ele dirigisse a natureza inteira para uso de seu desejo cego e de sua insaciável avareza. Então, esse preconceito se tornou superstição e lançou profundas raízes nas mentes; o que foi, para todos, motivo de se aplicar com todo seu esforço ao entendimento e à explicação das causas finais de todas as coisas. Mas, enquanto eles procuravam mostrar que a natureza nada faz em vão (isto é, nada que não seja para o uso dos homens), eles parecem não ter mostrado nada mais senão que a natureza e os deuses são atingidos do mesmo delírio que os homens. Considera, por favor, aonde as coisas vieram afinal! Entre tantas coisas úteis oferecidas pela natureza, os homens não puderam deixar de encontrar um bom número de coisas nocivas, tais como as tempestades, os terremotos, as doenças etc., e eles admitiram que tais eventos tinham por origem a cólera de Deus motivados pelas ofensas dos homens em relação a ele ou pelos pecados cometidos no seu culto; e, apesar dos protestos da experiência cotidiana, mostrando pelos infinitos exemplos que os eventos úteis e nocivos ocorrem sem distinção aos religiosos e aos ímpios, eles não renunciaram, por isso, a esse preconceito inveterado. Eles encontraram mais facilidade em colocar esse feito no número das coisas desconhecidas das quais ignoravam o uso, e de permanecer no seu estado presente e nativo de ignorância, que de derrubar toda essa estrutura e inventar uma nova. Portanto, eles admitiram como certo que os julgamentos de Deus passam bem longe da compreensão dos homens: essa única causa certamente teria podido fazer que o gênero humano fosse para sempre ignorante da verdade se a matemática, ocupada não dos fins mas apenas das essências e das propriedades das figuras, não tivesse feito brilhar diante dos homens uma outra norma de verdade; além da matemática, se pode indicar outras causas ainda (que é supérfluo enumerar aqui), pelas quais pode ocorrer que os homens percebessem esses preconceitos comuns e fossem conduzidos ao conhecimento verdadeiro das coisas.

 Tentei explicar por aí o que prometi em primeiro lugar. Para mostrar agora que a natureza não tem nenhum fim a ela prescrita e que todas as causas finais nada são mais que ficções dos homens, não serão necessários longos discursos. Com efeito, creio tê-lo já suficientemente estabelecido, tanto ao mostrar de quais fundamentos e de quais causas esse preconceito extrai sua origem quanto pela proposição 16 e os corolários da proposição 32, e, além disso, por tudo o que disse que prova que tudo na natureza se produz com uma necessidade eterna e uma perfeição suprema. Entretanto, acrescentarei isto: que esta doutrina finalista inverte totalmente a natureza, pois considera como efeito aquilo que, na realidade, é causa, e vice-versa. Além disso, ela coloca depois aquilo que na natureza é antes. Enfim, ela torna bem imperfeito aquilo que é mais elevado e mais perfeito. Para deixar de lado os dois primeiros pontos (que são evidentes por eles mesmos), um efeito, como está estabelecido pelas proposições 21, 22 e 23, é mais perfeito quando é produzido por Deus imediatamente, e quanto mais uma coisa tem necessidade de ser produzida por causas intermediárias mais imperfeita ela é. Ora, se as coisas imediatamente produzidas por Deus tivessem sido feitas para que Deus pudesse atingir seu fim, então necessariamente as últimas, por causa das quais as primeiras teriam sido feitas, seriam de todas as mais excelentes. Além disso, essa doutrina destrói a perfeição de Deus, pois se Deus age por um fim, ele apetece necessariamente alguma coisa da qual está privado. E ainda que os teólogos e metafísicos distingam entre um fim de indigência e um fim de assimilação, eles reconhecem, no entanto, que Deus fez tudo em vista de si mesmo e não em vista das coisas que criaria; pois eles não podem, fora de Deus, nada atribuir que existisse antes da criação e por causa do qual Deus tivesse agido; portanto, eles são coagidos necessariamente também a reconhecer que Deus estaria privado de tudo aquilo pelo qual ele quis prover os meios e que desejava, como é claro por si. E não se deve aqui esquecer os seguidores dessa doutrina, que querendo dar mostra de seu engenho atribuindo fins às coisas, atribuíram, para sustentar sua doutrina, uma nova maneira de argumentar: a redução não ao impossível, mas à ignorância; o que mostra que não havia para eles nenhum meio de argumentar. Se, por exemplo, uma pedra foi derrubada de um teto na cabeça de alguém e o matou, eles demonstrarão da seguinte maneira que a pedra caiu para matar esse homem. Se ela não caiu por esse fim pela vontade de Deus, como tantas circunstâncias (e, com efeito, há aí frequentemente um grande concurso) puderam se encontrar reunidas pelo acaso? Talvez vocês responderão: isso aconteceu porque o vento soprava e o homem passava por lá. Mas, eles insistirão, por que o vento soprava naquele momento? Se vocês responderem, então: o vento se levantou porque o mar, no dia anterior, por um tempo ainda calmo, tinha começado a se agitar; o homem tinha sido convidado por um amigo. Eles insistirão de novo, pois eles não terminam de fazer perguntas: por que o mar estava agitado? Por que o homem tinha sido convidado para tal momento? E eles continuarão assim a lhes interrogar sem descanso sobre as causas das causas, até que vocês estejam refugiados na vontade de Deus, esse asilo de ignorância. Igualmente, quando eles veem a estrutura do corpo humano, eles são golpeados de um espanto imbecil e, daquilo que eles ignoram as causas de um tão belo arranjo, concluem que não é fabricada por arte mecânica, mas por uma arte divina ou sobrenatural, e de tal modo que nenhuma parte prejudica a outra. E assim acontece que qualquer um que procura as verdadeiras causas dos milagres e se aplica a entender as coisas da natureza como um sabedor, em lugar de se maravilhar como um tolo, é frequentemente considerado herético e ímpio e proclamado tal por aqueles que o vulgo adora como intérpretes da natureza e dos deuses. Pois sabem bem que destruir a ignorância é destruir o espanto imbecil, isto é, seu único meio de argumentar e de salvaguardar sua autoridade. Mas isso é o suficiente, passo agora ao terceiro ponto que decidi tratar.

Após ser persuadido que tudo o que acontece é feito por causa deles, os homens tiveram que julgar que em todas as coisas o principal é aquilo que tem para eles mais utilidade, e ter por mais excelentes aquelas coisas que lhes afetam mais agradavelmente. Pois aí eles não puderam deixar de formar essas noções pelas quais pretendem explicar as naturezas das coisas, como o bem, o mal, a ordem, a confusão, o calor, o frio, a beleza e a fealdade, e, da liberdade que eles se atribuem, são provindas destas outras noções, o louvor e a culpa, o pecado e o mérito; explicarei mais tarde essas últimas, depois que tratar da natureza humana, e reportarei aqui brevemente as primeiras. Com efeito, os homens chamaram bem tudo aquilo que contribui à saúde e ao culto de Deus, mal aquilo que lhe é contrário. E, como aqueles que não entendem a natureza das coisas, nada afirmam que se aplique a elas, mas as imaginam apenas e tomam a imaginação pelo intelecto, eles acreditam então firmemente que há ordem nelas, ignorantes da natureza tanto das coisas quanto deles mesmos. Assim, quando as coisas estão dispostas de modo que, como representam-nas os sentidos, possamos facilmente imaginá-las e, por conseguinte, recordar-nos facilmente delas, dizemos que elas estão bem ordenadas; no caso contrário, que elas estão mal ordenadas ou confusas. E como encontramos mais aprovação nas coisas que podemos imaginar com mais facilidade, preferimos a ordem à confusão; como se, salvo em relação à nossa imaginação, a ordem fosse alguma coisa na natureza. Eles dizem ainda que Deus criou todas as coisas com ordem e, então, sem o saber, atribuem a imaginação a Deus; a menos talvez que queiram dizer que Deus, para prover a imaginação humana, tenha disposto todas as coisas de modo que as pessoas possam imaginá-las mais facilmente; e eles provavelmente não se deixariam parar por esta objeção: que se encontra uma infinidade de coisas que ultrapassam em muito a nossa imaginação, e um grande número que a confundem por causa de sua fraqueza. Sobre esse assunto, o que discutimos é já suficiente. Para as outras noções também, pois elas nada mais são que modos de imaginar pelos quais a imaginação é diversamente afetada, e, no entanto, os ignorantes as consideram como os atributos principais das coisas; porque, como já dissemos, eles acreditam que todas as coisas foram feitas em vista deles mesmos e dizem que a natureza de uma coisa é boa ou má, sã ou podre e corrompida, conforme são afetados por ela.

Por exemplo, se o movimento dos objetos, recebido pelos nervos e representados pelos olhos, conduz à saúde, então os objetos que são causa disso são chamados de belos, e são ditos feios aqueles que excitam um movimento contrário. Aqueles que movem o sentido pelo nariz são chamados perfumados ou fétidos; doces ou amargos, agradáveis ou desagradáveis ao gosto, aqueles que fazem impressão através da língua etc. Aqueles que agem pelo toque são duros ou moles, rugosos ou lisos etc. E aqueles, enfim, que agitam as orelhas, se dizem que produzem um barulho, um som ou uma harmonia, e sobre essa última qualidade a extravagância dos homens chegou até a acreditar que Deus também dela se agradasse. Não faltam filósofos que estão persuadidos que os movimentos celestes compõem uma harmonia. Tudo isso mostra bem que cada um julga as coisas segundo a disposição de seu cérebro ou, antes, considera as afecções da imaginação como coisas. Portanto, não há de se admirar (para notá-lo a propósito) que tantas controvérsias tenham ocorrido, como o vemos, entre os homens e que o ceticismo seja, enfim, originado disso. Com efeito, se os corpos humanos convêm em muitas coisas, eles diferem em maior número e, por conseguinte, aquilo que parece bom a um, parece mal a outro; um julga ordenado aquilo que o outro encontra confuso; aquilo que está ao agrado de um, é desagradável a outro, e assim por diante. Não insistirei aqui, seja porque não é o momento de tratar com desenvolvimento dessas coisas, seja porque todo mundo com frequência faz a experiência disso. Todo mundo repete: tantas cabeças, tantas opiniões[21]; cada um abunda nos seus sentidos; não há menos diferença entre os cérebros que entre os paladares. E todas essas sentenças mostram bem que os homens julgam as coisas segundo a disposição de seu cérebro e mais a imaginam que as entendem. Se eles tivessem entendido as coisas, eles teriam, como testemunha a matemática, o poder senão de seduzir, ao menos de convencer.

Vemos assim que todas as noções pelas quais o vulgo tem o costume de explicar a natureza são apenas modos de

---

21 Terêncio, *Phormio*, 454 [N.T.].

imaginar e não indagam sobre a natureza de nenhuma coisa, mas apenas sobre a maneira como é constituída a imaginação; e, como elas têm nomes que parecem se aplicar a entes que existem fora da imaginação, chamo-os entes não de razão, mas de imaginação; e assim todos os argumentos que são lançados contra nós de noções semelhantes, se podem facilmente refutar.

Com efeito, muitos têm o costume de argumentar assim: se todas as coisas se seguem da necessidade da natureza de um Deus todo perfeito, de onde vêm então tantas imperfeições que existem na natureza? Ou seja, de onde vem que as coisas se corrompam até a pestilência, que sejam feias a provocar a náusea, donde vem a confusão, o mal, o pecado etc.? Como acabei de discutir, isso é fácil de responder. Pois a perfeição das coisas deve se considerar apenas pela sua natureza e sua potência, e elas não são, por isso, mais ou menos perfeitas porque agradam aos sentidos do homem ou os agridem, satisfazem à natureza humana ou lhe repugnam. Quanto àqueles que perguntam por que Deus não criou todos os homens de modo que apenas a razão os conduzisse e os governasse, nada respondo a não ser que isso vem de que não lhe fez falta matéria para criar todas as coisas, a saber: desde o mais alto até o mais baixo grau de perfeição; ou, para falar mais propriamente, porque as leis da natureza foram grandes o suficiente para produzir tudo o que poderia ser concebido por um intelecto infinito, como já o demonstrei na proposição 16. Tais são os preconceitos que quis indicar aqui. Se restam ainda outros da mesma farinha, cada um poderá emendar-se deles com um pouco de reflexão.

FIM DA PRIMEIRA PARTE.

Parte II
Sobre a natureza e origem da mente

Prefácio

Passo agora a explicar as coisas que devem seguir-se necessariamente da essência de Deus, ou seja, do ente eterno e infinito. Porém, não todas, pois na proposição 16 da parte I demonstramos que dela se seguem infinitas coisas de infinitos modos, mas somente aquelas que possam, como que pela mão, conduzir-nos ao conhecimento da mente humana e de sua suma felicidade.

Definições

I. Por corpo entendo o modo com que se exprime a essência de Deus como coisa extensa, o qual a exprime de modo certo e determinado (veja-se o corolário da proposição 25 da parte I).

II. Digo que pertence à essência de alguma coisa aquilo que dado, a coisa põe-se necessariamente, e que suprimido, a coisa é necessariamente suprimida; ou aquilo sem o qual a coisa não é, e, vice-versa, aquilo que, sem a coisa, não pode nem ser nem ser concebido.

III. Por ideia entendo um conceito da mente, que ela forma porque é coisa pensante.

Explicação
Digo conceito de preferência à percepção, porque o nome percepção parece indicar que a mente padece pelo objeto, mas conceito parece exprimir a ação da mente.

IV. Por ideia adequada entendo a ideia que, enquanto considerada em si, sem relação com o objeto, tem todas as propriedades verdadeiras ou denominações intrínsecas da ideia verdadeira.

Explicação
Digo intrínsecas para excluir aquela que é extrínseca, a saber, a conveniência da ideia com o seu ideado.

V. A duração é a continuidade indefinida do existir.

Explicação
Digo indefinida, porque não pode ser determinada de maneira alguma pela própria natureza da coisa existente, nem mesmo pela causa eficiente, a qual, necessariamente põe a existência da coisa e não a suprime.

VI. Por realidade e perfeição entendo o mesmo.
VII. Por coisas singulares entendo as que são finitas e têm existência determinada. E se muitos indivíduos contribuem para uma mesma ação, de modo que sejam, todos simultaneamente, causa de um único efeito, considero-os como uma única coisa singular enquanto são todos os mesmos.

Axiomas

I. A essência do homem não envolve existência necessária, isto é, da ordem da natureza tanto pode acontecer que este ou aquele homem exista ou não.

II. O homem pensa.

III. Modos de pensar, como amor, desejo, ou qualquer nome com que se designe um afeto do ânimo, não se dão a não ser que, no mesmo indivíduo, dê-se a ideia da coisa amada, desejada etc. Mas a ideia pode ser dada ainda que nenhum outro modo de pensar seja dado.

IV. Sentimo-nos afetados por certo corpo de muitas maneiras.

V. Não sentimos nem percebemos nenhuma coisa singular além de corpos e modos de pensar.

Vejam-se os postulados depois da proposição 13.

Proposição 1

O pensamento é um atributo de Deus, ou seja, Deus é coisa pensante.

Demonstração

Pensamentos singulares, ou seja, este e aquele pensamento, são modos que exprimem a natureza de Deus de maneira certa e determinada (pelo corolário da proposição 25 da parte I). Portanto, compete a Deus (pela definição 5 da parte I) um atributo cujo conceito todos os pensamentos singulares envolvem, e pelo qual são também concebidos. O pensamento é, pois, um dos infinitos atributos de Deus, que exprime a eterna e infinita essência de Deus (veja-se a definição 6 da parte I). Ou seja, Deus é coisa pensante. C.Q.D.

Escólio

Esta proposição fica evidente a partir disto: que podemos conceber um ente pensante infinito. Pois concebemos conter mais realidade ou perfeição quanto mais coisas um ente pensante pode pensar. Logo, o ente que pode pensar infinitas coisas de infinitos modos é necessariamente infinito pela virtude de pensar. E assim, quando atentando somente ao pensamento concebemos o ente infinito, necessariamente (pela definição 4 e 6 da parte I) é o pensamento um dos infinitos atributos de Deus, conforme queríamos.

Proposição 2

A extensão é um atributo de Deus, ou seja, Deus é coisa extensa.

Demonstração

Procede da mesma maneira como aquela da proposição precedente.

Proposição 3

Em Deus se dá necessariamente a ideia de sua essência quanto de todas as coisas que se seguem necessariamente dela.

Demonstração

Com efeito (pela proposição 1 desta parte), Deus pode pensar infinitas coisas de infinitos modos, ou seja, pode formar (o que é a mesma coisa, pela proposição 16 da parte I) a ideia de sua essência e a de todas as coisas que se seguem dela necessariamente (pela proposição 35 da parte I). Assim, tudo o que está no poder de Deus existe necessariamente. Logo, tal ideia existe necessariamente e (pela proposição 15 da parte I) só em Deus. C.Q.D.

Escólio

O vulgo entende por potência de Deus a livre vontade ou o direito em todas as coisas que existem; por esse motivo, cada uma delas comumente é considerada como contingente. Com efeito, dizem que Deus tem o poder de tudo destruir e reduzir a nada. Além disso, com muita frequência, comparam a potência de Deus com a potência dos reis. Mas refutamos isso nos corolários 1 e 2 da proposição 32 da parte I, e mostramos, na proposição 16 da parte I, que Deus age com a mesma necessidade pela qual conhece a si mesmo, isto é, assim como da necessidade da natureza divina segue-se (como todos dizem a uma só voz) que Deus conhece a si mesmo, segue-se dessa mesma necessidade que Deus faz infinitas coisas de infinitos modos. Em seguida, na proposição 34 da parte I, mostramos que a potência de Deus nada mais é que a essência atuosa de Deus. E por isso é impossível para nós conceber que Deus não age, como o é que Deus não existe. Além disso, se alguém desejasse prosseguir mais nisso, eu poderia mostrar aqui também que essa potência que o vulgo atribui a Deus não é apenas humana (o que mostra que Deus é concebido pelo vulgo como homem ou semelhante a homem), mas também envolve impotência. Mas não quero repetir muitas vezes o mesmo assunto. Peço ao leitor somente que pondere mais uma vez a respeito do que foi dito na parte I, da proposição 16 até o fim. Pois ninguém poderá perceber corretamente essas coisas a não ser que tenha muito cuidado para que não confunda a potência de Deus com a potência humana ou com o direito humano dos reis.

Proposição 4
A ideia de Deus, da qual se seguem infinitas coisas de infinitos modos, só pode ser única.

Demonstração
O intelecto infinito não compreende nada além dos atributos de Deus e suas afecções (pela proposição 30 da parte I). Mas Deus é único (pelo corolário 1 da proposição 14 da parte I). Portanto, a ideia de Deus, da qual se seguem infinitas coisas de infinitos modos, só pode ser única. C.Q.D.

Proposição 5
O ser formal das ideias reconhece Deus como causa apenas enquanto considerado como coisa pensante, e não enquanto explicado por outro atributo. Isto é, as ideias tanto dos atributos de Deus quanto das coisas singulares, reconhecem como causa eficiente não os próprios ideados, ou seja, as coisas percebidas, mas sim o próprio Deus enquanto coisa pensante.

Demonstração
Na verdade, isso fica evidente a partir da proposição 3 desta parte; e dali, com efeito, concluímos que Deus forma a ideia da sua essência e de todas as coisas que dela

se seguem necessariamente, a partir somente de que Deus é coisa pensante, e não de que é objeto de sua ideia. Por isso, o ser formal das ideias reconhece Deus, enquanto coisa pensante, como causa. Mas isso é demonstrado de outro modo. O ser formal das ideias é modo de pensar (conhecido por si), isto é (pelo corolário da proposição 25 da parte I), modo que, de maneira certa, exprime a natureza de Deus enquanto coisa pensante, e por isso (pela proposição 10 da parte I) o conceito não envolve nenhum outro atributo de Deus e, consequentemente (pelo axioma 4 da parte I), não é efeito de nenhum outro atributo a não ser do pensamento. Assim, Deus é considerado o ser formal das ideias apenas enquanto coisa pensante etc. C.Q.D.

Proposição 6

Os modos de cada atributo têm Deus por causa enquanto é considerado somente sob o atributo do qual eles são modos, e não sob algum outro.

Demonstração

Com efeito, cada atributo é concebido por si, sem outro (pela proposição 10 da parte I). Por isso, os modos de cada atributo envolvem o conceito de seu atributo, e não de outro; e assim (pelo axioma 4 da parte I) têm Deus por causa apenas enquanto considerado sob aquele atributo do qual são modos, e não sob algum outro. C.Q.D.

Corolário

Daí se segue que o ser formal das coisas que não são modos de pensar não se segue, por isso, da natureza divina porque esta conheceu as coisas antes, mas as coisas ideadas seguem-se e concluem-se da mesma maneira e pela mesma necessidade como mostramos que as ideias se seguem do atributo do pensamento.

Proposição 7
A ordem e a conexão das ideias é a mesma que a ordem e a conexão das coisas.

Demonstração
Essa proposição fica evidente a partir do axioma 4 da parte I, pois a ideia de cada coisa causada depende do conhecimento da causa da qual é efeito.

Corolário
Daí se segue que a potência de pensar de Deus é igual à sua potência de agir. Isto é, tudo que se segue formalmente da natureza infinita de Deus se segue objetivamente em Deus a partir da ideia de Deus com a mesma ordem e conexão.

Escólio
Aqui, antes de prosseguirmos, é necessário relembrar o que mostramos acima, a saber, que tudo que possa ser percebido pelo intelecto infinito como constituindo a essência da substância pertence somente à substância única, e que, consequentemente, a substância pensante e a substância extensa são uma e a mesma substância, que é compreendida ora sob este ora sob aquele atributo. Assim, também um modo da extensão e a ideia desse modo são

uma só e mesma coisa, mas expressa de duas maneiras. Alguns dos hebreus parecem ter visto isso como que através de uma névoa, a saber, ao estabelecerem que Deus, o intelecto de Deus e as coisas entendidas por ele são um só e o mesmo. Por exemplo, um círculo que existe na natureza e a ideia do círculo existente, que também está em Deus, é uma só e mesma coisa, que se explica por atributos diversos. E por isso, quer concebamos a natureza seja sob o atributo da extensão, quer sob o atributo do pensamento, quer sob outro qualquer, descobrimos uma só e mesma ordem, ou seja, uma só e mesma conexão de causas, isto é, as mesmas coisas seguindo-se umas das outras. E eu não disse, por nenhum outro motivo, que Deus é apenas causa de uma ideia, por exemplo, da ideia de círculo a não ser apenas enquanto é coisa pensante, e do círculo a não ser apenas enquanto é coisa extensa, isso porque o ser formal do círculo não pode ser percebido a não ser por outro modo de pensar como causa próxima, e este de novo por outro, e assim ao infinito. E por isso, enquanto as coisas são consideradas como modos de pensar, devemos explicar a ordem da natureza inteira, ou seja, a conexão das causas apenas pelo atributo do pensamento; e enquanto são consideradas como modos de extensão, a ordem da natureza inteira deve ser explicada apenas pelo atributo da extensão; e entendo o mesmo dos outros atributos. Por isso, enquanto consta de infinitos atributos, Deus é de fato a causa das coisas como são em si. No momento, não posso explicar essas coisas mais claramente.

Proposição 8

As ideias das coisas singulares ou modos não existentes devem estar compreendidas na ideia infinita de Deus como essências formais das coisas singulares ou modos estão contidas nos atributos de Deus.

Demonstração

Essa proposição é manifesta a partir da precedente, mas é entendida de maneira ainda mais clara a partir do escólio da precedente.

Corolário

Daí se segue que, enquanto as coisas singulares não existem a não ser enquanto estão compreendidas nos atributos de Deus, e seu ser objetivo, ou seja, suas ideias não existem a não ser enquanto a ideia de Deus existe. E quando se diz que as coisas singulares existem não só enquanto estão compreendidas nos atributos de Deus, mas também enquanto se diz que duram, suas ideias também envolvem uma existência pela qual também duram.

Escólio

Se alguém desejar uma explicação maior para este assunto, decerto não poderei dar nenhuma que explique adequadamente o que falo. Eu me esforçarei, entretanto, o quanto possível, em ilustrar a coisa. Com efeito, o círculo é de tal natureza que todos os retângulos sob os segmentos de todas as linhas retas secantes no mesmo ponto são iguais entre si. Assim, estão contidos no círculo infinitos retângulos iguais entre si, porém não se pode dizer que nenhum deles existe a não ser enquanto o círculo existe; nem se pode dizer que a ideia de algum desses retângulos exista a não ser enquanto ela está compreendida na ideia do círculo. Concebam-se agora que, daqueles infinitos retângulos, existam apenas dois, a saber, E e D.

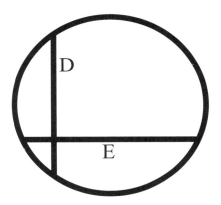

Certamente as ideias deles existem agora não apenas enquanto estão compreendidas na ideia do círculo, mas também enquanto envolvem a existência daqueles retângulos. Isso faz com que se distingam das outras ideias dos outros retângulos.

Proposição 9
A ideia de uma coisa singular existente em ato tem Deus por causa, não enquanto infinito, mas enquanto é considerado afetado por uma outra ideia de uma coisa singular existente em ato que também tem Deus por causa enquanto é afetado por uma terceira causa, e assim ao infinito.

Demonstração

A ideia de uma coisa singular existente em ato é um modo singular de pensar distinto dos outros (pelo corolário e escólio da proposição 8 desta parte), e assim tem Deus como causa apenas enquanto coisa pensante. Mas não (pela proposição 20 da parte I), enquanto é absolutamente coisa pensante, mas enquanto é afetado por outro modo de pensar, do qual Deus também é causa enquanto é afetado por outro, e assim ao infinito. Porém, a ordem e a conexão das ideias (pela proposição 7 desta parte) é a mesma que a ordem e a conexão das causas; logo, a causa da ideia de uma coisa singular é outra ideia, ou seja, Deus enquanto é considerado afetado por outra ideia, e desta também, enquanto afetado por outra, e assim ao infinito. C.Q.D.

Corolário

Há conhecimento em Deus de tudo que aconteça no objeto singular de uma ideia qualquer apenas enquanto ele tem a ideia desse mesmo objeto.

Demonstração

De tudo que acontece no objeto de uma ideia qualquer, há a ideia em Deus (pela proposição 3 desta parte), não enquanto infinito, mas enquanto é considerado afetado por outra ideia de uma coisa singular (pela proposição precedente). Mas (pela proposição 7 desta parte) a ordem e a conexão das ideias é a mesma que a ordem e a conexão das coisas; logo, haverá em Deus o conhecimento do que acontece em algum objeto singular apenas enquanto ele tem a ideia desse mesmo objeto. C.Q.D.

Proposição 10

O ser da substância não pertence à essência do homem, ou seja, a substância não constitui a forma do homem.

Demonstração

Com efeito, o ser da substância envolve existência necessária (pela proposição 7 da parte I). Portanto, se o ser da substância pertencesse à essência do homem, então, dada a substância, o homem se daria necessariamente (pela definição 2 desta parte), e, consequentemente, o homem existiria necessariamente, o que (pelo axioma 1 desta parte) é absurdo. Logo etc. C.Q.D.

Escólio

Essa proposição é também demonstrada a partir da proposição 5 da parte I, porque não existem duas substâncias de uma mesma natureza. Como, entretanto, podem existir muitos homens, logo isto que constitui a forma do homem não é o ser da substância. Além disso, esta proposição é evidente a partir das demais propriedades da substância, a saber, que por sua natureza é infinita, imutável, indivisível etc., como cada um pode facilmente ver.

Corolário

Daí se segue que a essência do homem é constituída por modificações certas dos atributos de Deus.

Demonstração

Porque o ser da substância (pela proposição precedente) não pertence à essência do homem. Portanto, é algo que existe em Deus (pela proposição 15 da parte I) e que sem Deus não pode existir nem pode ser concebido, ou seja, uma afecção (pelo corolário da proposição 25 da parte I) ou um modo que exprime a natureza de Deus de maneira certa e determinada.

Escólio

Decerto, todos devem conceder que sem Deus nada pode existir nem ser concebido. Pois todos confessam que Deus é a causa única de todas as coisas, tanto da essência quanto da existência delas; isto é, Deus não é somente a causa das coisas segundo o fazer-se, como dizem, mas também segundo a essência. Ora, a maioria diz pertencer à essência de alguma coisa aquilo sem o que a coisa não pode existir nem ser concebida. De tal maneira que creem que ou a natureza de Deus pertence à essência das coisas criadas ou que as coisas criadas podem ou ser concebidas sem Deus, ou, o mais certo, não constam suficientemente claras para si. A causa disso, creio, foi que não se ativeram à ordem do filosofar. Pois a natureza divina, que deveriam contemplar antes de tudo, porque é anterior tanto por conhecimento quanto por natureza, acreditaram ser a última na ordem do conhecimento, e as coisas que são chamadas de objetos dos sentidos, as primeiras de todas. Donde ocorreu de, enquanto contemplavam as coisas naturais, não terem pensado em nada menos do que na natureza divina e, depois, quando dirigiram o ânimo para contemplar a natureza divina, não puderam pensar em nada menos do que em suas primeiras ficções, sobre as quais haviam construído seu conhecimento das coisas naturais, que em nada podem ajudar no conhecimento da natureza divina; e por isso não é de admirar que se tenham contradito a cada passo. Mas deixo isso de lado. Pois minha intenção aqui foi apenas dar o motivo de eu não ter dito o que pertence à essência de alguma coisa, aquilo sem o que a coisa não pode existir nem ser concebida; a saber, as coisas singulares não podem existir nem ser concebidas sem Deus, e, no entanto, Deus não pertence à essência delas. Mas eu disse que necessariamente constitui a essência de alguma coisa aquilo que dado, a coisa necessariamente é posta, e que suprimido, a coisa é suprimida; e vice-versa: aquilo que sem a coisa não pode existir nem ser concebido.

Proposição 11
O que primeiro constitui o ser da existência atual da mente humana nada mais é que a ideia de alguma coisa singular existente em ato.

Demonstração
A essência do homem (pelo corolário da proposição precedente) é constituída por modos certos dos atributos de Deus; a saber, dos modos de pensar de todos os quais a ideia é anterior por natureza e que dada, os modos restantes (para os quais a ideia é anterior por natureza) devem dar-se no mesmo indivíduo (pelo axioma 3 desta parte). E, por isso, a ideia é o primeiro que constitui o ser da mente humana. Mas não a ideia de alguma coisa não existente, porque então (pelo corolário da proposição 8 desta parte) não se poderia dizer que essa mesma ideia existe. Será, portanto, a ideia de uma coisa existente em ato. Mas não

de uma coisa infinita, porque uma coisa infinita (pelas proposições 21 e 22 da parte I) deve sempre necessariamente existir; entretanto, isso (pelo axioma 1 da mesma parte) é absurdo; portanto, o que primeiro constitui o ser atual da mente humana é a ideia de uma coisa singular existente em ato. C.Q.D.

Corolário

Daí se segue que a mente humana é parte do intelecto infinito de Deus. E, por isso, quando dizemos que a mente humana percebe isto ou aquilo, nada mais dizemos que Deus, não enquanto infinito, mas enquanto explicado pela natureza da mente humana, ou seja, enquanto constitui a essência da mente humana, tem esta ou aquela ideia. E quando dizemos que Deus tem esta ou aquela ideia não apenas enquanto constitui a natureza da mente humana, mas enquanto, simultaneamente à mente humana, tem a ideia de outra coisa também, dizemos então que a mente humana percebe a coisa em parte, ou seja, inadequadamente.

Escólio

Aqui, sem dúvida, os leitores se deterão e pensarão muitas coisas que exigem tempo; por isso, rogo-lhes que prossigam comigo em passos lentos e não façam juízo sobre isso antes de ler tudo até o fim.

Proposição 12

Seja o que for que aconteça no objeto da ideia que constitui a mente humana, isso deve ser percebido pela mente humana, ou seja, existirá necessariamente a ideia dessa coisa na mente. Isto é, se o objeto da ideia que constitui a mente humana for um corpo, nada poderá acontecer nesse corpo que não seja percebido pela mente.

Demonstração

Com efeito, seja o que for que aconteça no objeto de qualquer ideia, dá-se necessariamente o conhecimento dessa coisa em Deus (pelo corolário da proposição 9 desta parte) enquanto considerado afetado pela ideia desse objeto, isto é (pela proposição 11 desta parte), enquanto constitui a mente de alguma coisa. Portanto, o que quer que aconteça no objeto da ideia que constitui a mente humana, dá-se necessariamente o conhecimento disso em Deus enquanto constitui a natureza da mente humana, isto é (pelo corolário da proposição 11 desta parte), o conhecimento dessa coisa estará necessariamente na mente, ou seja, a mente o percebe. C.Q.D.

Escólio

Essa proposição é também evidente e entendida mais claramente a partir do escólio da proposição 7 desta parte, que deve ser visto.

Proposição 13

O objeto da ideia que constitui a mente humana é o corpo, ou seja, um modo certo da extensão, existente em ato, e nada mais.

Demonstração

Se, com efeito, o objeto da mente humana não fosse o corpo, as ideias das afecções do corpo não estariam em Deus (pelo corolário da proposição 9 desta parte) enquanto ele constituísse a nossa mente, mas enquanto constituísse a mente de outra coisa; isto é (pelo corolário da proposição 11 desta parte), as ideias das afecções do corpo não estariam em nossa mente; entretanto (pelo axioma 4 desta parte), temos as ideias das afecções do corpo. Então, o objeto da ideia que constitui a mente é o corpo, e este (pela proposição 11 desta parte) existe em ato. Ademais, se além do corpo houvesse também outro objeto da mente, já que nada existe de que não se siga algum efeito, então deveria necessariamente dar-se em nossa mente algum efeito dele; entretanto, nenhuma ideia dele se dá. Logo, o objeto da nossa mente é o corpo existente e nada mais. C.Q.D.

Corolário

Daí se segue que o homem conste de mente e corpo, e que o corpo humano exista conforme o sentimos.

Escólio

A partir disso entendemos não só que a mente humana está unida ao corpo, mas também o que devemos entender por união da mente e do corpo. Na verdade, isso não poderá ser entendido adequadamente, ou seja, de maneira distinta por ninguém a não ser que primeiramente conheça adequadamente a natureza do nosso corpo. Pois as coisas que mostramos até aqui são muito comuns e não pertencem mais aos homens do que aos demais indivíduos, todos os quais, ainda que em graus diversos, são animados. Pois, assim como a ideia de qualquer coisa de que Deus é causa existe necessariamente em Deus, da mesma maneira ele é causa da ideia do corpo humano; e, por isso, tudo o que dizemos da ideia do corpo humano deve ser dito necessariamente da ideia de qualquer coisa. Contudo, não podemos negar que as ideias diferem entre si como os próprios objetos, e que é superior à outra, e contém mais realidade do que outra, conforme o objeto de uma ideia seja superior e contenha mais realidade do que o objeto de outra. E por isso, para determinar o que distingue a mente humana das demais ideias, e em que é superior a elas, é necessário que conheçamos o seu objeto, isto é, a natureza do corpo humano. Esta, no entanto, não posso explicar aqui, nem é isso necessário para o que quero demonstrar. Todavia, em geral, digo que, quanto mais apto algum corpo é para fazer ou padecer muitas coisas simultaneamente, tanto mais apta é sua mente para perceber muitas coisas simultaneamente; e quanto mais as ações de um corpo dependam apenas dele próprio, e quanto menos outros corpos concorrem com ele ao agir, tanto mais sua mente é apta para entender de maneira distinta. E a partir disso, podemos conhecer a superioridade de uma mente sobre as outras; ademais podemos ver por que motivo não temos senão um conhecimento bastante confuso do nosso corpo, e outras muitas coisas que deduzirei destas a seguir. Por isso, deduzi que valesse a pena explicar e demonstrar mais acuradamente todas essas coisas; e para isso é necessário dispor antes algumas poucas coisas a respeito da natureza do corpo.

Axioma 1

Todos os corpos ou se movem ou repousam.

Axioma 2

Cada corpo se move ora mais lentamente, ora mais depressa.

Lema 1

Os corpos distinguem-se uns dos outros em razão do movimento, do repouso, da rapidez e da lentidão, e não em razão da substância.

Demonstração

Suponho que a primeira parte disso seja conhecida por si. Mas que os corpos não se distinguem em razão da substância é evidente tanto a partir da proposição 5 quanto da 8 da parte I. Mas fica ainda mais claramente a partir das coisas que foram ditas no escólio da proposição 15 da parte I.

Lema 2

Todos os corpos convêm em certas coisas.

Demonstração

Todos os corpos convêm no fato de envolverem o conceito de um só e mesmo atributo (pela definição 1 desta parte); ademais, de poderem mover-se ora mais lentamente ora mais depressa, e, em absoluto, de ora moverem-se ora repousarem.

Lema 3

Um corpo em movimento ou em repouso deve ser determinado ao movimento ou ao repouso por outro corpo, o qual também foi determinado ao movimento ou ao repouso por outro corpo, e este de novo por outro, e assim ao infinito.

Demonstração

Os corpos (pela definição 1 desta parte) são coisas singulares que (pelo lema 1) se distinguem umas das outras em razão do movimento ou do repouso; e por isso (pela proposição 28 da parte I) cada um teve de ser determinado necessariamente ao movimento ou ao repouso por outra coisa singular, a saber (pela proposição 6 desta parte), por outro corpo, o qual (pelo axioma 1) também se move ou repousa. E este também (pela mesma razão) não pôde mover-se ou repousar a não ser que tenha sido determinado ao movimento ou ao repouso por outro, e este de novo (pela mesma razão) por outro, e assim ao infinito. C.Q.D.

Corolário

Daí se segue que um corpo em movimento se move até que seja determinado a repousar por outro corpo; e um corpo em repouso, até que seja determinado ao movimento por outro, o que também é conhecido por si. Pois, quando suponho, por exemplo, que o corpo A repousa, e não atento a outros corpos em movimento, nada posso dizer sobre o corpo A senão que ele repousa. Se depois o corpo A for movido, isso certamente não pôde ter acontecido do fato de que repousava; com efeito, disso não podia seguir-se nada senão que o corpo A repousava. Se, ao contrário, supõe-se que A se move, todas as vezes que apenas nos ativermos a A não poderemos afirmar outra coisa sobre ele a não ser que se move. Se acontecer depois que A repouse, certamente isso não pôde advir do movimento que tinha, pois desse movimento nada mais podia seguir-se senão que A se movia. Portanto, isso acontece por uma coisa que não estava em A, a saber, por uma causa externa pela qual foi determinado a repousar.

Axioma 1

Todas as maneiras pelas quais algum corpo é afetado por outro corpo se seguem da natureza do corpo afetado e, simultaneamente, da natureza do corpo que o afeta. Assim, um só e mesmo corpo é movido de diversas maneiras conforme a diversidade de natureza dos corpos que o movem; e ao contrário, corpos diversos são movidos pelo mesmo corpo de diversas maneiras por um só e mesmo corpo.

Axioma 2

Quando um corpo em movimento atinge outro que está em repouso e não pode desviar-se dele, reflete-se de maneira a continuar a mover-se, e o ângulo da linha do movimento de reflexão com o plano do corpo em repouso a que atinge será igual ao ângulo que a linha do movimento de incidência fez com o mesmo plano.

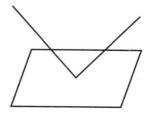

E isso quanto aos corpos mais simples, a saber, os que só se distinguem uns dos outros por movimento e repouso, rapidez e lentidão; vejamos agora quanto aos compostos.

Definição

Quando alguns corpos de magnitude igual ou diversa são cerceados por outros de tal maneira que se aderem uns aos outros, ou quando, com eles ou diversos graus de velocidade, movem-se de tal maneira que comuniquem seus movimentos uns aos outros em uma razão certa, dizemos que esses corpos estão unidos uns aos outros e que todos simultaneamente compõem um só corpo ou indivíduo, que se distingue dos outros por essa união de corpos.

Axioma 3

Quanto mais as partes de um indivíduo ou corpo composto aderem umas às outras segundo suas maiores ou menores superfícies, difícil ou mais facilmente podem ser coagidas a mudar de posição, e, consequentemente, mais difícil ou mais facilmente pode ocorrer que o próprio indivíduo assuma outra forma. Por isso, chamo de duros os corpos cujas partes aderem segundo as grandes superfícies uns dos outros; de moles, aqueles cujas partes aderem segundo as pequenas superfícies; e, por fim, de fluídos, aqueles cujas partes movem-se entre si.

Lema 4

Se de um corpo, ou seja, de um indivíduo composto de muitos corpos, alguns corpos forem segregados e, simultaneamente, tantos outros corpos da mesma natureza destes sucederem-lhes no seu mesmo lugar, o indivíduo reterá sua natureza, como antes, sem nenhuma mudança de sua forma.

Demonstração

Com efeito, os corpos (pelo lema 1) não se distinguem em razão da substância, mas o que constitui a forma do indivíduo consiste na união dos corpos (pela definição precedente). Ora, esta será retida (por hipótese), embora haja uma contínua mudança de corpos. Portanto, o indivíduo reterá sua natureza, como antes, tanto em razão da substância quanto do modo. C.Q.D.

Lema 5

Se as partes que compõem um indivíduo se tornam maiores ou menores, contudo, elas preservam umas com as outras proporcionalmente, como antes, a mesma razão de movimento e repouso, o indivíduo, da mesma maneira, reterá sua natureza como antes, sem nenhuma mudança de forma.

Demonstração

A demonstração deste lema é a mesma do precedente.

Lema 6

Se alguns corpos que compõem um indivíduo em movimento são coagidos a desviar o movimento que têm de um lado para outro de maneira que possam continuar seus movimentos e comunicá-los reciprocamente com a mesma razão de antes, o indivíduo, identicamente, reterá sua natureza, sem nenhuma mudança de forma.

Demonstração
É evidente por si, pois supõe-se que retém tudo que, na sua definição, dissemos constituir a sua forma.

Lema 7
Ademais, o indivíduo assim composto retém sua natureza seja ao mover-se completamente, seja ao repousar, seja ao mover-se para este ou aquele lado, contanto que cada parte retenha seu movimento e o comunique às restantes como antes.

Demonstração
É evidente a partir da definição que se vê antes do lema 4.

Escólio
Vemos, portanto, por que razão o indivíduo composto pode ser afetado de muitas maneiras e, no entanto, conservar sua natureza. E também concebemos um indivíduo que não se compõe de corpos a não ser por movimento e repouso, rapidez e lentidão, isto é, que se compõe de corpos simplíssimos. Se, todavia, concebemos outro indivíduo, composto de muitos indivíduos de natureza diversa, observaremos igualmente que ele pode ser afetado de muitas outras maneiras, e, no entanto, preservar sua natureza. Porque, como cada parte dele é composta de muitos corpos, cada parte poderá, portanto (pelo lema precedente), mover-se, sem nenhuma mudança, ora mais depressa ora mais lentamente, e por conseguinte comunicar seus movimentos ora mais depressa ora mais lenta-

mente para as partes restantes. Se, além disso, concebermos um terceiro gênero de indivíduos, composto desses segundos, observaremos igualmente que podem ser afetados de muitas outras maneiras sem nenhuma mudança de sua forma. E se prosseguimos assim ao infinito, conceberemos facilmente a natureza inteira como um único indivíduo, cujas partes, isto é, todos os corpos, variam de infinitas maneiras, sem nenhuma mudança do indivíduo como um todo. Se fosse minha intenção tratar do corpo pormenorizadamente, eu deveria explicar e demonstrar essas coisas mais longamente. Mas já disse querer outra coisa e não aduzi a essas coisas por outro motivo senão porque a partir delas posso facilmente deduzir o que decidi demonstrar.

Postulados

I. O corpo humano compõe-se de muitos indivíduos (de diversas naturezas), dos quais cada um é muito composto.

II. Dos indivíduos dos quais é composto o corpo humano, alguns são fluidos, alguns moles e, por fim, alguns são duros.

III. Os indivíduos que compõem o corpo humano e, consequentemente, o próprio corpo humano, são afetados de muitas maneiras por corpos externos.

IV. O corpo humano, para ser conservado, precisa de muitos outros corpos, pelos quais é continuamente regenerado.

V. Quando uma parte fluida do corpo humano é determinada por um corpo externo a atingir com frequência outra parte mole, ele muda a superfície desta e como que imprime nela certos vestígios do corpo externo que a impeliu.

VI. O corpo humano pode mover os corpos externos de muitas maneiras e dispô-los de muitas maneiras.

Proposição 14

A mente humana é apta a perceber muitas coisas e é tanto mais apta quanto mais seu corpo pode ser disposto de muitas maneiras.

Demonstração

Com efeito, o corpo humano (pelos postulados 3 e 6) é afetado de muitas maneiras por corpos externos, e é disposto a afetar corpos externos de muitas maneiras. Mas todas as coisas que acontecem no corpo humano (pela proposição 12 desta parte) a mente deve perceber. Portanto, a mente humana é apta a perceber muitas coisas e é tanto mais apta nisso etc. C.Q.D.

Proposição 15

A ideia que constitui o ser formal da mente humana não é simples, mas composta de muitas ideias.

Demonstração

A ideia que constitui o ser formal da mente humana é a ideia do corpo (pela proposição 13 desta parte), o qual (pela proposição 1) é composto de muitíssimos indivíduos muito compostos. Contudo, há necessariamente (pelo corolário da proposição 8 desta parte) em Deus a ideia de cada indivíduo que compõe o corpo. Portanto (pela proposição 7 desta parte), a ideia do corpo humano é composta dessas muitas ideias das partes que o compõem. C.Q.D.

Proposição 16

A ideia de cada maneira pela qual o corpo humano é afetado por corpos externos deve envolver a natureza do corpo humano e, simultaneamente, a natureza do corpo externo.

Demonstração

Com efeito, todas as maneiras pelas quais algum corpo é afetado se seguem, em simultâneo, da natureza do corpo afetado e do corpo que o afeta (pelo axioma 1 após o corolário do lema 3); porque a ideia deles (pelo axioma 4 da parte I) envolve necessariamente a natureza de ambos os corpos. E, por isso, a ideia de cada maneira pela qual o corpo humano é afetado por um corpo externo envolve a natureza do corpo humano e a do corpo externo. C.Q.D.

Corolário 1

Daí se segue, primeiramente, que a mente humana percebe a natureza de muitos corpos junto com a natureza do seu corpo.

Corolário 2

Segue-se, em segundo lugar, que as ideias que temos dos corpos externos indicam mais a constituição do nosso corpo do que a natureza dos corpos externos; isso expliquei, com muitos exemplos, no apêndice da primeira parte.

Proposição 17

Se o corpo humano é afetado de uma maneira que envolve a natureza de algum corpo externo, a mente humana contemplará o mesmo corpo externo como existente em ato ou como presente para si mesma até que o corpo seja afetado por uma afecção que exclua sua existência ou presença.

Demonstração

Isso é evidente, porque, enquanto o corpo humano é assim afetado, a mente humana (pela proposição 12 desta parte) contemplará essa afecção do corpo, isto é (pela proposição precedente), terá a ideia de uma maneira existente em ato que envolve a natureza do corpo externo, isto é, que não exclui, mas inclui, sua existência ou presença. E assim a mente (pelo corolário 1, precedente) contemplará o corpo externo como existente em ato ou como presente até que este seja afetado etc. C.Q.D.

Corolário

A mente humana poderá contemplar a presença de corpos externos pelos quais foi uma vez afetada, como se estivessem presentes, mesmo que já não existam nem estejam presentes.

Demonstração

Quando os corpos externos determinam as partes fluidas do corpo humano de tal maneira que atinjam muitas vezes as partes mais moles (pelo postulado 5), eles mudam suas superfícies. Daí ocorre que (veja-se o axioma 2 depois do corolário do lema 3) essas partes refletem-se de outra maneira com relação a antes, e, depois, ao encontrarem, no seu movimento espontâneo, essas novas superfícies, refletem-se da mesma maneira que quando essas partes foram impulsionadas pelos corpos externos para aquelas superfícies, e, consequentemente, quando continuam a se mover assim, afetam o corpo humano de uma mesma maneira, no que a mente (pela proposição 12 desta parte) outra vez pensará, isto é (pela proposição 17 desta parte), a mente contemplará o corpo externo outra vez como estando presente, e isso tantas vezes quantas, por seu próprio movimento, as partes fluidas do corpo humano, no seu movimento espontâneo, encontrarem as mesmas superfícies. Por isso, ainda que os corpos externos pelos quais o corpo humano foi uma vez afetado não mais existam, a mente os contemplará como presentes todas as vezes que esta ação do corpo se repetir. C.Q.D.

Escólio
Portanto, vemos que pode ocorrer que contemplemos como presentes coisas que não estão, tal como frequentemente acontece. E pode ser que isso aconteça por outros motivos, porém me é suficiente ter mostrado uma pela qual eu possa explicar a coisa como se eu a tivesse mostrado por sua causa verdadeira; todavia, não creio que eu esteja longe da verdade, visto que todos aqueles postulados dificilmente contêm algo que que não conste da experiência, da qual não nos é lícito duvidar depois de termos mostrado que o corpo humano existe tal como o sentimos (veja-se o corolário depois da propo-

sição 13 desta parte). Além disso (a partir do corolário precedente e do corolário 2 da proposição 16 desta parte) entendemos claramente qual seja a diferença entre uma ideia, por exemplo, a de Pedro, que constitui a essência da mente do próprio Pedro, e a ideia do próprio Pedro que está na mente de outro homem, diga-se, de Paulo. Com efeito, aquela primeira explica a essência do corpo do próprio Pedro diretamente, e não envolve existência a não ser enquanto Pedro existe. A segunda, no entanto, indica mais a constituição do corpo de Paulo do que a natureza de Pedro e, portanto, enquanto durar essa constituição do corpo de Paulo, a mente de Paulo, ainda que Pedro não exista, contemplará este como presente para si. Além disso, para usarmos palavras usuais, chamaremos as afecções do corpo humano, cujas ideias representam os corpos externos como se estivessem presentes para nós, de imagens das coisas, embora não reproduzam as imagens das coisas. E quando a mente contempla os corpos dessa maneira, diremos que ela imagina. E aqui, para começar a indicar o que é o erro, gostaria que se notasse que as imaginações da mente, consideradas em si, não contêm nenhum erro, ou seja, a mente não erra pelo fato de imaginar, mas erra apenas enquanto considera-se que lhe falte a ideia que exclui a existência daquelas coisas que ela imagina presentes para si. Pois se a mente, quando imagina como presentes para si coisas não existentes, simultaneamente soubesse que essas coisas não existem de fato, atribuiria essa potência de imaginar à virtude de sua natureza, e não ao vício, principalmente se essa faculdade de imaginar dependesse só de sua natureza, isto é (pela definição 7 da parte I), se essa faculdade de imaginar da mente fosse livre.

Proposição 18

Se o corpo humano tiver sido afetado uma vez por dois ou mais corpos simultaneamente, quando, depois, a mente imaginar algum deles, imediatamente se recordará dos outros.

Demonstração

A mente (pelo corolário precedente) imagina um corpo qualquer porque o corpo humano é afetado e disposto pelos vestígios de um corpo externo da mesma maneira que tinha sido afetado quando algumas de suas partes foram impelidas por esse mesmo corpo externo. Todavia (por hipótese), o corpo foi então disposto de tal maneira que a mente imaginasse dois corpos simultaneamente; logo, também imaginará os dois corpos simultaneamente, e, quando a mente imaginar um, ela imediatamente se recordará do outro. C.Q.D.

Escólio

Isso faz com que entendamos claramente o que seja a memória. De fato, nada mais é que uma concatenação de ideias que envolvem a natureza das coisas que estão fora do corpo humano, a qual ocorre na mente segundo a ordem e a concatenação das afecções do corpo humano. Digo, primeiramente, que a concatenação é somente daquelas ideias que envolvem a natureza das coisas que estão fora do corpo humano, e não a concatenação das ideias que explicam a natureza dessas coisas; porque, na verdade, são (pela proposição 16 desta parte) ideias das afecções do corpo humano que envolvem tanto a natureza deste, quanto a dos corpos externos. Digo, em segundo lugar, que essa concatenação é feita segundo a ordem e a concatenação das afecções do corpo humano, para distingui-la da concatenação das ideias que se faz segundo a ordem do intelecto, pela qual a mente percebe as coisas por suas causas primeiras e que é a mesma em todos os homens. Ademais, com isso entendemos claramente por que a mente, do pensamento de uma coisa, incide de imediato no de outra que nenhuma semelhança tem com a primeira. Como, por exemplo, do pensamento da palavra "fruto", o romano imediatamente incide no pensamento de um fruto que não tem nenhuma semelhança com esse som articulado, nem algo comum, a não ser que o corpo do homem tenha sido afetado por estas duas coisas, isto é, que esse mesmo homem tenha ouvido frequentemente a palavra "fruto" enquanto via esse mesmo fruto; e assim, cada um vai de um a outro pensamento conforme o costume de cada um ordenou as imagens das coisas no corpo. Por isso um soldado, por exemplo, ao ver pegadas de cavalo na areia, vai do pensamento de cavalo ao pensamento de cavaleiro, e, daí, ao pensamento de guerra. Mas, um camponês, vai do pensamento de cavalo ao de arado, de campo etc. E assim, cada um, conforme esteja acostumado com este ou aquela maneira de ajuntar e concatenar, vai do pensamento de uma coisa a esta ou àquela outra.

Proposição 19

A mente humana não conhece o próprio corpo humano nem sabe que ele existe a não ser pelas ideias das afecções pelas quais o corpo é afetado.

Demonstração

Com efeito, a mente humana é a própria ideia, ou seja, o conhecimento do corpo humano (pela proposição 13 desta parte), a qual (pela proposição 9 desta parte) existe de fato em Deus, enquanto considera-se afetado por uma outra ideia de coisa singular; ou porque (pelo postulado 4) o corpo humano precisa de muitos corpos pelos quais continuamente se regenera, e a ordem e a conexão das ideias é a mesma (pela proposição 7 desta parte) que a ordem e a conexão das causas. Essa ideia estará em Deus enquanto considerado afetado pelas ideias de muitas coisas singulares. Assim, Deus tem a ideia do corpo humano, ou seja, conhece o corpo humano enquanto é afetado por muitas outras ideias, e não enquanto constitui a natureza da mente humana; isto é (pelo corolário da proposição 11 desta parte), a mente humana não conhece o corpo humano. Mas as ideias das afecções do corpo estão em Deus enquanto constitui a natureza da mente humana, ou seja, a própria mente humana percebe as mesmas afecções (pela proposição 12 desta parte), e, consequentemente (pela proposição 16 desta parte), percebe o próprio corpo humano, e este (pela proposição 17 desta parte) como existente em ato; logo, é somente nessa medida que a mente humana conhece o próprio corpo humano. C.Q.D.

Proposição 20

Há também em Deus a ideia ou conhecimento da mente humana, a qual se segue em Deus e refere-se a Deus da mesma maneira que a ideia ou conhecimento do corpo humano.

Demonstração

O pensamento é um atributo de Deus (pela proposição 1 desta parte), e por isso (pela proposição 3 desta parte) deve dar-se a ideia tanto dele quanto de todas as suas afecções, e, por conseguinte (pela proposição 11 desta parte) também da mente humana. Daí não se segue que essa ideia ou conhecimento da mente, ou pensamento se dá em Deus enquanto é infinito, mas enquanto é afetado por outra ideia de coisa singular (pela proposição 9 desta parte). Ora, a ordem e a conexão das ideias é a mesma que a ordem e a conexão das causas (pela proposição 7 desta parte). Logo, essa ideia da mente ou conhecimento da mente se segue em Deus e refere-se a Deus da mesma maneira que a ideia ou o conhecimento do corpo. C.Q.D.

Proposição 21

Essa ideia da mente está unida à mente da mesma maneira que a própria mente está unida ao corpo.

Demonstração

Mostramos que a mente está unida ao corpo porque o corpo é o objeto da mente (vejam-se as proposições 12 e 13 desta parte), e assim, pela mesma razão, a ideia da mente deve estar unida com seu objeto, isto é, com a própria mente, da mesma maneira que a mente está unida ao corpo. C.Q.D.

Escólio

Essa proposição é entendida muito mais claramente a partir do que foi dito no escólio da proposição 7 desta parte; pois ali mostramos que a ideia do corpo e o corpo, isto é (pela proposição 13 desta parte), a mente e o corpo, são um só e mesmo indivíduo, concebido ora sob o atributo do pensamento ora sob o da extensão; porque a ideia da mente e a própria mente são uma só e mesma coisa, que é concebida sob um só e mesmo atributo, a saber, o pensamento. Digo, pois, que a ideia da mente e a própria mente se segue em Deus com a mesma necessidade da mesma potência de pensar. Porque, na verdade, a ideia da mente, isto é, a ideia da ideia, nada mais é que a forma da ideia enquanto considerada como modo de pensar, sem relação com o objeto. Com efeito, tão logo alguém sabe algo, sabe por isso mesmo que sabe isso e, simultaneamente, sabe que sabe o que sabe, e assim ao infinito. Mas tratarei sobre isso depois.

Proposição 22

A mente humana percebe não apenas as afecções do Corpo, mas também as ideais dessas afecções.

Demonstração

As ideias das afecções seguem-se em Deus da mesma maneira e se referem a Deus e da mesma maneira que as próprias ideias das afecções; o que é demonstrado pela proposição 20 desta parte. Mas as ideias das afecções do corpo estão na mente humana (pela proposição 12 desta parte), isto é (pelo corolário da proposição 11 desta parte), em Deus enquanto ele constitui a essência da mente humana. Portanto, as ideias dessas ideias estarão em Deus enquanto ele tem o conhecimento ou ideia da mente humana, isto é (pela proposição 21 desta parte), estarão na própria mente humana, a qual, por isso, percebe não apenas as afecções do corpo, mas também suas ideias. C.Q.D.

Proposição 23
A mente não conhece a si própria a não ser enquanto percebe as ideias das afecções do corpo.

Demonstração
A ideia ou conhecimento da mente (pela proposição 20 desta parte) segue-se em Deus da mesma maneira e refere-se a Deus da mesma maneira que a ideia ou conhecimento do corpo. Mas (pela proposição 19 desta parte), visto que a mente humana não conhece o próprio corpo humano, isto é (pelo corolário da proposição 11 desta parte), uma vez que o conhecimento do corpo humano não se refere a Deus enquanto ele constitui a natureza da mente humana, logo o conhecimento da mente também não se refere a Deus enquanto constitui a essência da mente humana; e por isso que (pelo mesmo corolário da proposição 11 desta parte) a mente humana, nessa medida, não conhece a si mesma. Além disso, as ideias das afecções pelas quais o corpo humano é afetado envolvem (pela proposição 16 desta parte) a natureza do pró-

prio corpo humano, isto é (pela proposição 13 desta parte), convêm com a natureza da mente; assim, o conhecimento dessas ideias envolverá necessariamente o conhecimento da mente. Contudo, (pela proposição precedente) o conhecimento dessas ideias está na própria mente humana. Portanto, é apenas nessa medida que a mente humana conhece a si mesma. C.Q.D.

Proposição 24

A mente humana não envolve o conhecimento adequado das partes que compõem o corpo humano.

Demonstração

As partes que compõem o corpo humano não pertencem à essência do próprio corpo a não ser enquanto comunicam seus movimentos umas às outras em alguma razão certa (veja-se a definição que se segue ao corolário do lema 3), e não enquanto podem ser considerados indivíduos sem relação com o corpo humano. Pois as partes do corpo humano (pelo postulado 1) são indivíduos muito compostos, cujas partes (pelo lema 4) podem ser separadas do corpo humano, conservada completamente a natureza e forma dele, e podem comunicar seus movimentos (veja-se o axioma 1 depois do lema 3) a outros corpos em uma outra razão; e por isso (pela proposição 3 desta parte) a ideia ou conhecimento de cada uma das partes estará em Deus, e decerto (pela proposição 9 desta parte) enquanto é considerado afetado por uma outra ideia de coisa singular, e esta uma coisa singular é anterior, na ordem da natureza, à própria parte (pela proposição 7 desta parte). Ademais, o mesmo pode ser dito também a respeito de qualquer parte que compõe o corpo humano do próprio indivíduo; e por isso o conhecimento de qualquer parte que compõe o corpo humano está em Deus enquanto é afetado por muitas ideias de coisas, e não enquanto tem apenas a ideia do corpo humano, isto é (pela proposição 13 desta parte), a ideia que constitui a natureza da mente humana; portanto (pelo corolário da proposição 11 desta parte), a mente humana não envolve conhecimento adequado das partes que compõem o corpo humano. C.Q.D.

Proposição 25

A ideia de qualquer afecção do corpo humano não envolve o conhecimento adequado do corpo externo.

Demonstração

Mostramos que a ideia de uma afecção do corpo humano envolve a natureza do corpo externo (veja-se a proposição 16 desta parte) apenas enquanto esse corpo externo determina o próprio corpo humano de maneira certo. Mas, enquanto o corpo externo é um indivíduo que não se refere ao corpo humano, sua ideia ou conhecimento está em Deus (pela proposição 9 desta parte) enquanto Deus é considerado afetado pela ideia de outra coisa, a qual (pela proposição 7 desta parte) é anterior por natureza a esse corpo externo. Por isso, em Deus, não há o conhecimento adequado do corpo externo enquanto ele possui a ideia de uma afecção do corpo humano, ou seja, a ideia de uma afecção do corpo humano não envolve o conhecimento adequado do corpo externo. C.Q.D.

Proposição 26

A mente humana não percebe nenhum corpo externo como existente em ato a não ser pelas ideias das afecções do seu corpo.

Demonstração

Se o corpo humano não é afetado de nenhuma maneira por algum corpo externo, logo (pela proposição 7 desta parte) a ideia do corpo humano, isto é (pela proposição 13 desta parte), a mente humana, também não é afetada de nenhuma maneira pela ideia da existência daquele corpo, ou seja, não percebe a existência daquele corpo de maneira nenhuma. Mas, enquanto o corpo humano é afetado por algum corpo externo de alguma maneira, nessa medida (pela proposição 16 desta parte, com o corolário 1 da mesma) a mente percebe um corpo externo. C.Q.D.

Corolário

A mente humana, enquanto imagina um corpo externo, não tem o conhecimento adequado sobre ele.

Demonstração

Quando a mente humana, pelas ideias das afecções de seu corpo, contempla corpos externos, dizemos então que ela imagina (veja-se o escólio da proposição 17 desta parte); e, de outra maneira, não pode imaginar corpos externos existentes em ato. Portanto (pela proposição 25 desta parte), enquanto a mente imagina corpos externos, não tem o conhecimento adequado deles. C.Q.D.

Proposição 27
A ideia de qualquer afecção do corpo humano não envolve o conhecimento adequado do próprio corpo humano.

Demonstração
Qualquer que seja a ideia de qualquer afecção do corpo humano envolve a natureza do corpo humano até certo ponto, enquanto se considera o próprio corpo humano afetado de maneira certa (veja-se a proposição 16 desta parte). Mas, enquanto o corpo humano é um indivíduo, que de muitas (II, 113) outras maneiras, pode ser afetado, sua ideia etc. Veja-se a demonstração da proposição 25 desta parte.

Proposição 28
As ideias das afecções do corpo humano, enquanto se referem à mente humana, não são claras e distintas, mas confusas.

Demonstração
Com efeito, as ideias das afecções do corpo humano envolvem tanto a natureza dos corpos externos quanto a do próprio corpo humano (pela proposição 16 desta parte); e devem envolver não só a natureza do corpo humano, mas também a de suas partes, porque as afecções são as maneiras (pelo postulado 3) pelas quais as partes do corpo humano e, consequentemente, o corpo inteiro, são afetadas. Entretanto (pelas proposições 24 e 25 desta parte), o conhecimento adequado dos corpos externos, bem como das partes que compõem o corpo humano, não está em Deus enquanto considerado afetado pela mente humana,

mas enquanto afetado por outras ideias. Portanto, essas ideias de afecções, enquanto se referem à mente humana sozinha, são como conclusões sem premissas, isto é (como é conhecido por si), ideias confusas. C.Q.D.

Escólio
Da mesma maneira se demonstra que a ideia que constitui a natureza da mente humana, em si só considerada, não é clara e distinta. Como também não o é a ideia da mente humana e as ideias das ideias das afecções do corpo humano enquanto se referem a mente humana sozinha, o que qualquer um pode ver facilmente.

Proposição 29
A ideia da ideia de qualquer afecção do corpo humano não envolve o conhecimento adequado da mente humana.

Demonstração
Com efeito, a ideia de uma afecção do corpo humano (pela proposição 27 desta parte) não envolve o conhecimento adequado do próprio corpo, ou seja, (II, 114) não exprime adequadamente sua natureza, isto é (pela proposição 13 desta parte), não convém adequadamente com a natureza da mente, e por isso (pelo axioma 6 da parte I) a ideia dessa ideia não exprime adequadamente a natureza da mente humana, ou seja, não envolve o conhecimento adequado dela. C.Q.D.

Corolário

Daí se segue que todas as vezes que a mente humana não percebe as coisas na ordem comum da natureza, não tem o conhecimento adequado de si nem seu corpo nem dos corpos externos, mas apenas confuso e mutilado. Porque a mente não conhece a si mesma a não ser enquanto percebe as afecções do corpo (pela proposição 23 desta parte), e não percebe seu corpo (pela proposição 19 desta parte) a não ser pelas próprias ideias das afecções, pelas quais também percebe apenas (pela proposição 26 desta parte) os corpos externos; e por isso, enquanto tem essas ideias, não tem o conhecimento adequado nem de si (pela proposição 29 desta parte), nem do seu corpo (pela proposição 27 desta parte), nem dos corpos externos (pela Proposição 25 desta parte), mas somente (pela proposição 28 desta parte com seu escólio) um conhecimento mutilado e confuso, o que era necessário demonstrar.

Escólio

Digo expressamente que a mente não tem o conhecimento adequado nem de si mesma nem de seu corpo nem dos corpos externos, mas somente confuso e mutilado, todas as vezes que percebe as coisas na ordem comum da natureza, isto é, todas as vezes que é determinada externamente, a partir do encontro fortuito das coisas, a contemplar isto ou aquilo; e não todas as vezes que a mente é determinada internamente, a partir do fato de contemplar muitas coisas simultaneamente, a entender suas conveniências, diferenças e oposições. Com efeito, todas as vezes que a mente se dispõe internamente, dessa ou de outra maneira, ela então contempla as coisas clara e distintamente, como demonstrarei a seguir.

Proposição 30
Da duração do nosso corpo não podemos ter nenhum conhecimento a não ser muito inadequado.

Demonstração
A duração do nosso corpo não depende da sua essência (pelo axioma 1 desta parte), nem mesmo da natureza absoluta de Deus (pela proposição 21 da parte I). Mas (pela proposição 28 da parte I) é determinado a existir e a operar a partir de causas que também foram determinadas por outras a existir e a operar de uma maneira certa e determinada, e estas de novo por outras, e assim ao infinito. Portanto, a duração do nosso corpo depende da ordem comum da natureza e da constituição das coisas. No entanto, o conhecimento adequado da maneira como foram constituídas existe em Deus enquanto ele tem as ideias de todas as coisas, e não enquanto apenas tem a ideia do corpo humano (pelo corolário da proposição 9 desta parte), por isso o conhecimento da duração do nosso corpo que é em Deus é muito inadequado enquanto se considera que este apenas constitui a natureza da mente humana, isto é (pelo corolário da proposição 11 desta parte), esse conhecimento é muito inadequado na nossa mente. C.Q.D.

Proposição 31

Da duração das coisas singulares que estão fora de nós, não podemos ter nenhum conhecimento a não ser muito inadequado.

Demonstração

Com efeito, cada coisa singular, assim como o corpo humano, deve ser determinada a existir e a operar, de maneira certa e determinada, por outra coisa singular, e esta de novo por outra, e assim ao infinito (pela proposição 28 da parte I). Mas, como demonstramos na proposição precedente, a partir da propriedade comum das coisas singulares, temos um conhecimento muito inadequado da duração do nosso corpo; portanto, deve-se concluir o mesmo sobre a duração das coisas singulares, a saber, que delas podemos ter apenas um conhecimento muito inadequado. C.Q.D.

Corolário

Daí se segue que todas as coisas particulares são contingentes e corruptíveis. Pois não podemos ter nenhum conhecimento adequado de sua duração (pela proposição precedente), e é isso que devemos entender por contingência das coisas e sua possibilidade de corrupção (veja-se o escólio 1 da proposição 33 da parte I). Pois (pela proposição 29 da parte I) nenhum contingente se dá além disso.

Proposição 32

Todas as ideias, enquanto se referem a Deus, são verdadeiras.

Demonstração
Com efeito, todas as ideias que estão em Deus convêm inteiramente com seus objetos e ideados (pelo corolário da proposição 7 desta parte), e assim (pelo axioma 6 da parte I) são todas verdadeiras. C.Q.D.

Proposição 33
Nada há de positivo nas ideias pelo qual sejam ditas falsas.

Demonstração
Se negas isso, concebe, se possível, um modo positivo de pensar que constitua uma forma do erro, ou seja, da falsidade. Esse modo de pensar não pode estar em Deus (pela proposição precedente); e também não pode ser nem ser concebido fora de Deus (pela proposição 15 da parte I). E por isso nada pode haver de positivo nas ideias pelo qual sejam ditas falsas. C.Q.D.

Proposição 34
Toda ideia que em nós é absoluta, ou seja, adequada e perfeita, é verdadeira.

Demonstração
Quando dizemos haver em nós uma ideia adequada e perfeita, dizemos tão somente (pelo corolário da proposição 11 desta parte) que há uma ideia adequada e perfeita em Deus, enquanto ele constitui a essência da nossa mente e, por conseguinte (pela proposição 32

desta parte), dizemos apenas que tal ideia é verdadeira. C.Q.D.

Proposição 35

A falsidade consiste na privação de conhecimento que as ideias inadequadas, ou seja, mutiladas e confusas, envolvem.

Demonstração

Nada positivo se dá nas ideias que constitua a forma da falsidade (pela proposição 33 desta parte); mas a falsidade não pode consistir na absoluta privação (já que se diz que são as mentes, não os corpos, que erram ou enganam-se), nem na absoluta ignorância, pois errar e ignorar são coisas diversas. Por isso, ela consiste na privação de conhecimento que o conhecimento inadequado das coisas, ou seja, as ideias inadequadas e confusas das coisas envolvem. C.Q.D.

Escólio

No escólio da proposição 17 desta parte, expliquei de que maneira o erro consiste em privação de conhecimento; entretanto, para uma explanação mais proveitosa desse assunto, darei um exemplo, a saber, os homens enganam-se ao achar que são livres; essa opinião consiste somente nisto, que são conscientes de suas ações e ignorantes das causas pelas quais são determinados. É essa, pois, sua ideia de liberdade: não conhecem nenhuma causa de suas ações. Com efeito, quando dizem que as ações humanas dependem da vontade, são palavras das quais não têm nenhuma ideia. O que é, de fato, a vontade, e como ela move o corpo, ignoram-no todos. Os que se gabam de outra coisa fingem sedes e habitáculos da alma, e costumam levar ou ao riso ou à náusea. Assim, quando olhamos para o sol, imaginamos que esteja distante de nós cerca de duzentos pés, erro que não consiste nessa imaginação, em si só, mas em que, ao imaginarmos isso, ignoremos sua verdadeira distância e a causa dessa imaginação. Com efeito, mesmo que saibamos depois que o sol dista de nós mais de 600 diâmetros da Terra, apesar disso o imaginamos como estando próximo; com efeito não imaginaremos o sol tão próximo porque ignoramos sua verdadeira distância, mas porque uma afecção do nosso corpo envolve a essência do sol enquanto o nosso corpo é afetado por ele.

Proposição 36

As ideias inadequadas e confusas seguem-se com a mesma necessidade que as ideias adequadas, ou seja, claras e distintas.

Demonstração

Todas as ideias estão em Deus (pela proposição 15 da parte I) e, enquanto se referem a Deus, são verdadeiras (pela proposição 23 desta parte) e (pelo corolário da proposição 7 desta parte) adequadas; e por isso não há ideias inadequadas nem confusas a não ser enquanto se refiram à mente singular de alguém (sobre esse assunto, vejam-se as proposições 24 e 28 desta parte). Assim, todas as ideias, tanto as adequadas quanto as inadequadas, seguem-se (pelo corolário da proposição 6 desta parte) com a mesma necessidade. C.Q.D.

Proposição 37

O que é comum a todas as coisas (sobre isso, veja-se o lema 2 acima), e está igualmente na parte e no todo, não constitui a essência de nenhuma coisa singular.

Demonstração

Se negas, concebe, se possível, que isso constitui a essência de alguma coisa singular, a saber, a essência de B. Logo (pela definição 2 desta parte), isso não poderia existir nem ser concebido sem B; o que, todavia, é contrário à hipótese. Portanto, isso não pertence à essência de B, nem constitui a essência de outra coisa singular, o que era necessário demonstrar.

Proposição 38

Aquelas coisas que são comuns a todos e estão igualmente na parte e no todo, não podem ser concebidas a não ser adequadamente.

Demonstração

Seja A algo comum a todos os corpos, e que está igualmente na parte e no todo de cada um dos corpos. Digo que A não pode ser concebido a não ser adequadamente. Pois a sua ideia (pelo corolário da proposição 7 desta parte) será necessariamente adequada em Deus, tanto enquanto ele tem a ideia do corpo humano, quanto enquanto tem as ideias das afecções dele, as quais (pelas proposições 16, 25 e 27 desta parte) envolvem em parte tanto a natureza do corpo humano quanto a dos corpos externos, isto é (pelas proposições 12 e 13 desta parte), essa ideia será necessariamente adequada em Deus enquanto ele constitui a mente humana ou tem as ideias que estão na mente humana. A mente, portanto (pelo corolário da proposição 11 desta parte), necessariamente percebe A adequadamente como necessário, enquanto percebe a si mesma e o seu corpo ou qualquer outro externo, e A não pode ser concebido de outra maneira. C.Q.D.

Corolário

Daí se segue que existem certas ideias, ou seja, noções, comuns a todos os homens. Pois (pelo lema 2) todos os corpos convêm em certas coisas, que (pela proposição precedente) devem ser percebidas adequadamente, ou seja, clara e distintamente.

Proposição 39

Também será igualmente adequada na mente a ideia daquilo que é comum e próprio ao corpo humano e a alguns corpos externos pelos quais o corpo humano costuma ser afetado, e que está em cada um deles tanto em parte quanto no todo.

Demonstração

Seja A aquilo que é comum e próprio e comum ao corpo humano e a certos corpos externos, e que está igualmente no corpo humano e nos mesmos corpos externos, e que, por fim, está igualmente na parte de cada um desses corpos externos, e no todo. Existirá a ideia adequada de A em Deus (pelo corolário da proposição 7 desta parte) tanto enquanto ele tem a ideia do corpo humano como enquanto tem as ideias dos corpos externos postos. Suponha-se agora que o corpo humano seja afetado por um corpo externo por aquilo que este corpo externo tem em comum com ele, isto é, por A. A ideia dessa afecção envolve a propriedade A (pela proposição 16 desta parte), e por isso (pelo mesmo corolário da proposição 7 desta parte) a ideia dessa afecção, enquanto envolve a propriedade A, será adequada em Deus enquanto afetado pela ideia do corpo humano, isto é (pela proposição 13 desta parte), enquanto constitui a natureza da mente humana; e assim (pelo corolário da proposição 11 desta parte), essa ideia também é adequada na mente humana. C.Q.D.

Corolário

Daí se segue que a mente é tanto mais apta a perceber adequadamente muitas coisas quanto mais coisas comuns tem seu corpo com outros corpos.

Proposição 40

Quaisquer ideias na mente que se seguem de ideias que nela são adequadas são também adequadas.

Demonstração

Isso é evidente, porque, quando dizemos que na mente humana uma ideia segue-se de ideias que nela são adequadas, dizemos apenas (pelo corolário da proposição 11 desta parte) que no próprio intelecto existe uma ideia cuja causa é Deus, não enquanto infinito, nem enquanto é afetado por ideias de muitas coisas singulares, mas apenas enquanto ele constitui a essência da mente humana.

Escólio 1

Com isso, expliquei a causa das noções que são chamadas de comuns e que são os fundamentos do nosso raciocínio. Mas existem outras causas de certos axiomas ou noções, as quais seria bom explicar por esse nosso método; pois, com estas, constatar-se-iam quais noções que, diante das restantes, seriam mais úteis, e quais dificilmente seriam de algum uso. Ademais, constatar-se-iam quais noções são comuns, quais são claras e distintas apenas para aqueles que não engendram preconceitos, outras evidentes e distintas, e, finalmente, quais são mal fundadas. Além disso, constatar-se-ia de onde aquelas noções que são chamadas de segundas, e, consequentemente, os axiomas que se fundam nelas, derivam sua origem, e ainda outras coisas acerca das quais já tratei. Mas como já dediquei outro tratado a elas, e também para não ser maçante por excessiva prolixidade de assunto, decidi aqui omiti-las. Todavia, para que não omita o que seja necessário saber, acrescentarei brevemente as causas das quais se derivam os termos que são ditos transcendentais, como ser, coisa, algo. Esses termos originam-se disto, a saber: visto que o corpo humano é limitado e só é capaz de formar em si, distinta e simultaneamente, um certo número de imagens (expliquei o que é imagem no escólio da proposição 17 desta parte), quando esse número é excedido, essas imagens começam a confundir-se, e se esse número de imagens que o corpo é capaz formar em si, distinta e simultaneamente, excede-se muito, todas essas imagens se confundem completamente. Assim, é evidente, a partir do corolário da proposição 17 e da proposição 18, que a mente humana poderá imaginar, distinta e simultaneamente, tantos corpos quantas imagens desses corpos possam se formar simultaneamente em seu corpo. Mas, quando essas imagens se confundem completamente no corpo, a mente também imaginará confusamente todos os corpos sem nenhuma distinção, e como que os compreenderá sob um único atributo, a saber, sob o atributo de ser, coisa etc. Isso também pode ser deduzido do fato de que nem sempre as imagens são igualmente vívidas, e de outras causas análogas, que não é necessário explicar aqui. Pois, para nosso propósito, basta considerar uma única causa. Com efeito, todas reduzem-se ao fato de que esses termos significam ideias confusas no mais alto grau. Além disso, de semelhantes causas se originaram aquelas noções que são chamadas de universais, como homem, cavalo, cão etc., a saber, porque no corpo humano são formadas tantas imagens simultaneamente, por exemplo, de homens, que se supera a força de imaginar, não de maneira completa, mas a ponto de a mente não poder imaginar as pequenas diferenças dos singulares (como a cor de cada um, o tamanho etc.), nem seu número determinado, e ela só imagina distintamente aquilo em que todos convêm enquanto o corpo é por eles afetado. É, pois, aquilo que, de cada um dos singulares, mais afetou o corpo; e a mente exprime com o nome "homem" e predica-o de infinitos singulares. Porque, como dissemos, a mente não pode imaginar um número determinado de singulares.

Contudo, deve-se observar que essas noções não são formadas da mesma maneira por todos, mas variam em cada um segundo a coisa pela qual o corpo foi afetado com mais frequência, e que a mente imagina ou recorda com mais facilidade. Por exemplo, aqueles que contemplaram com mais admiração a estatura dos homens, entendem pelo nome "homem" um animal de estatura ereta, mas os que se acostumaram a contemplar outra coisa formarão outra imagem comum dos homens, a saber, que o homem é um animal que ri, um animal bípede sem penas, um animal racional; e, assim, os demais formarão imagens universais de coisas de acordo com a disposição dos seus corpos. Por isso, não é de admirar que tenham surgido tantas controvérsias entre os filósofos que quiseram explicar as coisas da natureza somente a partir de imagens.

Escólio 2

De todas as coisas que foram ditas acima, aparece claramente que percebemos muitas coisas e formamos muitas noções universais: 1) a partir de singulares que nos são representados ao intelecto pelos sentidos de maneira mutilada, confusa e sem ordem (veja-se o corolário da proposição 29 desta parte) e, por isso, costumo chamar essas percepções de conhecimento por experiência vaga; 2) a partir de signos, por exemplo, do fato de lembrarmos as coisas a partir de certas palavras que são ouvidas ou lidas, e delas formarmos certas ideias, semelhantes àquelas pelas quais imaginamos as coisas (veja-se o escólio da proposição 18 desta parte); doravante, chamarei essas duas maneiras de contemplar as coisas de conhecimento do primeiro gênero, opinião ou imaginação; 3) finalmente, porque termos noções comuns e ideias adequadas das propriedades das coisas (veja-se o corolário da proposição 38, a proposição 39, com seu corolário, e a proposição 40 desta parte), e a isso chamarei de razão e conhecimento do segundo gênero. Além desses dois gêneros de conhecimento, há um outro, como mostrarei a seguir, que chamamos de ciência intuitiva. Esse gênero de conhecimento procede de uma ideia adequada da essência formal de alguns atributos de Deus para o conhecimento adequado da essência das coisas. Explicarei tudo isso com o exemplo de uma única coisa. Sejam dados, por exemplo, três números para a obtenção de um quarto, que esteja para o terceiro como o segundo está para o primeiro.

Os mercadores não hesitam em multiplicar o segundo pelo terceiro e dividir o resultado pelo primeiro, seja porque ainda não esqueceram aquilo que, sem nenhuma demonstração, ouviram de seu mestre, seja porque experimentaram isso com frequência nos números mais simples, seja pela força da demonstração da proposição 19 do livro 7 de Euclides, sobre a propriedade comum dos proporcionais. Mas nada disso é preciso para os números mais simples. Por exemplo, dados os números 1, 2 e 3, ninguém deixa de ver que o quarto número proporcional é 6, e isso muito claramente porque, em uma única visada, pela própria razão com que vemos que o primeiro está para o segundo, concluímos o quarto.

Proposição 41

O conhecimento de primeiro gênero é a única causa da falsidade, mas o de segundo e terceiro é necessariamente verdadeiro.

Demonstração

No escólio anterior, dissemos pertencer ao conhecimento do primeiro gênero todas as ideias que são inadequadas e confusas; e por isso (pela proposição 35 desta parte) esse conhecimento é a única causa da falsidade. Ademais, dissemos pertencer ao conhecimento de segundo e terceiro gêneros aquelas ideias que são adequadas; portanto (pela proposição 34 desta parte), esse conhecimento é necessariamente verdadeiro. C.Q.D.

Proposição 42

O conhecimento de segundo e terceiro gênero, e não o de primeiro, ensina-nos a distinguir o verdadeiro do falso.

Demonstração

Essa proposição é evidente por si, pois quem sabe distinguir entre o verdadeiro e o falso deve ter a ideia adequada do verdadeiro e do falso, isto é (pelo escólio 2 da proposição 40 desta parte), deve conhecer o verdadeiro e o falso pelo segundo ou pelo terceiro gênero de conhecimento.

Proposição 43

Quem tem uma ideia verdadeira, sabe, simultaneamente, que tem uma ideia verdadeira e não pode duvidar da verdade da coisa.

Demonstração

Em nós, uma ideia verdadeira é aquela que em Deus, enquanto explicado pela natureza da mente humana, é adequada (pelo corolário da proposição 11 desta parte).

Assim, suponhamos que haja uma ideia adequada A em Deus enquanto explicado pela mente humana; dessa ideia deve também existir necessariamente em Deus uma ideia A, que se refere a Deus da mesma maneira que a ideia A (pela proposição 20 desta parte, cuja demonstração é universal). Ora, supõe-se que a ideia A refere-se a Deus enquanto explicado pela natureza da mente humana; logo, também a ideia da ideia A deve referir-se a Deus da mesma maneira, isto é (pelo mesmo corolário da proposição 11 desta parte), esta ideia adequada da ideia A estará na própria mente que tem a ideia adequada A; assim, quem tem uma ideia adequada, ou seja (pela proposição 34 desta parte), quem conhece uma coisa verdadeiramente, deve simultaneamente ter uma ideia adequada de seu conhecimento, ou seja, um conhecimento verdadeiro, isto é (o que é evidente por si), deve simultaneamente estar certo. C.Q.D.

Escólio
No escólio da proposição 21 desta parte, expliquei o que é uma ideia da ideia; mas deve-se ressaltar que a proposição anterior é evidente por si. Porque ninguém que tem uma ideia verdadeira ignora que uma ideia verdadeira envolve a suma certeza, já que ter uma ideia verdadeira significa nada mais que conhecer a coisa de maneira perfeita, ou seja, da melhor maneira. E ninguém certamente pode duvidar dessa coisa a não ser que creia que uma ideia é algo mudo semelhante a uma pintura em um quadro, e não um modo de pensar, a saber, o próprio entender. E pergunto: quem pode saber que entende alguma coisa a não ser que antes tenha entendido a coisa? Isto é, quem pode saber que

está certo sobre alguma coisa a não ser que antes esteja certo da coisa? Ademais, o que pode haver de mais claro e certo do que uma ideia verdadeira como norma da verdade? De fato, assim como a luz manifesta a si mesma e também as trevas, a verdade é sua própria norma e da falsidade.

E, com isso, penso já ter respondido a estas questões: se a ideia verdadeira distingue-se da falsa apenas enquanto se diz que a primeira convém com seu ideado, e não enquanto modo de pensar, logo a ideia verdadeira não tem nenhuma realidade ou perfeição a mais diante da ideia falsa, já que somente distingue-se desta por uma denominação extrínseca, e as duas não se distinguem por nenhuma denominação interna e, consequentemente, nem mesmo um homem que tenha ideias verdadeiras tem a mais diante de outro que só tenha ideias falsas? E como se dá que os homens tenham ideias falsas? E, finalmente, como alguém pode saber que está certo de ter ideias que convêm com seus ideados? Repito, creio já ter respondido a essas questões. Pois consta da proposição 35 o que diz respeito à diferença entre a ideia verdadeira e a falsa, que é a mesma distinção que existe entre o ente e o não ente. Da proposição 19 à 35 com seu escólio, mostrei muito claramente as causas da falsidade. A partir dessas proposições, também aparece o que distingue um homem que tem ideias verdadeiras de outro que tem ideias falsas.

Finalmente, no que diz respeito à última pergunta, sobre como alguém pode saber que tem uma ideia que convém com seu ideado, há pouco mostrei mais que suficientemente que isso só se origina de ter uma ideia que convém com seu ideado, ou seja, de a verdade ser norma de si.

Acrescente-se a isso que nossa mente, enquanto percebe a coisa verdadeiramente, é parte do intelecto infinito de Deus (pelo corolário da proposição 11 desta parte); portanto, é tão necessário que as ideias claras e distintas da mente sejam verdadeiras quanto o é que sejam as ideias de Deus.

Proposição 44
É da natureza da razão contemplar as coisas não como contingentes, mas como necessárias.

Demonstração
É da natureza da razão perceber as coisas verdadeiramente (pela proposição 41 desta parte), a saber (pelo axioma 6 da parte I), como elas são em si, isto é (pela proposição 29 da parte I), não como contingentes, mas como necessárias. C.Q.D.

Corolário 1
Segue-se disso que depende apenas da razão que contemplemos as coisas como contingentes, tanto as que dizem respeito ao passado quanto ao futuro.

Escólio
Explicarei em poucas palavras de que maneira isso ocorre. Mostramos acima (pela proposição 17, com seu corolário) que a mente, embora as coisas não existam, imagina-as como presentes para si, a não ser que ocorram causas que excluam a existência presente delas. Ademais (pela proposição 18 desta parte) mostramos que, se o corpo humano foi uma vez afetado por dois corpos ex-

ternos simultaneamente, quando depois a mente imaginar um deles, imediatamente se recordará do outro, isto é, comtemplará ambos como presentes para si, a não ser que ocorram causas que excluam sua existência presente. Além disso, certamente ninguém duvida que imaginemos também o tempo, a partir de que corpos se movem mais lentamente ou mais depressa ou na mesma velocidade que outros. Suponhamos, portanto, que um menino tivesse visto Pedro pela primeira vez ontem pela manhã, visto Paulo ao meio-dia, Simeão à tarde, e que hoje, tivesse visto Pedro outra vez pela manhã. A partir da proposição 18 desta parte, é evidente que, tão logo o menino veja-se a luz matutina, imaginará o sol percorrendo a mesma parte do céu que no dia anterior, ou seja, um dia inteiro, e simultaneamente imaginará Pedro pela manhã, Paulo ao meio-dia e Simeão à tarde.; isto é, o menino imaginará a existência de Paulo e Simeão com relação ao tempo futuro; e, ao contrário, ao ver Simeão à tarde, referirá Paulo e Pedro ao tempo passado, imaginando os dois simultaneamente com relação ao tempo passado; e o menino será tanto mais constante nisso quanto mais frequentemente os tiver visto nessa mesma ordem. Porque se acontece que, em outra tarde qualquer, o menino veja Jacó no lugar de Simeão, então, no dia seguinte, imaginará que à tarde verá ou Simeão ou Jacó, mas não os dois simultaneamente. Pois supõe-se que ele tenha visto um dos dois e não os dois simultaneamente à tarde. Portanto, a imaginação do menino flutuará, e com a tarde futura imaginará ora este ora aquele, isto é, não contemplará nenhum dos dois como certo, mas um e outro como contingentemente futuros.

Essa flutuação da imaginação será a mesma se houver imaginação de coisas que contemplamos igualmente relacionadas ao passado ou ao presente. Consequentemente imaginaremos que coisas relacionadas ao presente como tão contingentes quanto as que se relacionam ao passado ou futuro.

Corolário 2

É da natureza da razão perceber as coisas sob algum aspecto de eternidade.

Demonstração

Pois é da natureza da razão contemplar as coisas como necessárias, e não como contingentes (pela proposição precedente). No entanto, a razão percebe essa necessidade das coisas verdadeiramente (pela proposição 41 desta parte), isto é (pelo axioma 6 da parte I), como é em si. Entretanto (pela proposição 16 da parte I), essa necessidade das coisas é a própria necessidade da natureza eterna de Deus, logo, é da natureza da razão contemplar as coisas sob esse aspecto de eternidade. Acrescente-se a isso que os fundamentos da razão são as noções (pela proposição 38 desta parte) que explicam as coisas que são comuns a todas as coisas, e que (pela proposição 37 desta parte) não explicam a essência de nenhuma coisa singular, e estas noções devem por isso ser concebidas sem nenhuma relação com o tempo, mas sob algum aspecto de eternidade. C.Q.D.

Proposição 45

Cada ideia de cada corpo ou coisa singular, existente em ato, envolve necessariamente a essência eterna e infinita de Deus.

Demonstração

A ideia de uma coisa singular, existente em ato, envolve tanto a essência quanto a existência dessa coisa (pelo corolário da proposição 8 desta parte); mas as coisas singulares (pela proposição 15 da parte I) não podem ser concebidas sem Deus, mas porque têm Deus como causa de si enquanto considerado sob o atributo do qual as próprias coisas são modos, as ideais delas devem envolver necessariamente (pelo axioma 4 da parte I) o conceito do seu próprio atributo, isto é (pela definição 6 da parte I), a essência eterna e infinita de Deus. C.Q.D.

Escólio

Aqui não entendo por existência a duração, isto é, existência enquanto abstratamente concebida ou como um certo tipo de quantidade; pois me refiro à própria natureza da existência, que é atribuída às coisas singulares porque, da eterna necessidade da natureza de Deus, seguem-se infinitas coisas de infinitos modos (veja-se a proposição 16 da parte I). Digo, falo da própria existência das coisas singulares enquanto estão em Deus. Porque, embora cada coisa seja determinada a existir de uma maneira certa por outra coisa singular, contudo a força com que cada uma persevera na existência se segue da necessidade eterna da natureza de Deus. Sobre isso, veja-se o corolário da proposição 24 da parte I.

Proposição 46
O conhecimento da essência eterna e infinita de Deus que cada ideia envolve é adequado e perfeito.

Demonstração
A demonstração da proposição precedente é universal, seja a coisa considerada em parte ou no todo, sua ideia (pela proposição precedente) envolve a essência eterna e infinita de Deus. Porque aquilo que dá conhecimento da eterna e infinita essência de Deus é comum a todas as coisas, seja em parte seja no todo, e por isso (pela proposição 38 desta parte) esse conhecimento será adequado. C.Q.D.

Proposição 47
A mente humana tem o conhecimento adequado da essência eterna e infinita de Deus.

Demonstração
A mente humana tem ideias (pela proposição 22 desta parte) a partir das quais (pela proposição 23 desta parte) percebe a si, a seu corpo (pela proposição 19 desta parte) e (pelo corolário 1 da proposição 16 e pela proposição 17 desta parte) aos corpos externos como existentes em ato; e por isso (pelas proposições 45 e 46 desta parte) tem o conhecimento adequado da eterna e infinita essência de Deus. C.Q.D.

Escólio
Disso vemos que a essência infinita de Deus e sua eternidade são conhecidas por todos. Como todas as coi-

sas estão em Deus e são concebidas por Deus, segue-se que nós podemos deduzir desse conhecimento muitíssimas coisas que conhecemos adequadamente, e também formar aquele terceiro gênero de conhecimento do qual falamos no escólio 2 da proposição 40 desta parte, e de cuja excelência e utilidade falaremos na quinta parte. O motivo pelo qual os homens não têm um conhecimento tão claro de Deus quanto o das noções comuns deve-se ao fato de não poderem imaginar Deus como imaginam os corpos, e pode associarem o nome "Deus" a imagens de coisas que costumam ver, o que dificilmente podem evitar porque continuamente são afetados pelos corpos externos. Sem dúvida, a maior parte dos erros consiste somente nisso: não atribuirmos corretamente nomes às coisas. Com efeito, quando alguém diz que as linhas que partem do centro de um círculo até a sua circunferência são desiguais, certamente entende por círculo outra coisa que os matemáticos, pelo menos nesse momento. É assim quando os homens erram em um cálculo, tendo em mente números diversos dos que se encontram no papel. Por isso, se consideramos as mentes deles, certamente não erram, embora pareçam errar, pois pensamos que eles têm em mente o que está escrito no papel; se não fosse assim, não creríamos que eles tivessem errado, como eu não acreditei que estivesse errado alguém que ouvi-la há pouco gritar que seu quintal tivesse voado para a galinha do vizinho, porque me parecia óbvio o que ela tinha de maneira bastante clara em sua mente. E disso se origina a maior parte das controvérsias, porque os homens não explicam corretamente o que têm em mente, ou porque interpretam mal o que está na mente de outros.

Na verdade, enquanto maximamente se contradizem, eles estão pensando ou as mesmas coisas ou coisas diversas, e por isso aquelas coisas que no outro pensam ser erros e absurdos, não o são.

Proposição 48

Na mente não há vontade absoluta, ou seja, livre, pois a mente é determinada a querer isto ou aquilo por uma causa, que também é determinada por outra, e esta de novo por outra, e assim ao infinito.

Demonstração

A mente é um modo de pensar certo e determinado (pela proposição 11 desta parte), e por isso (pelo corolário 2 da proposição 17 da parte I) não pode ser causa livre de suas ações, ou seja, não pode ter uma faculdade absoluta de querer ou não querer, mas deve ser determinada a querer isto ou aquilo (pela proposição 28 da parte I) por uma causa, que também é determinada por outra, e esta de novo por outra etc. C.Q.D.

Escólio

Dessa mesma maneira, demonstra-se que na mente não se dá nenhuma faculdade absoluta de entender, desejar, amar etc. Do que se segue que essas faculdades e outras similares ou são completamente fictícias ou nada são além de entes metafísicos, ou seja, universais, que costumamos formar a partir de coisas particulares. E por isso o intelecto e a vontade estão para esta ou aquela ideia, ou para esta ou aquela volição, como a pedridade está para esta ou aquela pedra, ou como o homem está para Pedro e Paulo. A causa, entretanto, de os homens pensarem que são livres, já explicamos no apêndice da primeira parte. Mas, antes de continuar, note-se aqui que entendo a vontade como a faculdade de afirmar e negar, e não como desejo; digo, entendo a faculdade pela qual a mente afirma ou nega ser verdadeiro ou falso, e não o desejo pelo qual a mente tem apetite ou aversão pelas coisas. Mas depois que demonstramos que essas faculdades são noções universais que não se distinguem dos singulares, dos quais as formamos, devemos agora perguntar se as volições são algo além das próprias ideias das coisas. Digo, devemos inquirir se existe na mente outra afirmação ou negação além daquela envolvida pela ideia enquanto ideia; sobre esse assunto, veja-se a proposição seguinte e também a definição 3 desta parte, para que o nosso pensamento não se perca em figuras. Com efeito, não entendo por ideias as imagens que se formam no fundo do olho, e se aprouver, no meio do cérebro, mas conceitos do pensamento.

Proposição 49

Na mente não existe nenhuma volição, ou seja, afirmação e negação além daquela que a ideia envolve enquanto ideia.

Demonstração

Na mente (pela proposição precedente) não existe nenhuma faculdade absoluta de querer e não querer, mas somente volições singulares, a saber, esta e aquela afirmação e esta e aquela negação.

Portanto, concebamos uma volição singular, a saber, um modo de pensar pelo qual a mente afirme que os três ângulos de um triângulo são iguais a dois retos. Essa afirmação envolve o conceito, ou seja, ideia de triângulo, isto é, não pode ser concebida sem a ideia de triângulo. É o mesmo que dizer que A deve envolver o conceito de B e que A não pode ser concebido sem B. Ademais, essa afirmação (pelo axioma 3 desta parte) também não pode existir sem a ideia de triângulo. Logo, essa afirmação não pode existir nem ser concebida sem a ideia de triângulo. Ademais, a ideia de triângulo deve certamente envolver esta mesma afirmação, a saber, que seus três ângulos devem se igualar a dois retos. Por isso, inversamente, essa ideia de triângulo não pode existir nem ser concebida sem essa afirmação, e assim (pela definição 2 desta parte) essa afirmação pertence à essência da ideia de triângulo, e não é outra coisa senão ela própria. E o que dissemos a respeito dessa volição (visto que a tomamos aleatoriamente), deve ser dito também de qualquer volição, a saber, que nada é senão uma ideia. C.Q.D.

Corolário
A vontade e o intelecto são uma só e mesma coisa.

Demonstração
A vontade e o intelecto nada são além das próprias volições e ideias singulares (pela proposição 48 desta parte e o escólio desta mesma). Ora, uma volição e uma ideia singulares (pela proposição precedente) são uma só e mesma coisa. C.Q.D.

Escólio

Com isso, retiramos a causa que comumente se sustenta para o erro. Ora, mostramos acima que a falsidade consiste somente na privação que as ideias mutiladas e confusas envolvem. Pois uma ideia falsa, enquanto falsa, não envolve certeza. Assim, quando dizemos que um homem concorda com o que é falso e não duvida dele, não dizemos por isso que ele está certo, mas somente que não duvida, ou que concorda com o que é falso porque não existe nenhuma causa que faça com que sua própria imaginação flutue. Sobre isso, veja-se o escólio da proposição 44 desta parte. Portanto, por mais que se suponha que um homem adere ao que é falso, nunca diremos que ele está certo. Pois entendemos por certeza algo positivo (veja-se a proposição 43 desta parte com seu escólio), e não a privação da dúvida; mas entendemos por privação da certeza a falsidade. Para que a explicação da proposição precedente seja mais ampla, restam-me algumas advertências. Resta, além disso, que eu responda às objeções que possam ser levantadas contra esta nossa doutrina; e, finalmente, para remover toda ressalva, pensei que fosse válido indicar algumas de suas utilidades. Apenas algumas, pois as principais serão mais bem entendidas a partir do que diremos na quinta parte.

Portanto, começo primeiramente advertindo os leitores para que distingam acuradamente entre a ideia, ou seja, o conceito da mente, e as imagens das coisas que imaginamos. Além disso, é necessário que distingam entre as ideias e as palavras com as quais damos significado às coisas. Porque, estas três, a saber, imagens, palavras e ideias, confundem totalmente a muitos, ou porque não são distinguidas por eles tão acuradamente, ou, enfim, com cautela suficiente, assim eles ignoraram completamente esta doutrina sobre a vontade, cujo conhecimento é inteiramente necessário tanto para a especulação quanto para que a vida seja instituída sabiamente. Com efeito, os que pensam que as ideias consistem em imagens que são formadas em nós a partir do encontro dos corpos, persuadem-se de que não são ideias aquelas ideias das coisas de que não podemos formar nenhuma imagem, mas apenas ficções que fingimos a partir do livre-arbítrio da vontade; portanto, consideram as imagens como figuras mudas em um quadro; e, tomados por esse preconceito, não veem que a ideia, enquanto ideia, envolve afirmação e negação. Além disso, aqueles que confundem as palavras com a ideia ou com a própria afirmação que a ideia envolve, pensam que podem querer o contrário daquilo que sentem, afirmam ou negam, quando o fazem somente com palavras. Quem presta atenção à natureza do pensamento, o qual não envolve de jeito nenhum o conceito de extensão, poderá facilmente livrar-se desses preconceitos, e por isso entenderá claramente que a ideia (visto que é um modo de pensar) não consiste na imagem de alguma coisa nem em palavras. Pois a essência das palavras e das imagens é constituída apenas por movimentos corpóreos, que não envolvem de jeito nenhum o conceito do pensamento. Mas, sobre esse assunto, essas poucas advertências são suficientes, por isso passo agora às objeções citadas acima.

A primeira delas é que pensam ser evidente que a vontade estende-se mais amplamente do que o intelecto, e por isso ela é diversa deste. A razão por que pensam que a vontade estende-se mais amplamente do que o intelecto é que, por experiência, dizem que não precisam de uma faculdade de assentir, ou seja, de afirmar e negar, para assentir a outras infinitas coisas que não percebemos, maior do que aquela que temos, mas antes uma faculdade maior de entender. Logo, a vontade distingue-se do intelecto por ser este finito, ao passo que ela é infinita.

Em segundo lugar, pode-se objetar que a experiência nada mais claramente ensina do que o fato de podermos de suspender nosso juízo para não assentirmos às coisas que percebemos; o que também se confirma pelo fato de ninguém se dizer enganado enquanto percebe algo, mas apenas enquanto dá assentimento ou discorda. Por exemplo, quem finge um cavalo alado, não admite, a partir disso, que exista um cavalo alado, isto é, não é por isso enganado; portanto, a experiência nada mais claramente ensina do que a vontade, ou seja, a faculdade de assentir, ser livre e diversa da faculdade de entender.

Em terceiro lugar, pode-se objetar que uma afirmação parece não conter mais realidade que outra, isto é, não parece que precisamos de uma potência maior para afirmar ser verdadeiro o que é verdadeiro, do que para afirmar ser verdadeiro o que é falso. Contudo, percebemos que uma ideia tem mais realidade, ou seja, perfeição, do que outra. Pois os objetos são mais excelentes do que outros tanto quanto também as suas ideias são mais perfeitas do que outras; a partir disso parece ser clara a diferença entre vontade e intelecto.

Em quarto lugar, pode-se objetar: se o homem não opera pela liberdade da vontade, o que então ocorrerá se ele permanecer em equilíbrio como o asno de Buridan? Perecerá de fome e sede? Se eu conceder isso, parecerá que concebo não um homem, mas um asno ou a estátua de um homem; contudo, se eu o negar, então o homem determinará a si mesmo e, consequentemente, tem a faculdade de ir e fazer o que quiser. Além dessas, talvez possam fazer-se outras objeções, mas, porque não sou obrigado a inculcar o que que cada um pode sonhar, cuidarei de responder somente a essas, e tão brevemente quanto puder.

À primeira objeção, digo que concedo que a vontade se estende mais amplamente do que o intelecto se por intelecto eles entendem apenas ideias claras e distintas; mas nego que a vontade se estenda mais amplamente do que as percepções, ou seja, a faculdade de conceber; e com certeza não vejo por que motivo a faculdade de querer deva ser dita infinita preferivelmente à faculdade de sentir; porque, assim como com a faculdade de querer podemos afirmar infinitas coisas (uma, porém, após a outra, pois não podemos afirmar infinitas coisas simultaneamente), também podemos sentir infinitos corpos (um após o outro) com essa mesma faculdade de sentir, ou seja, perceber. E se disserem que existem infinitas coisas que não podemos perceber? Responderei que não as alcançamos por nenhum pensamento e, consequentemente, por nenhuma faculdade de querer. Contudo, dizem que, se Deus quisesse fazer com que percebêssemos essas coisas, deveria antes ter nos dado uma faculdade de perceber maior, mas não uma faculdade de querer maior do que nos deu; o que é o mesmo que dissessem que, se Deus quisesse que entendêssemos infinitos outros entes, seria necessário que nos tivesse dado um intelecto maior, mas não uma ideia mais universal de ente do que nos deu, para abranger esses infinitos entes. Com efeito, já mostramos que a vontade é um ente, ou seja, a ideia universal pela qual explicamos todas as volições singulares, isto é, aquilo que é comum a todas elas. Assim, porque eles acreditam que essa ideia comum, ou seja, universal, de todas as volições é uma faculdade, não é de admirar que digam que tal faculdade estende-se ao infinito, além dos limites da razão. Pois o universal igualmente se diz de um, de muitos e de infinitos indivíduos.

À segunda objeção, respondo negando que tenhamos o livre poder de suspender o juízo. Pois, quando dizemos que alguém suspendeu o juízo, dizemos somente que ele vê que não percebe a coisa adequadamente. Portanto, a suspensão do juízo é uma percepção, e não uma livre vontade. Para que entendamos isso claramente, concebamos uma criança que imagina um cavalo alado e não percebe qualquer outra coisa. Visto que essa imaginação envolve a existência do cavalo (pelo corolário da proposição 17 desta parte), e que a criança não percebe qualquer coisa que retire a existência do cavalo, ela necessariamente contemplará o cavalo como presente, e não poderá duvidar da existência dele, ainda que não esteja certa dela. E experimentamos isso cotidianamente nos sonhos, e não creio que haja alguém que pense que, enquanto sonha, tem o livre poder de suspender o juízo acerca das coisas que sonha, e fazer que não sonhe aquilo que sonha ver; no entanto, mesmo nos sonhos acontece certamente que suspendamos o juízo quando sonhamos que estamos sonhando. Além disso, concebo que ninguém se engana enquanto percebe, isto é, concebo que as imaginações da mente, em si consideradas, não envolvem nenhum erro (veja-se o escólio da proposição 17 desta parte); mas nego que um homem nada afirme enquanto percebe. Pois que outra coisa é perceber um cavalo alado senão afirmar asas para um cavalo? Se a mente não percebesse nada além do cavalo alado, ela o contemplaria como presente para si, e não teria nenhum motivo para duvidar de sua existência, nem faculdade nenhuma de dissentir, a não ser que à imaginação do cavalo alado se juntasse a ideia que suprime sua existência, ou que a mente percebesse que a ideia que tem de um cavalo alado é inadequada; e nesse caso ou negaria necessariamente a existência de tal cavalo ou necessariamente duvidaria dela.

E com isso creio ter respondido também à terceira objeção, a saber, que a vontade é um universal que se predica de todas as ideias, e que significa apenas aquilo que é comum a todas essas ideias, a saber, que ela é uma afirmação. Por isso, sua essência adequada, enquanto concebida abstratamente, deve estar presente em cada ideia e, somente por essa razão, ser a mesma em todas; mas não enquanto se considera que ela constitui a essência da ideia, porque as afirmações singulares diferem entre si tanto quanto as próprias ideias. Por exemplo, as afirmações que a ideia de círculo e de triângulo envolvem diferem entre si tanto quanto as ideias de círculo e de triângulo. Ademais, nego absolutamente que precisamos de potência de pensar para afirmar que seja verdadeiro o verdadeiro, tanto quanto para afirmar que seja verdadeiro o falso. Pois se consideramos a mente, essas duas afirmações estão uma para a outra como o ente está para o não-ente; com efeito, não há nada de positivo nas ideias que constitua a forma da falsidade (vejam-se a proposição 35, com seu escólio, e o escólio da proposição 47 desta parte). Por isso, aqui se deve notar antes de tudo o quanto é fácil nos enganarmos quando confundimos universais com singulares e entes da razão e abstratos com entes reais.

Finalmente, no que diz respeito à quarta objeção, digo conceder plenamente que um homem que se encontre em tal equilíbrio (a saber, que percebe nada além de sede e fome, e tal comida e tal bebida estando afastadas em igual distância dele) perecerá de fome e sede. Se me perguntarem se tal homem não deveria ser considerado antes um asno do que um homem, digo que não sei, como também não sei como deveria ser considerado aquele que se enforca, as crianças, os insensatos, os loucos etc.

Resta-nos, enfim, indicar o valor do conhecimento desta doutrina para o uso da vida, o que facilmente observaremos logo a seguir.

1) Enquanto essa doutrina nos ensina que agimos somente a partir do comando de Deus, que somos partícipes da natureza divina, e que somos tanto mais perfeitos em nossas ações quanto mais e mais entendemos Deus. Portanto, além de tornar o ânimo quieto de todas as maneiras, essa doutrina nos ensina em que consiste nossa suma felicidade, ou seja, beatitude, a saber, apenas no conhecimento

de Deus, pelo qual somos induzidos a fazer apenas as coisas que o amor e a piedade aconselham. Daí que entendemos claramente o quanto se desviam do caminho da verdadeira estima da virtude os que, pela virtude e pelas melhores ações, como que por uma suma servidão, esperam receber de Deus sumos prêmios, como se a virtude e o serviço a Deus não fossem a própria felicidade e a suma liberdade.

2) Enquanto essa doutrina nos ensina como devemos nos conduzir acerca das coisas da fortuna, ou seja, que não estão sob nosso poder, isto é, acerca das coisas que não se seguem da nossa natureza; a saber, ela nos ensina a esperar e suportar com equanimidade as duas faces da fortuna; porque todas as coisas seguem-se do eterno decreto de Deus com a mesma necessidade que da essência do triângulo segue-se que seus três ângulos sejam iguais a dois retos.

3) Essa doutrina contribui para a vida social enquanto nos ensina a não odiar, desprezar, escarnecer, irar-se ou invejar os outros. Ademais, enquanto ela ensina cada um a contentar-se com o seu e a prestar auxílio ao próximo, não por misericórdia feminina, parcialidade ou superstição, mas guiado somente pela razão, conforme o assunto e a ocasião o exigem, como mostrarei na quarta parte.

4) Finalmente, essa doutrina também contribui muito para a sociedade comum enquanto ensina a maneira como os cidadãos devem ser governados e conduzidos, a saber, não como servos, mas de modo a que façam livremente o que é melhor. E, com isso, terminei o que eu havia decidido fazer neste escólio, e finalizo esta segunda parte, na qual penso ter explicado suficientemente a natureza da mente

humana, levando-se em conta a dificuldade do assunto, e também de haver transmitido ensinamentos de que se podem concluir muitas coisas excelentes, maximamente úteis e necessárias de conhecer, como constatará parcialmente no que vem a seguir.

FIM DA SEGUNDA PARTE.

Parte III
Sobre a origem e a natureza dos afetos

Prefácio

A maior parte dos que escreveram sobre os afetos e o modo de viver dos homens parecem tratar não de coisas naturais, que seguem as leis comuns da natureza, mas de coisas que estão fora da natureza. Na verdade, eles parecem conceber o homem dentro da natureza como um império dentro de um império. Eles acreditam, pois, que o homem mais perturba a ordem da natureza do que a segue, e que ele tem em suas próprias ações uma potência absoluta e não é determinado por ninguém a não ser por si mesmo. Além disso, eles atribuem a causa da impotência e da inconstância humanas não a uma potência comum da natureza, mas a não sei que vício da natureza humana e, por essa razão, lamentam-na, ridicularizam-na, desprezam-na ou, o que acontece na maior parte das vezes, detestam-na; quem sabe mais eloquente ou argutamente censurar a impotência da mente humana é contemplado como divino. Não faltaram, no entanto, homens muito notáveis (dos quais nós reconhecemos dever muito ao esforço e à dedicação) que escreveram muitas coisas notáveis acerca da maneira reta de vida e que deram aos mortais conselhos cheios de prudência; mas ninguém, que eu saiba, determinou a natureza e as forças dos afetos e o que, por sua vez, pode a mente para moderá-los. Na verdade, sei que o muito célebre Descartes, ainda que também tenha acreditado que a mente tem potência absoluta sobre suas ações, no entanto, explicar os afetos humanos por suas causas primeiras e, simultaneamente, mostrar a via pela qual a mente pode ter sobre os afetos um império absoluto; mas, em minha opinião, com certeza ele nada mostrou além da sagacidade do seu grande engenho, como demonstrarei em seu lugar. Com efeito, quero voltar para aqueles que preferem detestar ou ridicularizar os afetos e ações humanos, em vez de entendê-los. Àqueles, sem dúvida, parecerá admirável que eu empreenda tratar, de maneira geométrica, dos vícios e das loucuras dos homens, e que eu queira, por uma razão certa, demonstrar as coisas que com frequência eles clamam repugnar a razão ser vãs, absurdas e horrendas. Mas esta é a minha razão: nada acontece na natureza que possa ser atribuído a um vício dela própria; com efeito, a natureza é sempre a mesma, e sua virtude e sua potência de agir é uma e a mesma em todo lugar, isto é, as leis e regras da natureza, segundo as quais tudo acontece e muda de uma forma para outra, estão em todo lugar e são sempre as mesmas; além disso, a maneira correta de entender a natureza das coisas sejam quais forem, a saber, por meio das leis e regras universais da natureza. Os afetos, portanto, de ódio, ira, inveja etc., consideradas em si mesmas, seguem da mesma necessidade e virtude da natureza que as outras coisas singulares; em consequência, elas reconhecem causas certas, pelas quais são claramente entendidas, e têm propriedades certas tão dignas de conhecimento quanto as propriedades de outra coisa qualquer, cuja contemplação sozinha nos dá prazer. Tratarei, portanto, da natureza dos afetos e de suas forças, da potência da mente sobre eles, seguindo o mesmo método com que, nas partes precedentes, tratei de Deus e da mente, e logo considerarei as ações e os apetites humanos como se fosse questão de linhas, planos ou de corpos.

Definições

I. Chamo de causa adequada aquela cujo efeito pode-se perceber claramente e distintamente por si mesma; chamo de causa inadequada ou parcial aquela cujo efeito não se pode conhecer por ela sozinha.

II. Digo que nós agimos quando, em nós ou fora de nós, algo acontece do qual somos causa adequada, isto é (pela definição precedente), quando, em nós ou fora de nós, algo se segue de nossa natureza que se pode entender clara e distintamente por ele sozinho. Ao contrário, digo que nós padecemos quando acontece em nós, ou algo que se segue de nossa natureza, do qual nós somos apenas causa parcial.

III. Entendo por afeto a afecção do corpo, pelas quais a potência de agir desse corpo é aumentada ou diminuída, favorecida ou cerceada, e simultaneamente as ideias destas afecções.

Portanto, se podemos ser causa adequada de alguma destas afecções, então entendo por afecção uma ação; nos outros casos, uma paixão.

Postulados

I. O corpo humano pode ser afetado de muitas maneiras que aumentam ou diminuem sua potência de agir e também de outros que não tornam sua potência de agir nem maior nem menor.

Este postulado ou axioma se apoia sobre o postulado 1 e os lemas 5 e 7 que se vê após a proposição 13 da parte II.

II. O corpo humano pode sofrer muitas mudanças e reter, no entanto, as impressões ou vestígios dos objetos (sobre isso, veja-se o postulado 5 da parte II) e consequentemente as mesmas imagens das coisas; para sua definição, veja-se o escólio da proposição 17 da parte II.

Proposição 1

Nossa mente age em algumas coisas, mas padece em outras, a saber, enquanto ela tem ideias adequadas, ela age necessariamente em certas coisas; e enquanto ela tem ideias inadequadas, ela padece necessariamente em outras.

Demonstração

As ideias de uma mente humana qualquer são umas adequadas, outras são mutiladas e confusas (pelo escólio da proposição 40 da parte II). As ideias que são adequadas na mente de alguém são adequadas em Deus enquanto ele constitui a essência desta mente (pelo corolário da proposição 11 da parte II), e aquelas que são inadequadas na mente são adequadas em Deus (pelo mesmo corolário) não enquanto ele contém somente a essência desta mente, mas enquanto ele contém simultaneamente em si as mentes de outras coisas. Além disso, de uma ideia dada qualquer, algum efeito deve seguir necessariamente (pela proposição 36 da parte I), e deste efeito Deus é causa adequada (pela definição 1 desta parte) não enquanto ele é infinito, mas enquanto é considerado afetado daquela ideia dada (pela proposição 9 da parte II). Mas desse efeito, do qual Deus é causa enquanto é afetado pela ideia que é adequada na mente de alguém, esta mesma mente é causa adequada (pelo corolário da proposição 11 da parte II). Então, nossa mente (pela definição 2 desta parte), enquanto ela tem ideias adequadas, necessariamente age em certas coisas; este era o primeiro ponto. Ademais, para tudo isto que se segue necessariamente de uma ideia que é adequada em Deus, não enquanto ele tem em si a mente de apenas um homem, mas enquanto tem em si as mentes das outras coisas simultaneamente com a mente deste mesmo homem, a mente daquele homem não é causa adequada, mas sim parcial (pelo mesmo corolário, proposição 11 da parte II); e por isso (pela definição 2 desta parte), a mente, enquanto tem ideias inadequadas, necessariamente padece em certas coisas; este era o segundo ponto. Portanto, nossa mente etc. C.Q.D.

Corolário

Segue-se daí que a mente está submetida a tanto mais paixões quanto mais tem ideias inadequadas e, ao contrário, tanto mais age quanto mais tem ideias adequadas.

Proposição 2

Nem o corpo pode determinar a mente a pensar, nem a mente pode determinar o corpo ao movimento ou ao repouso ou a qualquer outra coisa (se isso houver).

Demonstração

Todos os modos de pensar têm Deus como causa enquanto ele é coisa pensante, não enquanto ele é explicado por outro atributo (pela proposição 6 da parte II). Então, o que determina a mente a pensar é um modo de pensar, e não da extensão, isto é (pela definição 1 da parte II), não é corpo; este era o primeiro ponto. Ademais, o movimento e o repouso do corpo devem vir de outro corpo que igualmente foi determinado ao movimento e ao repouso por outro e, absolutamente, tudo que se origina de um corpo teve que se originar de Deus enquanto considerado afetado por um modo da extensão, e não por um modo de pensar (pela mesma proposição 6 da parte II); isto é, não pode originar-se da mente, que (pela proposição 11 da parte II) é um modo de pensar; este era o segundo ponto. Então, nem o corpo etc. C.Q.D.

Escólio

Estas coisas são entendidas mais claramente pelo que foi dito no escólio da proposição 7 da parte II, a saber, que a mente e o corpo são uma só e mesma coisa que é concebida ora sob o atributo do pensamento ora sob o da extensão. Donde vem que a ordem, ou seja, o concatenamento das coisas é uma só, quer a natureza seja concebida sob tal atributo, quer sob tal outro; e consequentemente que a ordem das ações e das paixões do nosso corpo é, por natureza, simultânea com a ordem das ações e das paixões da mente. Isso é ainda evidente pelo modo como demonstramos na proposição 12 da parte II. Ainda que a natureza das coisas não permita duvidar desse ponto, no entanto, creio que, a não ser que lhes comprove a coisa pela experiência, os homens dificilmente se deixarão induzir a examinar este ponto com um ânimo não-prevenido, tão grande é sua persuasão de que o corpo tanto se move quanto repousa só pelo comando da mente, e faz muitíssimas coisas que dependem só da vontade da mente e de sua arte de pensar. Ninguém, é verdade, até agora determinou o que pode o corpo, isto é, a experiência não ensinou a ninguém até agora o que o corpo pode fazer, só por meio apenas das leis da natureza, enquanto considerada corporal, e o que ele não pode fazer a não ser que seja determinado pela mente. Com efeito, ninguém conhece tão acuradamente a estrutura do corpo que possa explicar todas as suas funções, para nada dizer aqui do que é observado muitas vezes nos animais que ultrapassam em muito a sagacidade humana, e do que os sonâmbulos durante o sono fazem com frequência, que eles não ousariam durante a vigília, e isto mostra bem que o corpo pode, por meio só das leis da sua natureza, muitas coisas que causam admiração à sua mente. Além disso, ninguém sabe de que maneira e por quais meios a mente move o corpo, nem quantos graus de movimento ela pode lhe imprimir e com que rapidez ela pode movê-lo. Donde se segue que os homens, quando dizem que tal ou tal ação do corpo se origina da mente, a qual tem controle sobre o corpo, não sabem o que dizem e nada fazem além de confessar, em uma linguagem elegante, que ignoram a causa daquela ação sem admiração. Mas dir-se-á: saiba-se ou ignore-se por quais meios a mente move o corpo, entretanto, por experiência, declara-se que o corpo seria inerte se a mente humana não fosse apta a pensar. Declara-se também por experiência que está igualmente só no poder da mente falar e se calar e ainda outras coisas que se crê, por isso, depender do decreto da mente. Mas, no primeiro argumento, quando pergunto àqueles que invocam a experiência se ela não ensina também que, se o corpo é inerte, a mente está simultaneamente inepta a pensar? Com efeito, quando o corpo está no repouso do sono, a mente resta adormecida com ele e não tem o poder de pensar como durante a vigília. Creio que todos sabem também por experiência que a mente não é sempre igualmente apta a pensar sobre um mesmo objeto; mas, conforme o corpo é apto a despertar nele a imagem de tal ou tal objeto, a mente é também mais apta a contemplar tal ou tal objeto. Dir-se-á que é impossível tirar só das leis da natureza, enquanto considerada corporal, as causas dos edifícios, pinturas e coisas deste tipo, as quais se fazem unicamente por arte humana, e que o corpo humano, se não fosse determinado e conduzido pela mente, não seria capaz de construir um templo. Já mostrei que não se sabe o que o corpo pode ou o que se pode deduzir só da contemplação da sua natureza própria e que, com frequência, a experiência obriga a reconhecer que só pelas leis da natureza podem-se fazer o que jamais se acreditou possível sem a direção da mente; tais são as ações dos sonâmbulos durante o sono, que a eles mesmos admiram quando estão acordados. Acrescentei a esse exemplo a estrutura mesma do corpo humano, que ultrapassa bem longe em artifício tudo o que a arte humana pode construir, para nada dizer aqui do que já mostrei mais acima, que da natureza considerada sob um atributo qualquer seguem uma infinidade de coisas. Ademais, para o que está agora no segundo argumento, certamente as coisas humanas estariam em bem melhor ponto se estivesse igualmente no poder dos homens tanto se calar quanto falar; mas a experiência ensina abundantemente que nada está menos no poder dos homens do que conter sua língua, e não há nada que eles possam menos fazer do que moderar seus apetites; e é por isso que a maior parte acredita que fazemos livremente apenas as coisas que apetecemos levemente, pois o apetite pode ser facilmente diminuído pela memória de alguma outra coisa frequentemente recordada; enquanto nós não somos de todo livres quando se trata de coisas às quais apetecemos com um grande afeto, que a memória de outra coisa não possa acalmar. No entanto, se eles não soubessem por experiência que muitas vezes lastimamos muitas coisas que fazemos e, com frequência, quando nos defrontamos com afetos contrários, vemos o melhor e fazermos o pior, nada os impediria de acreditar que fazemos tudo livremente. É assim que um bebê acredita livremente desejar o leite; um menino irado, a vingança; e um medroso, a fuga. Um embriagado também acredita dizer por um livre decreto da mente o que, fora desse estado, ele gostaria de ter calado; igualmente o delirante, o tagarela, a criança e muitíssimos indivíduos da mesma farinha acreditam falar por um livre decreto da mente, ainda que, no entanto, eles não possam conter o ímpeto que têm para falar; a experiência, então, ensina não menos claramente que a razão pela qual os homens se acreditam livres é somente porque estão conscientes de suas ações e ignorantes das causas pelas quais são determinados; além disso, que os decretos da mente nada mais são que os próprios apetites e variam em razão da disposição variável do corpo. Com efeito, cada um modera tudo por seu afeto, e aqueles que ainda se defrontam com afetos contrários não sabem o que querem; para aqueles que são sem afeto, são impelidos de um lado ou de outro por um impulso mais leve. Tudo isso certamente mostra de modo bem claro que tanto o decreto quanto o apetite da mente e a determinação do corpo são por natureza simultâneos, ou antes, são uma só e mesma coisa que chamamos de decreto quando considerada sob o atributo do pensamento e explicada por ele; e chamamos de determinação quando considerada sob o atributo da extensão e deduzida das leis do movimento e do repouso, e isso se verá ainda mais claramente pelo que resta a dizer. Com efeito, eu gostaria que se observasse particularmente o que segue: nada podemos fazer por decreto da mente se não o recordamos. Por exemplo, não podemos dizer uma palavra a não ser que nos recordemos. Por outro lado, não está no livre poder da mente se recordar ou se esquecer de uma coisa. Acredita-se, então, que o que está em poder da mente é apenas que podemos dizer ou nos calar segundo o decreto da coisa da qual nos recordamos. No entanto, quando sonhamos que estamos falando, acreditamos falar por um único decreto da mente e, apesar disso, não falamos ou, se falamos, isso se faz por um movimento espontâneo do corpo. Sonhamos também quando escondemos certas coisas dos homens, e isso pelo mesmo decreto da mente pelo qual, durante a vigília, calamos o que sabemos. Sonhamos, enfim, que fazemos por um decreto da mente o que, durante a vigília, não ousamos fazer. Eu gostaria de saber, por isso, se há na mente dois gêneros de decretos, os fantásticos e os livres. Porque se não se quer ir até o ponto de enlouquecer, será preciso necessariamente conceder que este decreto da mente que se acredita ser livre não se distingue da própria imaginação, ou seja, da memória, e nada mais é que a afirmação necessariamente envolvida na ideia enquanto ela é ideia (veja-se a proposição 49 da parte II). E assim, esses decretos se formam na mente com a mesma necessidade que as ideias das coisas existem em ato. Portanto, aqueles que acreditam que falam, ou calam, ou fazem o que quer, por decreto livre da mente, sonham de olhos abertos.

Proposição 3

As ações da mente se originam apenas das ideias adequadas, porém, as paixões dependem apenas das ideias inadequadas.

Demonstração

O que constitui em primeiro lugar a essência da mente nada mais é que a ideia do corpo existindo em ato (pelas proposições 11 e 13 da parte II), e essa ideia (pela proposição 15 da parte II) é composta de muitas outras, das quais umas são adequadas (pelo corolário da proposição 38 da parte II), e outras são inadequadas (pelo corolário da proposição 29 da parte II). Então, tudo que se segue da natureza da mente e da qual a mente é a causa próxima pela qual deve ser entendido, segue-se necessariamente de uma ideia adequada ou inadequada. Mas, enquanto a mente tem ideias inadequadas (pela proposição 1), ela padece necessariamente; então, as ações da mente seguem apenas das ideias adequadas e, por isso, a mente padece apenas porque tem ideias inadequadas. C.Q.D.

Escólio

Vemos, então, que as paixões não se referem à mente a não ser enquanto tem algo que envolve uma negação, isto é, enquanto é considerada como uma parte da natureza, que não pode ser percebida claramente e distintamente por si mesma sem as outras partes; e eu poderia assim mostrar que as paixões se referem às coisas singulares da mesma maneira que à mente, e não podem ser percebidas de outra maneira, mas meu objetivo aqui é tratar apenas da mente humana.

Proposição 4

Nenhuma coisa pode ser destruída a não ser por uma causa exterior.

Demonstração

Essa proposição é evidente por si mesma, pois a definição de uma coisa qualquer afirma, e não nega, a essência dessa mesma coisa; ou então, ela põe, e não tira, a essência dessa coisa. Assim, enquanto atentamos apenas à coisa mesma e não às causas exteriores, não poderemos encontrar nada nela que a possa destruir. C.Q.D.

Proposição 5

As coisas são de uma natureza contrária, isto é, não podem estar no mesmo sujeito, enquanto uma pode destruir a outra.

Demonstração

Com efeito, se elas pudessem convir entre elas ou estar simultaneamente no mesmo sujeito, algo poderia dar-se nesse sujeito que pudesse destruí-lo, o que (pela proposição precedente) é absurdo. Então, as coisas etc. C.Q.D.

Proposição 6

Cada coisa, o quanto está em si mesma, esforça-se em perseverar em seu ser.

Demonstração

As coisas singulares são modos pelos quais os atributos de Deus se exprimem de uma maneira certa e determinada (pelo corolário da proposição 25 da parte I), isto é (pela proposição 34 da parte I), as coisas que exprimem a potência de Deus pela qual ele é e age de uma maneira certa e determinada; e nenhuma coisa tem algo em si pelo qual possa ser destruída, isto é, que suprima sua existência (pela proposição 4 desta parte); mas, ao contrário, ela é oposta a tudo o que pode suprimir sua existência (pela proposição precedente); e assim, o quanto ela pode e está em si mesma, esforça-se em perseverar em seu ser. C.Q.D.

Proposição 7

O esforço pelo qual cada coisa se esforça em perseverar em seu ser não é nada além da essência atual da própria coisa.

Demonstração

Da essência dada de uma coisa qualquer segue necessariamente algo (pela proposição 36 da parte I), e as coisas não podem nada além daquilo que segue necessariamente de sua natureza determinada (pela proposição 29 da parte I); por isso, a potência de uma coisa qualquer, ou seja, o esforço pelo qual, seja ela sozinha seja com outras, ela faz ou se esforça em fazer algo, isto é (pela proposição 6 desta parte), a potência ou o esforço pelo qual ela se esforça em perseverar em seu ser, nada é além da essência dada, ou seja, atual da coisa. C.Q.D.

Proposição 8

O esforço pelo qual cada coisa se esforça em perseverar em seu próprio ser não envolve um tempo finito, mas um tempo indefinido.

Demonstração

Com efeito, se envolvesse um tempo limitado que determinasse a duração da coisa, seguir-se-ia da própria potência pela qual a coisa existe, essa potência sendo contemplada em si mesma, que depois desse tempo limitado a coisa não poderia mais existir, mas deveria ser destruída; ora, isso (pela proposição 4 desta parte) é absurdo; portanto, o esforço pelo qual a coisa existe não envolve nenhum tempo definido; mas, ao contrário, já que (pela proposição 4 desta parte), se ela não for destruída por nenhuma causa exterior, continuará a existir pela mesma potência pela qual existe agora; logo, esse esforço envolve um tempo indefinido. C.Q.D.

Proposição 9

A mente, tanto enquanto tem ideias claras e distintas, como enquanto tem ideias confusas, esforça-se em perseverar em seu ser por uma duração indefinida e tem consciência do seu esforço.

Demonstração

A essência da mente é constituída por ideias adequadas e inadequadas (como mostramos na proposição 3 desta parte); e, assim (pela proposição 7 desta parte), ela se esforça em perseverar em seu ser enquanto tem estas e também enquanto tem aquelas; e isso (pela proposição 8 desta parte) por uma duração indefinida. Mas, visto que a mente (pela proposição 23 da parte II), pelas ideias das afecções do corpo, tem necessariamente consciência de si, logo tem (pela proposição 7 desta parte) consciência do seu esforço. C.Q.D.

Escólio

Esse esforço, quando se refere apenas à mente, é chamado vontade; mas, quando se refere simultaneamente à mente e ao corpo, é chamado apetite; o apetite nada mais é que a própria essência do homem, de cuja natureza se segue necessariamente o que serve para sua conservação; e o homem é assim determinado a agir. Ainda, não há qualquer diferença entre o apetite e o desejo, a não ser que o desejo se refira geralmente aos homens enquanto têm consciência de seus apetites, e pode, por isso, se definir assim: o desejo é o apetite com consciência de si mesmo. Por isso, constata-se de tudo isso que não nos esforçamos em nada, não queremos, não apetecemos nem desejamos coisa alguma porque a julgamos boa; mas, ao contrário, julgamos que uma coisa é boa porque nos esforçamos por ela, a queremos, apetecemos e desejamos.

Proposição 10

Uma ideia que exclui a existência do nosso corpo não pode dar-se em nossa mente, mas lhe é contrária.

Demonstração

O que pode destruir nosso corpo não pode ser dado nele (pela proposição 5 desta parte), e a ideia dessa coisa não pode ser dada em Deus enquanto ele tem a ideia de nosso corpo (pelo corolário da proposição 9 da parte II); isto é (pelas proposições 11 e 13 da parte II), a ideia desta coisa não pode ser dada em nossa mente; mas, ao contrário, visto que (pela proposição 11 e 13 da parte II) o que constitui em primeiro lugar a essência da mente é a ideia do corpo existindo em ato, o que é primeiro e principal em nossa mente é o esforço (pela proposição 7 desta parte) para afirmar a existência do nosso corpo; e assim uma ideia que nega a existência do nosso corpo é contrária à nossa mente etc. C.Q.D.

Proposição 11

Se algo aumenta ou diminui, favorece ou cerceia a potência de agir do nosso corpo, a ideia dessa coisa aumenta ou diminui, favorece ou cerceia a potência de pensar de nossa mente.

Demonstração

Essa proposição é evidente pela proposição 7 da parte II, ou ainda pela proposição 14 da parte II.

Escólio

Vimos, então, que a mente pode padecer grandes mudanças e passar tanto a uma perfeição maior quanto a uma menor; e essas paixões nos explicam os afetos de alegria e tristeza. Por alegria, então, entenderei na sequência uma paixão pela qual a mente passa a uma perfeição maior. Por tristeza, uma paixão pela qual a mente passa a uma perfeição menor. Ademais, chamo de titilação ou contentamento o afeto de alegria relacionado simultaneamente à mente e ao corpo; e de dor ou melancolia o afeto de tristeza. Todavia, é preciso notar que a titilação e a dor se referem ao homem quando uma parte dele é afetada mais que as outras; o contentamento e a melancolia, quando todas as partes são igualmente afetadas. O que é o desejo já expliquei no escólio da proposição 9 desta parte, e não reconheço nenhum afeto primitivo além desses três, pois mostrarei em seguida que os outros se originam desses três. Antes de continuar, todavia, gostaria de explicar aqui mais amplamente a proposição 10 desta parte, a fim de que se conheça mais claramente de que maneira uma ideia é contrária à outra.

No escólio da proposição 17 da parte II, mostramos que a ideia que constitui a essência da mente envolve também a existência do corpo enquanto o corpo existe. Ademais, do que mostramos no corolário e no escólio da proposição 8 da parte II, segue-se que a existência presente da nossa mente depende apenas disto, a saber, que a mente envolve a existência atual do nosso corpo. Mostramos, enfim, que a potência da mente pela qual imagina as coisas e delas se recorda depende também disto (pelas proposições 17 e 18 da parte II, com seu escólio), que ela envolve a existência atual do corpo. Donde se segue que a existência presente da mente e sua potência de imaginar são eliminadas assim que a mente cessa de afirmar a existência presente do corpo. Mas a causa pela qual a mente cessa de afirmar esta existência do corpo não pode ser a própria mente (pela proposição 4 desta parte) nem que o corpo cesse de existir. Pois (pela proposição 6 da parte II) a causa pela qual a mente afirma a existência do corpo não é que o corpo tenha começado a existir; portanto, pela mesma razão, ela não cessa de afirmar a existência do corpo porque o corpo cessa de ser; mas (pela proposição 8 da parte II) isso se origina de uma outra ideia que exclui a existência presente de nosso corpo e, consequentemente, aquela de nossa mente, e que é, por isso, contrária à ideia que constitui a essência de nossa mente.

Proposição 12

A mente, o quanto pode, esforça-se em imaginar aquilo que aumenta ou favorece a potência do corpo.

Demonstração

Enquanto o corpo humano é afetado de uma maneira que envolve a natureza de um corpo exterior, a mente humana contemplará o mesmo corpo como presente (pela proposição 17 da parte II), e, consequentemente (pela proposição 7 da parte II), enquanto a mente humana contempla um corpo exterior como presente, isto é (pelo escólio da mesma proposição 17 desta parte), ela o imagina; o corpo humano é afetado de uma maneira que envolve a natureza desse mesmo corpo exterior. Então, enquanto a mente imagina o que aumenta ou favorece a potência de agir de nosso corpo, o corpo é afetado com maneiras de ser que aumentam ou favorecem sua potência de agir (pelo postulado 1) e, consequentemente (pela proposição 11 desta parte), a potência de pensar da mente é aumentada ou favorecida; e, por isso (pela proposição 6 ou 9 desta parte), a mente, o quanto pode, esforça-se em imaginar tal coisa. C.Q.D.

Proposição 13

Quando a mente imagina o que aumenta ou diminui a potência de agir do corpo, ela se esforça, o quanto pode, para se recordar das coisas que excluem a existência do que imagina.

Demonstração

Enquanto a mente imagina tal coisa, a potência da mente e do corpo é diminuída ou cerceada (como demonstramos na proposição precedente); e, no entanto, ela imaginará essa coisa até que imagine outra que exclua a existência presente da primeira (pela proposição 17 da parte II); isto é, (como acabamos de mostrar), a potência da mente e do corpo é diminuída ou cerceada até que a mente imagine outra coisa que exclua a existência da primeira que ela imagina; ela se esforçará, então (pela proposição 9 da parte III desta parte), o quanto pode, de modo a imaginar ou recordar essa outra coisa. C.Q.D.

Corolário

Segue-se daí que a mente tem aversão a imaginar o que diminui ou cerceia sua própria potência de agir e aquela do corpo.

Escólio

A partir disso, conhecemos claramente o que é o amor e o que é o ódio. O amor não é outra coisa que uma alegria concomitante à ideia de uma causa exterior; e o ódio não é outra coisa que uma tristeza concomitante à ideia de uma causa exterior. Além disso, vemos que aquele que ama se esforça necessariamente em ter presente e em conservar a coisa que ama; e, ao contrário, aquele que odeia se esforça em afastar e destruir a coisa que odeia. Mas isso será tratado mais amplamente na sequência.

Proposição 14

Se a mente foi uma vez afetada por dois afetos simultaneamente, quando depois for afetada por um deles, será afetada também pelo outro.

Demonstração

Se alguma vez o corpo humano foi afetado simultaneamente por dois corpos, quando depois a mente imagina um deles, ela se recordará imediatamente do outro (pela proposição 18 da parte II). Mas as imaginações da mente indicam antes os afetos do nosso corpo do que a natureza dos corpos exteriores (pelo corolário 2 da proposição 16 da parte II); então, se o corpo e, consequentemente, a mente foram afetados uma vez por dois afetos simultaneamente, quando depois forem afetados por um deles, o serão também pelo outro. C.Q.D.

Proposição 15
Uma coisa qualquer pode ser, por acidente, causa de alegria, de tristeza ou de desejo.

Demonstração
Suponha-se que a mente seja afetada simultaneamente por dois afetos, dos quais uma não aumenta nem diminui sua potência de agir, e o outro ou a aumenta ou diminui (veja-se o postulado 1 desta parte). É evidente pela proposição precedente que, se a mente depois for afetada pelo primeiro afeto, por sua causa verdadeira, que por si (por hipótese) não aumenta nem diminui a potência de pensar da mente, esta última provará em breve o segundo afeto que aumenta ou diminui sua potência de pensar, isto é (pelo escólio da proposição 11 desta parte), ela será afetada de alegria ou tristeza; e, por isso, a coisa que causa o primeiro afeto será, não por si, mas por acidente, causa de alegria ou tristeza. Pode-se veja-se facilmente, da mesma maneira, que essa coisa pode ser, por acidente, causa de um desejo. C.Q.D.

Corolário
Apenas porque contemplamos uma coisa sendo afetada de alegria ou tristeza, de que ela própria não é a causa eficiente, podemos amá-la ou odiá-la.

Demonstração
Com efeito, apenas porque isso acontece (pela proposição 14 desta parte) é que a mente, ao imaginar depois essa coisa, será afetada de alegria ou tristeza, isto é (pelo escólio da proposição 11 desta parte), que a potência da mente e do corpo é aumentada ou diminuída etc.; e, consequentemente (pela proposição 12 desta parte), que a mente deseja imaginá-la ou (pelo corolário da proposição 13 desta parte) terá aversão a imaginá-la; isto é (pelo escólio da proposição 13 desta parte), amá-la-á ou a odiará. C.Q.D.

Escólio
Daí entendemos como acontece que amemos certas coisas ou as odiemos sem nenhuma causa conhecida por nós, mas somente por simpatia (como se diz) ou por antipatia. É preciso trazer de volta esses objetos que nos afetam de alegria ou tristeza somente por terem algo semelhante com os objetos que nos costumam afetar com esses afetos, assim como o mostrarei na proposição seguinte. Sei bem que os primeiros autores que introduziram esses nomes de simpatia e antipatia queriam significar por eles certas qualidades ocultas das coisas; acredito, no entanto, que não nos é permitido também entender qualidades conhecidas ou manifestas por essas palavras.

Proposição 16
Apenas porque imaginamos que uma coisa tem algo semelhante com um objeto que costuma afetar a mente de alegria ou tristeza, e ainda que isso que se assemelha a esse

objeto não seja a causa eficiente destes afetos, amaremos, entretanto, essa coisa ou a odiaremos.

Demonstração
Contemplamos com um afeto de alegria ou tristeza no próprio objeto (por hipótese) aquilo em que se assemelham; e assim (pela proposição 14 desta parte), quando a mente for afetada pela imagem daquilo, imediatamente também será afetada por um ou outro desses afetos, e consequentemente a coisa que percebemos que tem essa semelhança será por acidente (pela proposição 15 desta parte) causa de alegria ou tristeza; e assim (pelo corolário precedente) a amaremos ou a odiaremos, ainda que aquilo em que a coisa se assemelha ao objeto não seja a causa eficiente desses afetos. C.Q.D.

Proposição 17
Se imaginamos que uma coisa que nos costuma afetar com um afeto de tristeza tem algo semelhante com outra que nos costuma afetar com um afeto de alegria igualmente grande, nós a odiaremos e a amaremos simultaneamente.

Demonstração
Com efeito, essa coisa é (por hipótese) por si causa de tristeza e (pelo escólio da proposição 13 desta parte), enquanto a imaginamos afetada de tristeza, nós a odiamos; além disso, enquanto imaginamos que ela tem algo semelhante a uma outra que nos costuma afetar com um afeto de alegria igualmente grande, nós a amaremos com um igualmente grande impulso de alegria (pela proposição

precedente); e por isso nós a odiaremos e a amaremos simultaneamente. C.Q.D.

Escólio

Esta constituição da mente, que se origina de dois afetos contrários, chama-se flutuação do ânimo; ela é, no que diz respeito ao afeto, o que a dúvida é no que diz respeito à imaginação (veja-se o escólio da proposição 44 da parte II), e não há diferença entre a flutuação do ânimo e a dúvida a não ser segundo o mais e o menos. É preciso notar apenas que, se deduzi da proposição precedente as flutuações do ânimo das causas que por si são causa de um dos afetos, e por acidente do outro, eu o fiz porque as proposições precedentes tornam assim a dedução mais fácil; e não porque nego que as flutuações do ânimo se originam mais frequentemente de um objeto que seja causa eficiente dos dois afetos. Com efeito, o corpo humano é composto (pelo postulado 1, p. 2) de muitíssimos indivíduos de natureza diferente, e, por conseguinte (veja-se axioma 1 que vem depois do lema 3 que segue a proposição 13 da parte II), ele pode ser afetado por um só e mesmo corpo de muitíssimas e diversas maneiras; por outro lado, como uma só e mesma coisa pode ser afetada de muitas maneiras, ela poderá também afetar uma só e mesma parte do corpo de muitas e diversas maneiras. Donde podemos facilmente conceber que um só e mesmo objeto pode ser causa de afetos múltiplos e contrários.

Proposição 18

O homem é afetado pela imagem de uma coisa passada ou futura com o mesmo afeto de alegria ou tristeza que pela imagem de uma coisa presente.

Demonstração

Enquanto o homem é afetado pela imagem de uma coisa, ele a contemplará como presente ainda que ela não exista (pela proposição 17 da parte II, com seu corolário), e ele não a imagina como passada ou futura senão enquanto a imagem dela está unida à imagem do tempo passado ou futuro (veja-se o escólio da proposição 44 da parte II); considerada apenas nela, a imagem de uma coisa é, portanto, a mesma, quer se refira ao futuro ou ao passado, quer a relacionemos ao presente; isto é (pelo corolário 2 da proposição 16 da parte II), a constituição do corpo, ou o afeto, é o mesmo, quer a imagem seja de uma coisa passada ou futura, quer de uma coisa presente; e, por isso, o afeto de alegria e tristeza será o mesmo, quer a imagem seja aquela de uma coisa passada ou futura, quer de uma coisa presente. C.Q.D.

Escólio 1

Chamo aqui uma coisa de passada ou futura enquanto somos ou seremos afetados por ela. Por exemplo, visto que a vimos ou a veremos, que ela serviu à nossa refeição ou servirá, causou-nos um dano ou nos causará etc. Visto que a imaginamos assim, afirmamos sua existência; isto é, o corpo não é afetado por nenhum afeto que exclua a existência da coisa, e assim (pela proposição 17 da parte

II) o corpo é afetado pela imagem dessa coisa da mesma maneira que se ela estivesse presente. Todavia, como acontece a maior parte do tempo, aqueles que fizeram mais de uma experiência enquanto contemplaram uma coisa como futura ou passada são flutuantes e têm com frequência o resultado por duvidoso (veja-se o escólio da proposição 44 da parte II); e resulta disso que os afetos originados de semelhantes imagens não são também constantes e são, na maior parte das vezes, perturbados por imagens de outras até que os homens tenham adquirido alguma certeza com relação à ocorrência da coisa.

Escólio 2

Entendemos pelo que foi dito, o que são a esperança, o medo, a segurança, o desespero, o regozijo e o remorso. A Esperança não é nada mais que uma alegria inconstante originada da imagem de uma coisa futura ou passada da qual a ocorrência é duvidosa. O medo, ao contrário, é uma tristeza inconstante igualmente originada da imagem de uma coisa duvidosa. Se eliminarmos agora a dúvida desses afetos, a esperança se torna a segurança, e o medo o desespero, a saber: uma alegria ou uma tristeza originada da imagem de uma coisa que temíamos ou esperávamos. O regozijo é uma alegria que se originou da imagem de uma coisa passada cuja ocorrência foi tida por nós como duvidosa. Enfim, o remorso é a tristeza oposta ao regozijo.

Proposição 19

Quem imagina que aquilo a que ama está destruído, ficará triste; e alegre, se o imagina conservado.

Demonstração

A mente, o quanto pode, esforça-se em imaginar o que aumenta ou favorece a potência de agir do corpo (pela proposição 12 desta parte), isto é (pelo escólio da proposição 13 desta parte), aquilo que ela ama. Mas a imaginação é favorecida por aquilo que põe a existência da coisa, e, ao contrário, cerceada por aquilo que a exclui (pela proposição 17 da parte II); portanto, as imagens das coisas que colocam a existência da coisa amada favorecem o esforço da mente pelo qual ela se esforça em imaginar, isto é (pelo escólio da proposição 2 desta parte), afetam a mente de alegria; e, ao contrário, as coisas que excluem a existência da coisa amada, reduzem esse esforço da mente, isto é (pelo mesmo escólio), afetam a mente de tristeza. Portanto, quem imagina que aquilo a que ama está destruído, entristecer-se-á etc. C.Q.D.

Proposição 20

Quem imagina está destruído aquilo a que odeia, alegrar-se-á.

Demonstração

A mente (pela proposição 13 desta parte) se esforça em imaginar o que exclui a existência das coisas, pelas quais a potência de agir do corpo é diminuída ou cerceada, isto é (pelo escólio da mesma proposição), ela se esforça em imaginar o que exclui a existência das coisas que ela odeia; e assim a imagem de uma coisa que exclui a existência do que a mente odeia, favorece esse esforço da mente, isto é (pelo escólio da proposição 11 desta parte), a afeta a mente de alegria. Portanto, quem imagina que está destruído aquilo a que odeia, alegrar-se-á. C.Q.D.

Proposição 21
Quem imagina aquilo a que ama sendo afetado de alegria ou tristeza, será igualmente afetado de alegria ou tristeza; e cada um dos afetos será maior ou menor no amante conforme o forem na coisa amada.

Demonstração
As imagens das coisas (como demonstramos na proposição 19 desta parte), que põem a existência da coisa amada, favorecem o esforço da mente pelo qual ela se esforça em imaginar essa coisa. Ora, a alegria põe existência da coisa feliz, e isto tanto mais quanto maior for o afeto de alegria, pois esta é (pelo escólio da proposição 11 desta parte) uma passagem a uma perfeição maior. Portanto, a imagem da alegria da coisa amada favorece no amante o esforço de sua mente, isto é (pelo escólio da proposição 11 desta parte), afeta o amante de alegria, e isso acontece tanto mais quanto maior for esse afeto na coisa amada. Esse é o primeiro ponto. Além disso, quando uma coisa é afetada de tristeza, ela é, em certa medida, destruída, e isto tanto mais quanto de tristeza maior ela for afetada (pelo mesmo escólio da proposição 11 desta parte). Assim (pela proposição 19 desta parte), quem imagina que aquilo a que ama é afetado de tristeza, é também afetado por ela, e isso tanto mais quanto maior for esse afeto na coisa amada. C.Q.D.

Proposição 22

Se imaginamos que alguém afeta de alegria a coisa que amamos, seremos, da nossa parte, afetados de amor em relação a ele. Se, ao contrário, imaginamos que ele a afeta de tristeza, seremos, ao contrário, afetados de ódio contra ele.

Demonstração

Aquele que afeta de alegria ou tristeza a coisa que amamos, também nos afeta de alegria ou tristeza, já que imaginamos a coisa que amamos afetada dessa alegria ou dessa tristeza (pela proposição precedente). Ora, supõe-se a ideia de uma causa exterior concomitante a essa alegria ou a essa tristeza, portanto (pelo escólio da proposição 13 desta parte), se imaginarmos que alguém afeta de alegria ou tristeza a coisa que amamos, seremos afetados de amor ou ódio por ele. C.Q.D.

Escólio

A proposição 21 nos explica o que é a comiseração, que podemos definir como a tristeza que se origina do dano a outro. Para a alegria que se origina do bem a outro, não sei de qual nome chamá-la. Além disso, chamamos de apreço o amor que se tem por aquele que faz o bem a outro; e, ao contrário, de indignação o ódio que se tem por aquele faz o mal a outro. Enfim, é preciso notar que não temos somente comiseração por uma coisa que amamos (como mostramos na proposição 21), mas também por uma coisa em relação à qual não tivemos nenhum afeto desde que a julguemos semelhante a nós (como o mostrarei abaixo). E também vemos com apreço aquele que fez o bem a nosso semelhante, e nos indignamos contra aquele que lhe provocou dano.

Proposição 23

Aquele que imagina o que odeia afetado de tristeza, alegrar-se-á; se, ao contrário, ele o imagina afetado de alegria, entristecer-se-á; e cada um desses afetos será maior ou menor, conforme o afeto contrário for maior ou menor na coisa odiada.

Demonstração

Enquanto a coisa odiosa é afetada de tristeza, em certa medida ela é destruída, e isso tanto mais quanto de maior tristeza ela for afetada (pelo escólio da proposição 11 desta parte). Portanto, quem (pela proposição 20 desta parte) imagina a coisa que odeia afetada de tristeza, será afetado, ao contrário, de alegria; e esta é maior quanto maior é a tristeza de que ele imagina ser afetada a coisa odiosa; esse é o primeiro ponto. Agora, a alegria põe a existência da coisa alegre (pelo mesmo escólio da proposição 11 desta parte), e isso tanto mais quanto maior a alegria que se concebe. Se alguém imagina a coisa que odeia afetada de alegria, essa imaginação (pela proposição 13 desta parte) cerceará seu esforço, isto é (pelo escólio da proposição 11 desta parte), aquele que tem ódio será afetado de tristeza etc. C.Q.D.

Escólio

Essa alegria não pode ser sólida e sem conflito interior. Pois (como logo mostrarei na proposição 27 desta parte), enquanto se imagina uma coisa semelhante a si experimentar um afeto de tristeza, deve em certa medida se entristecer; e o contrário, se se imagina essa coisa afetada de alegria. Mas aqui atentamos apenas ao ódio.

Proposição 24
Se imaginarmos que alguém afeta de alegria uma coisa que odiamos, seremos afetados também de ódio por ele. Se, ao contrário, imaginamos que ele a afeta de tristeza, seremos afetados de amor em relação a ele.

Demonstração
Essa proposição se demonstra da mesma maneira que a proposição 22 desta parte acima.

Escólio
Esses afetos de ódio, e aqueles que lhes assemelham, referem-se à inveja, que então não é nada mais que o próprio ódio, enquanto se considera que ele dispõe um homem a se alegrar com o mal de outro, e a se entristecer com o bem dele.

Proposição 25
Nós nos esforçamos em afirmar de nós e da coisa amada tudo que imaginamos que a afeta ou nos afeta de alegria; e, ao contrário, de negar tudo o que imaginamos que a afeta ou nos afeta de tristeza.

Demonstração

O que imaginamos que afeta a coisa amada de alegria ou tristeza, afeta-nos também de alegria ou tristeza (pela proposição 21). Mas a mente (pela proposição 12 desta parte) se esforça, o quanto pode, em imaginar o que nos afeta de alegria, isto é (pela proposição 17 da parte II e seu corolário), de contemplá-lo como presente; e, ao contrário (pela proposição 13 desta parte), de excluir a existência do que nos afeta de tristeza; portanto, esforçamo-nos em afirmar de nós e da coisa amada tudo o que imaginamos que a afeta ou nos afeta de alegria, e ao contrário. C.Q.D.

Proposição 26

Nós nos esforçamos em afirmar de uma coisa que odiamos tudo o que imaginamos que a afeta de tristeza, e, ao contrário, de negar tudo o que imaginamos que a afeta de alegria.

Demonstração

Esta proposição se segue da proposição 23 desta parte como a precedente se segue da proposição 21.

Escólio

Vemos por essas coisas facilmente acontecer que o homem estime a si mesmo e à coisa amada mais do que é justo e, ao contrário, à coisa que odeia menos do que é justo; essa imaginação, quando concerne o próprio homem, que se estima mais do que é justo, chama-se soberba, e é uma espécie de delírio, já que o homem sonha com os olhos abertos que pode tudo o que alcança apenas pela imaginação, e por isso contempla essas coisas como reais, e com elas exulta enquanto não pode imaginar outras que excluam sua existência e limitem sua própria potência de agir. Portanto, a soberba é uma alegria que se origina de o homem estimar-se mais do que é justo. Ademais, a alegria que se origina de o homem estimar a outro mais do que é justo chama-se superestima; e enfim, subestima, aquela que se origina de estimar a outro menos do que é justo.

Proposição 27

Se imaginamos que uma coisa semelhante a nós é afetada por algum afeto, e pela qual não nutrimos nenhum afeto, somos afetados por isso de um afeto semelhante.

Demonstração

As imagens das coisas são afecções do corpo humano cujas ideias nos representam os corpos exteriores como se nos estivessem presentes (pelo escólio da proposição 17 da parte II), isto é (pela proposição 16 da parte II), cujas ideias envolvem a natureza de nosso corpo e simultaneamente a natureza presente de um corpo exterior. Portanto, se a natureza de um corpo exterior é semelhante àquela do nosso corpo, a ideia do corpo exterior que imaginamos envolverá uma afecção de nosso corpo semelhante àquela do corpo exterior; e, consequentemente, se imaginamos alguém semelhante a nós afetado por algum afeto, esta imaginação exprimirá uma afecção de nosso corpo semelhante àquele afeto. Portanto, é por isso mesmo que quando imaginamos que uma coisa semelhante a nós afetada por algum afeto, com ela seremos afetado por um afeto semelhante. E quando temos ódio por uma coisa semelhante a nós, seremos afetados (pela proposição 23 desta parte) de um afeto contrário, mas não semelhante. C.Q.D.

Escólio

Esta imitação dos afetos, quando se refere à tristeza, é chamada comiseração (sobre isso, veja-se o escólio da proposição 22 desta parte); mas, relacionada a um desejo, ela se chama emulação, que nada mais é que o desejo de uma coisa engendrado em nós pelo fato de imaginarmos que outros semelhantes a nós têm o mesmo desejo.

Corolário 1

Se imaginamos que alguém, por quem não nutrimos nenhum afeto, afeta de alegria uma coisa semelhante a nós, seremos afetados de amor em relação a ele. Se, ao contrário, imaginamos que ele a afeta de tristeza, seremos afetados de ódio por ele.

Demonstração

Isso se demonstra pela proposição precedente, da mesma maneira que a proposição 22 se demonstra pela proposição 21.

Corolário 2

Se nos comiseramos de uma coisa, não podemos odiá-la porque sua miséria nos afeta de tristeza.

Demonstração
Com efeito, se pudéssemos odiá-la, então (pela proposição 23 desta parte) nós nos alegraríamos com sua tristeza, o que é contra a hipótese.

Corolário 3
Se nos comiseramos de uma coisa, nós nos esforçaremos, o quanto pudermos, em livrá-la de sua miséria.

Demonstração
O que afeta de tristeza o objeto de que nos comiseramos, afeta-nos de tristeza semelhante (pela proposição precedente); por conseguinte, nós nos esforçaremos em nos lembrar de tudo que lhe suprime a existência, ou seja, que a destrói (pela proposição 13 desta parte), isto é (pelo escólio da proposição 9 desta parte), teremos o apetite de destruí-lo, ou seja, seremos determinados a destruí-lo; e assim nos esforçaremos em livrar de sua miséria a coisa de que nos comiseramos. C.Q.D.

Escólio
Essa vontade, ou seja, esse apetite de fazer o bem, que se origina de nossa comiseração em relação à coisa que queremos beneficiar, chama-se benevolência, e assim a benevolência é o desejo originado da comiseração. Acerca do amor e do ódio por quem faz o bem ou o mal à uma coisa que imaginamos semelhante a nós, veja-se o escólio da proposição 22.

Proposição 28

Tudo o que imaginamos que conduz à alegria, esforçamo-nos em promover para que aconteça; tudo o que imaginamos que lhe é contrário ou conduz à tristeza, esforçamo-nos em removê-lo ou destruí-lo.

Demonstração

O que imaginamos que conduz à alegria, esforçamo-nos, o quanto podemos, em imaginá-lo (pela proposição 12 desta parte), isto é (pela proposição 17 da parte II), esforçamo-nos, o quanto podemos, em contemplá-lo como presente, ou seja, como existindo em ato. Mas entre o esforço da mente ou a potência que ela tem ao pensar e o esforço do corpo ou a potência que ele tem em agir, é por natureza igual e simultâneo (como se segue claramente do corolário da proposição 7 e do corolário da proposição 11 da parte II). Portanto, esforçamo-nos absolutamente para que essa coisa exista, isto é (o que é o mesmo pelo escólio da proposição 9 desta parte), nós o apetecemos e a ele tendemos; o que era o primeiro ponto. Agora, se imaginamos que o que cremos ser causa de tristeza, isto é (pelo escólio da proposição 13 desta parte), que o que odiamos é destruído, nós nos alegraremos (pela proposição 20 desta parte); e assim nos esforçamos em destruí-lo (pela primeira parte desta demonstração), isto é (pela proposição 13 desta parte), em removê-lo de nós, a fim de não o contemplarmos como presente; o que era o segundo ponto. Portanto, tudo o que pode conduzir à alegria etc. C.Q.D.

Proposição 29

Nós nos esforçaremos também em fazer tudo que imaginamos que os homens[22] verão com alegria, e, ao contrário, teremos aversão a fazer aquilo pelo qual imaginamos que os homens têm aversão.

Demonstração

Se imaginamos que os homens amam uma coisa ou a odeiam, por isso mesmo a amaremos ou a odiaremos (pela proposição 27 desta parte), isto é (pelo escólio da proposição 13 desta parte), por isso mesmo a presença dessa coisa nos alegrará ou nos entristecerá; e assim (pela proposição precedente), nós nos esforçaremos em fazer tudo o que imaginamos que os homens amam ou que eles veem com alegria etc. C.Q.D.

Escólio

Esse esforço em fazer uma coisa ou se abster de fazer só para agradar aos homens chama-se ambição, sobretudo quando nos esforçamos em agradar o vulgo com uma propensão tal que agimos ou nos abstemos em nosso próprio prejuízo ou de outro; de outro modo, costuma chamar-se humanidade. Ademais, chamo de louvor a alegria com que imaginamos uma ação de outro pela qual este se esforça em nos agradar, e de vitupério a tristeza com que temos aversão à ação de outro.

---

22 N.B.: Por homens é preciso entender, aqui e nas proposições seguintes, aqueles em relação aos quais não nutrimos nenhum afeto.

Proposição 30

Se alguém fez algo que imagina que afeta os outros de alegria, ele será afetado de uma alegria concomitante à ideia de si mesmo como causa; se, ao contrário, ele fez algo que imagina que afeta os outros de tristeza, ao contrário contemplará a si mesmo com tristeza.

Demonstração

Aquele que imagina que afeta os outros de alegria ou tristeza, será por isso mesmo (pela proposição 27 desta parte) afetado de alegria ou tristeza. Portanto, uma vez que tenha (pelas proposições 17 e 23 da parte II) consciência de si mesmo pelas afecções que o determinam a agir, aquele que fez algo que imagina afetar os outros de alegria, será afetado de alegria com consciência de si mesmo como causa, ou seja, contemplará a si mesmo com alegria, e ao contrário. C.Q.D.

Escólio

Sendo o amor uma alegria concomitante à ideia de uma causa exterior (pelo escólio da proposição 13 desta parte), e o ódio uma tristeza concomitante à ideia de uma causa exterior, esta alegria e esta tristeza serão, portanto, igualmente espécies de amor e de ódio. Todavia, como o amor e o ódio se referem a objetos exteriores, designaremos aqui estes afetos por outros nomes; chamaremos de glória uma alegria concomitante à ideia de uma causa interior, e de vergonha a tristeza contrária a ela; quando a alegria e a tristeza se originam daquilo que os homens se creem louvados ou censurados. Nos outros casos, chamarei de contentamento consigo mesmo a alegria concomitante à ideia de uma causa interior, e de pena a tristeza contrária à esta alegria. Além disso, como pode acontecer (pelo corolário da proposição 17 da parte II) que a alegria com que alguém imagina que afeta os outros seja somente imaginária, e que (pela proposição 25 desta parte) cada um se esforça em imaginar, de si mesmo, tudo o que imagina que o afeta de alegria, poderá facilmente acontecer que o glorioso seja soberbo e imagine ser agradável a todos quando lhes é molesto.

Proposição 31
Se imaginamos que alguém ama ou deseja ou odeia o que nós mesmos amamos, desejamos ou odiamos, então amaremos etc. mais constantemente a coisa. Se, ao contrário, imaginamos que alguém tem aversão ao que amamos, ou ao contrário, então padeceremos de flutuação do ânimo.

Demonstração
Só de imaginarmos que alguém ama algo, por isso mesmo o amaremos (pela proposição 27 desta parte). Mas supomos que o amamos sem isso; esse amor será, portanto, alimentado pela chegada de uma causa nova; e, por isso, amaremos de modo mais constante. Se agora imaginamos que alguém tem aversão a algo, teremos aversão a essa coisa (pela mesma proposição). Mas se supusermos, ao mesmo tempo, que neste momento a amamos, teremos, ao mesmo tempo, amor e aversão por essa mesma coisa, ou seja (pelo escólio da proposição 17 desta parte), padeceremos de flutuação do ânimo. C.Q.D.

Corolário
Segue-se disso e da proposição 28 que cada um, o quanto pode, esforça-se para que todos amem o que ele mesmo ama e odeiem o que ele mesmo odeia; donde esta palavra do poeta:
Nós, amantes, ao mesmo tempo que esperamos, tememos;
É de ferro alguém se ele ama o que o outro abandona.

Escólio
Esse esforço em fazer que cada um aprove o que ama ou tem ódio é, na verdade, ambição (veja-se o escólio da proposição 29 desta parte); vemos assim que cada um tem, por natureza, o apetite de fazer com que os outros vivam de acordo com seu engenho; como todos têm apetite parecido, em seguida criam obstáculos uns aos outros, e porque todos querem ser louvados ou amados por todos, vem disso um ódio mútuo.

Proposição 32
Se imaginamos que alguém goza de uma coisa que apenas só ele pode possuir, esforçamo-nos em fazer que ele não a possua.

Demonstração
Só de imaginarmos que alguém goza de algo (pela proposição 27 com seu corolário 1), amaremos essa coisa e desejaremos gozar dela. Mas (por hipótese) imaginamos que o obstáculo a essa alegria vem de que ele goza da coisa; portanto, nós nos esforçaremos (pela proposição 28 desta parte) para que ele não a possua. C.Q.D.

Escólio

Vemos assim que, em virtude da disposição de sua natureza, os homens estão geralmente prontos a ter comiseração por aqueles que estão mal e a invejar aqueles que estão bem, e que seu ódio por estes últimos é (pela proposição precedente) tanto maior quanto mais amam o que imaginam na posse de outro. Além disso, vemos que a mesma propriedade da natureza humana de onde se segue que eles são misericordiosos, faz também que eles sejam invejosos e ambiciosos. Enfim, se quisermos consultar a experiência, experimentaremos que ela nos ensina tudo isso, sobretudo se atentarmos aos nossos primeiros anos. A experiência nos mostra, com efeito, que as crianças, cujo corpo está continuamente em equilíbrio, riem e choram apenas porque eles veem outros rir ou chorar; além disso, elas desejam logo imitar tudo o que veem outros fazer, e desejam para si tudo em que imaginam que outros se deleitam; com efeito, como dissemos, é que as imagens das coisas são as próprias afecções do corpo humano, ou seja, as maneiras como esse corpo é afetado pelas causas exteriores e disposto a fazer isso ou aquilo.

Proposição 33

Quando amamos uma coisa semelhante a nós, esforçamo-nos, o quanto podemos, em fazer que ela nos ame de volta.

Demonstração

Se amarmos uma coisa acima das outras, nós nos esforçaremos, o quanto pudermos, em imaginá-la (pela proposição 12 desta parte). Portanto, se a coisa nos é semelhante, nós nos esforçaremos em afetá-la de alegria acima das outras (pela proposição 29 desta parte). Ou seja, nós nos esforçaremos, o quanto pudermos, em fazer que a coisa amada seja afetada de uma alegria concomitante à ideia de nós mesmos, isto é (pelo escólio da proposição 13 desta parte), que ela nos ame de volta. C.Q.D.

Proposição 34

Quanto maior é o afeto que imaginamos ser a coisa amada afetada em relação a nós, mais nos gloriaremos.

Demonstração

Nós nos esforçamos, o quanto podemos (pela proposição precedente), em fazer com que a coisa amada nos ame de volta; isto é (pelo escólio da proposição 13 desta parte), que a coisa amada seja afetada de uma alegria concomitante à ideia de nós mesmos. Portanto, quanto maior for a alegria da qual imaginamos que a coisa é afetada em relação a nós, mais este esforço é favorecido; isto é (pela proposição 11 com seu escólio), maior será a alegria de que somos afetados. Mas, visto que nossa alegria vem de que afetamos de alegria outro semelhante a nós, contemplamos a nós mesmos com alegria (pela proposição 30 desta parte). Portanto, quanto maior é o afeto de que imaginamos ser a coisa amada afetada em relação a nós, maior é a alegria com a qual contemplaremos a nós mesmos, ou seja, mais nos gloriaremos. C.Q.D.

Proposição 35

Se alguém imagina que outro se une à coisa amada por um laço de amizade igual ou mais estreito do que aquele pelo qual esse alguém a possuía, ele será afetado de ódio pela própria coisa amada e será invejoso do outro.

Demonstração

Quanto maior é o amor com o qual alguém imagina a coisa amada ser afetada em relação a si, mais se gloriará (pela proposição precedente), isto é, alegrar-se-á (pelo escólio da proposição 30 desta parte). Portanto, ele se esforçará (pela proposição 28 desta parte), o quanto puder, em imaginar a coisa amada unida a si estritissimamente; e este esforço, ou seja, este apetite, é ainda alimentado se ele imagina que um outro deseja para si a mesma coisa (pela proposição 31). Mas se supõe que este esforço, ou seja, este apetite, é reduzido pela imagem da própria coisa amada, concomitante à imagem daquele que a ela se une; ele será, assim (pelo escólio da proposição 11 desta parte), por isso mesmo, afetado de uma tristeza concomitante à ideia da coisa amada, e, simultaneamente, pela imagem de outro; isto é (pelo escólio da proposição 13 desta parte), ele será afetado de ódio pela coisa amada e simultaneamente por este outro (pelo corolário da proposição 15 desta parte), e terá inveja deste (pela proposição 23 desta parte) porque se deleita com a coisa amada. C.Q.D.

Escólio

Este ódio pela coisa amada unida à inveja chama-se ciúme, e assim o ciúme nada mais é que uma flutuação do ânimo que se origina ao mesmo tempo do amor e do ódio concomitantes à ideia de outro ao qual se tem inveja. Além disso, este ódio pela coisa amada é maior à medida da alegria com que costumava ser afetado pelo amor recíproco da coisa amada, e à medida também do afeto que tinha por aquele outro ao qual imagina que a coisa amada se une. Pois, se o odeia, por isso mesmo (pela proposição 24 desta parte) odiará a coisa amada, visto que imagina que ela afeta de alegria aquilo que lhe é odioso; e também (pelo corolário da proposição 15 desta parte) porque é forçado a juntar a imagem da coisa amada à imagem daquele que ele odeia. Esta última razão se encontra, na maior parte das vezes, no amor que se tem por uma mulher; com efeito, aquele que imagina a mulher que ele ama se entregando a outro, entristecer-se--á, não apenas porque seu próprio apetite é cerceado, mas também porque é forçado a juntar a imagem da coisa amada às partes pudendas e as excreções do outro de quem tem aversão; ao que se acrescenta, enfim, que o ciumento não é acolhido pela coisa amada com a mesma fisionomia que ela estava acostumada a se lhe apresentar, e que por isso também o amante se entristece, como mostrarei agora.

Proposição 36

Aquele que se recorda de uma coisa que se deleitou uma vez, deseja possuí-la com as mesmas circunstâncias pelas quais na primeira se deleitou com ela.

Demonstração

Tudo que um homem viu simultaneamente com a coisa que o deletou será por acidente (pela proposição 15 desta parte) causa de alegria; portanto, ele desejará (pela proposição 28 desta parte) possuir tudo isso simultaneamente com a coisa que o deleitou, ou seja, desejará possuir a coisa com as mesmas circunstâncias quando pela primeira vez se deleitou com ela. C.Q.D.

Corolário

Portanto, se ele constatar que falta uma dessas circunstâncias, o amante se entristecerá.

Demonstração

Com efeito, quando ele percebe que falta alguma circunstância, imagina em certa medida que algo exclui a existência dessa coisa. Portanto, depois que, por amor, ele tem o desejo dessa coisa, e por isso dessa circunstância (pela proposição precedente), enquanto imagina que falta essa circunstância (pela proposição 19 desta parte), entristecer-se-á. C.Q.D.

Escólio

Esta tristeza, enquanto está relacionada à ausência daquilo que amamos, chama-se saudade.

Proposição 37

O desejo que se origina por causa de uma tristeza ou de uma alegria, por ódio ou amor, é tanto maior quanto maior é o afeto.

Demonstração

A tristeza diminui ou cerceia a potência de agir do homem (pelo escólio da proposição 11 desta parte), isto é (pela proposição 7 desta parte), o esforço pelo qual o homem se esforça em perseverar em seu ser; assim (pela proposição 5 desta parte), ela é contrária a esse esforço; e todo o esforço do homem afetado de tristeza é para afastar a tristeza. Porém (pela definição da tristeza), quanto maior é a tristeza, maior é a parte da potência de agir do homem ao qual ela se opõe necessariamente; portanto, tanto maior é tristeza, quanto maior é a potência de agir pela qual o homem se esforçará em afastá-la; isto é (pelo escólio da proposição 9 desta parte), maior é o desejo, ou seja, o apetite pelo qual ele se esforçará em afastar a tristeza. Ademais, visto que a alegria (pelo mesmo escólio da proposição 11 desta parte) aumenta ou favorece a potência de agir do homem, demonstra-se facilmente pelo mesmo caminho que um homem afetado de uma alegria não deseja nada mais que conservá-la, e isso com um desejo tanto maior quanto maior a alegria. Enfim, já que o ódio e o amor são os próprios afetos de tristeza ou alegria, segue-se da mesma maneira que o esforço, o apetite, ou seja, o desejo que se origina do ódio ou do amor será maior à medida do ódio e do amor. C.Q.D.

Proposição 38

Se alguém começou a odiar uma coisa amada, de modo que o amor seja inteiramente abolido, ele nutrirá por ela, por causa igual, maior ódio do que se ele nunca a tivesse amado, e tanto mais quanto maior tenha sido seu amor.

Demonstração

Com efeito, se alguém começa a odiar a coisa que ama, um maior número de seus apetites está cerceado do que se ele não a tivesse amado. Pois o amor é uma alegria (pelo escólio da proposição 13 desta parte) que o homem, o quanto pode (pela proposição 28 desta parte), esforça-se em conservar; e isso (pelo mesmo escólio) contemplando a coisa amada como presente e afetando-a de alegria (pela proposição 21), o quanto ele pode. Esse esforço (pela proposição precedente) é tanto maior quanto maior é o amor, do mesmo modo que o esforço em fazer com que a coisa amada o ame de volta (pela proposição 33 desta parte). Mas esses esforços serão cerceados pelo ódio pela coisa amada (pelo corolário da proposição 13 e proposição 23 desta parte). Portanto, o amante (pelo escólio da proposição 11 desta parte), por esse motivo também será afetado de tristeza e tanto mais quanto maior era seu amor; isto é, além da tristeza que foi causa do ódio, uma outra se origina de ter amado a coisa, e consequentemente ele contemplará a coisa amada com um afeto de tristeza maior, isto é (pelo escólio da proposição 13 desta parte), nutrirá por ela um ódio maior do que se ele não a tivesse amado, e tanto maior quanto maior tenha sido seu amor. C.Q.D.

Proposição 39

Aquele que odeia alguém se esforçará em fazer-lhe mal, a não ser que tema que um mal maior dali se origine para si; e, ao contrário, aquele que ama alguém se esforçará, pela mesma lei, em fazer-lhe bem.

Demonstração
Odiar alguém é (pelo escólio da proposição 13 desta parte) imaginá-lo como causa de tristeza; por conseguinte (pela proposição 28 desta parte), aquele que odeia alguém se esforçará em afastá-lo ou destruí-lo. Mas, se dali ele teme para si mesmo algo mais triste ou (o que é a mesma coisa) um mal maior, e se ele acredita poder evitá-lo ao não fazer o mal que ele meditava àquele que ele odeia, desejará abster-se (pela mesma proposição 28 desta parte) de fazer--lhe mal; e isso (pela proposição 37 desta parte) com um esforço maior que aquele que o levava a fazer mal e que, por consequência, prevalecerá, como queremos demonstrar. A demonstração da segunda parte procede do mesmo. Portanto, aquele que odeia alguém etc. C.Q.D.

Escólio
Por bem entendo aqui todo gênero de alegria e, além disso, tudo aquilo que a ela conduz, e principalmente aquilo que satisfaz a falta, qualquer que seja. Por mal entendo todo gênero de tristeza e principalmente aquilo que frustra a falta. Com efeito, mostramos acima (pelo escólio da proposição 9 desta parte) que não desejamos algo porque o julgamos bom, mas porque, ao contrário, chamamos bom algo que desejamos; consequentemente, chamamos mal algo a que temos aversão; cada um julga ou estima assim, a partir do seu afeto, o que é bom, mau, melhor, pior, o que é enfim o melhor e o que é o pior. Assim o avaro julga que a abundância de dinheiro é aquilo que há de melhor, a pobreza aquilo que há de pior. O ambicioso não deseja nada tanto quanto a glória e, ao contrário, nada teme tanto quanto

a vergonha. Ao invejoso nada é mais agradável que a infelicidade de outro, e nada mais molesto do que a felicidade de outro; e assim cada um julga, a partir do seu afeto, que algo é bom ou mau, útil ou inútil. De resto, o afeto, pela qual o homem está disposto de tal maneira que ele não queira aquilo que quer, ou queira aquilo que não quer, chama-se temor, que não é outra coisa que o medo enquanto dispõe um homem a evitar um mal que julga futuro por meio de um mal menor (veja-se a proposição 28 desta parte). Mas, se o mal do qual se tem temor é uma vergonha, então o temor se chamará pudor. Enfim, se o desejo de evitar um mal futuro é cerceado pelo temor de outro mal, de modo que não se saiba mais o que se quer, então o temor se chama consternação, principalmente quando um e outro mal que temem estão entre os maiores.

Proposição 40
Aquele que imagina que outro o odeia e acredita não lhe ter dado nenhuma razão de ódio, odiará de volta esse outro.

Demonstração
Aquele que imagina alguém afetado de ódio será ele próprio também afetado de ódio (pela proposição 27 desta parte), isto é (pelo escólio da proposição 13 desta parte), de uma tristeza concomitante à ideia de uma causa exterior. Mas (por hipótese) ele não imagina nenhuma causa para essa tristeza exceto que aquele o odeia; portanto, por imaginar que alguém o odeia, ele será afetado de uma tristeza concomitante à ideia da-

quele que o odeia, ou seja (pelo mesmo escólio), ele o odiará. C.Q.D.

Escólio

Se ele imagina ter dado uma justa causa de ódio, então (pela proposição 30 e escólio) ele será afetado de vergonha. Mas isto (pela proposição 25 desta parte) acontece raramente. Essa reciprocidade de ódio pode originar-se também daquilo que o ódio é seguido, a saber, de um esforço para fazer mal àquele que se odeia (pela proposição 39 desta parte). Portanto, aquele que imagina que alguém o odeia, imagina-o causa de um mal, ou seja, de uma tristeza; e assim ele será afetado de uma tristeza ou de um medo concomitante à ideia daquele que o odeia como causa, isto é, ele será afetado de ódio, como dito acima.

Corolário 1

Quem imagina aquele a quem ama afetado de ódio contra si, será conflitado simultaneamente pelo ódio e pelo amor. Com efeito, enquanto imagina que o outro o odeia, é determinado (pela proposição precedente) a odiá-lo. Mas (por hipótese) ama-o; portanto, ele será conflitado simultaneamente pelo ódio e pelo amor.

Corolário 2

Se alguém imagina que um mal lhe foi feito, por ódio, por outro em relação ao qual não nutria afeto nenhum, ele se esforçará imediatamente em lhe retribuir esse mal.

Demonstração
Aquele que imagina alguém afetado de ódio em relação a si, odiá-lo-á de volta (pela proposição precedente) e (pela proposição 26 desta parte) se esforçará em inventar tudo o que pode afetar este outro de tristeza, e se empenhará (pela proposição 39 desta parte) por fazer-lhe isso. Mas (por hipótese) o que ele primeiro imagina desse tipo é o mal que lhe foi feito; portanto, ele se esforçará imediatamente em lhe retribuir o mesmo mal. C.Q.D.

Escólio
O esforço em fazer o mal àquele que odiamos chama-se ira; o esforço em retribuir o mal que nos foi feito chama-se vingança.

Proposição 41
Se alguém imagina que é amado por outro e acredita não lhe ter dado nenhum motivo para isso (o que, pelo corolário da proposição 15 e a proposição 16 desta parte, pode acontecer), ele o amará de volta.

Demonstração
Esta proposição se demonstra pelo mesmo caminho que a precedente, da qual veja-se também o escólio.

Escólio
Se alguém acredita ter dado uma justa causa para o amor, ele se gloriará (pela proposição 30 com seu escólio), o que (pela proposição 25 desta parte) acontece com muita frequência. O contrário, dissemos, é quando alguém imagi-

na que outro o odeia (pelo escólio da proposição precedente). Além disso, esse amor recíproco e, consequentemente (pela mesma proposição), o esforço em fazer o bem a quem nos ama e se esforça em nos fazer o bem, chama-se reconhecimento ou gratidão. Portanto, aparece que os homens são muito mais dispostos à vingança do que a retribuir um benefício.

Corolário
Aquele que imagina ser amado por aquele que odeia, será conflitado ao mesmo pelo tempo pelo ódio e pelo amor. Isso se demonstra pelo mesmo caminho que o primeiro corolário da proposição precedente.

Escólio
Se o ódio prevalecer, ele se esforçará em fazer o mal àquele por quem é amado; esse afeto se chama crueldade, sobretudo se crê que aquele que ama não deu nenhuma causa comum para o ódio.

Proposição 42
Aquele que, movido por amor ou esperança de glória, fez o bem a alguém, entristecer-se-á se vê que seu benefício é recebido com ingratidão.

Demonstração
Aquele que ama uma coisa semelhante a si se esforça, o quanto pode, em fazer que ela o ame de volta (pela proposição 33 desta parte). Portanto, aquele que, por amor, fez o bem a alguém, fez isso porque desejava ser amado

de volta, isto é, com esperança de glória (pela proposição 34 desta parte) ou de alegria (pelo escólio da proposição 30 desta parte); portanto, ele se esforçará em imaginar (pela proposição 12 desta parte), o quanto pode, essa causa de glória, ou seja, em contemplá-la como existente em ato. Mas (por hipótese) ele imagina outra coisa que exclui a existência dessa causa; logo, ele (pela proposição 19 desta parte) se entristecerá por isso mesmo. C.Q.D.

Proposição 43

O ódio é aumentado pelo ódio recíproco e pode, ao contrário, ser extirpado pelo amor.

Demonstração

Quem imagina que aquele que ele odeia é afetado de ódio em relação a si, por isso mesmo se origina de um novo ódio (pela proposição 40 desta parte) durante ainda (por hipótese) o primeiro [ódio]. Mas se, ao contrário, ele imagina que esse outro é afetado de amor em relação a si, enquanto imagina isso, contempla a si mesmo com alegria (pela proposição 30 desta parte) e se esforçará na mesma medida (pela proposição 29 desta parte) em agradar a este outro; isto é (pela proposição 41), ele se esforça, na mesma medida, em não odiá-lo e não o afetar de nenhuma tristeza; esse esforço será (pela proposição 37 desta parte) maior ou menor à medida do afeto do qual se origina; e, consequentemente, se for maior que aquela que se origina do ódio ou pela qual alguém se esforça em afetar de tristeza a coisa que odeia (pela proposição 26 desta parte), esse esforço prevalecerá sobre o ódio e o extirpará do ânimo. C.Q.D.

Proposição 44

O ódio que é inteiramente vencido pelo amor passa a ser amor, e o amor é por essa razão maior do que se o ódio não o tivesse precedido.

Demonstração

Procede-se como para demonstrar a proposição 38. Com efeito, aquele que começa a amar a coisa que odeia, ou seja, a coisa que se acostumou a contemplar com tristeza, alegrar-se-á apenas pelo fato de que ama. A essa alegria que o amor envolve (veja-se a definição no escólio da proposição 13 desta parte), ajunta-se aquela que se origina do fato de que o esforço em afastar a tristeza que o ódio envolve (como demonstramos na proposição 37 desta parte) é inteiramente favorecido, e isso é concomitante à ideia daquele que se odiou como causa.

Escólio

Ainda que seja assim, ninguém se esforçará em odiar alguém, ou em ser afetado de tristeza a fim de fruir desta maior alegria; isto é, ninguém desejará um dano para si na esperança de recuperar-se dele, nem desejará adoecer na esperança de sarar. Pois cada um se esforçará sempre em conservar seu ser e, o quanto pode, afastar a tristeza. Ao contrário, se se pudesse conceber um homem desejando odiar alguém a fim de nutrir-lhe em seguida por ele um amor maior, então ele desejaria sempre odiá-lo. Pois quanto maior tiver sido o ódio, maior será o amor e, por conseguinte, ele desejará sempre que o ódio aumente mais e mais; e pelo mesmo motivo, um homem se esforçará mais e mais em adoecer a fim de fruir em seguida de uma maior alegria pelo restabelecimento de sua saúde; portanto, ele se esforçará em adoecer sempre, o que é absurdo (pela proposição 6 desta parte).

Proposição 45
Se alguém que ama uma coisa semelhante a si imagina que outro semelhante a si é afetado de ódio por esta coisa, esse alguém o odiará.

Demonstração
Com efeito, a coisa amada odeia de volta aquele que a odeia (pela proposição 40 desta parte) e assim o amante que imagina que alguém odeia a coisa amada, por isso mesmo, imagina que a coisa amada é afetada de ódio, isto é (pelo escólio da proposição 13 desta parte), de tristeza, e consequentemente (pela proposição 21) se entristecerá, e isto concomitante à ideia daquele que odeia a coisa amada, isto é (pelo escólio da proposição 13 desta parte), ele o odiará. C.Q.D.

Proposição 46
Se alguém foi afetado por outro, pertencendo a uma classe ou a uma nação diferente, de sua alegria ou de uma tristeza concomitante, como causa, à ideia deste outro sob o nome universal da classe ou da nação, ele não apenas amará este outro ou o odiará, mas também todos aqueles da mesma classe ou da mesma nação.

Demonstração
A demonstração é evidente da proposição 16 desta parte.

Proposição 47
A alegria que se origina por imaginarmos que uma coisa que odiamos é destruída ou afetada de outro mal, não se origina sem alguma tristeza do ânimo.

Demonstração
Isto é evidente pela proposição 27 desta parte. Pois, enquanto imaginamos que uma coisa semelhante a nós é afetada de tristeza, nós nos entristecemos.

Escólio
Essa proposição pode também se demonstrar pelo corolário da proposição 17 da parte II. Com efeito, cada vez que nos recordamos de uma coisa, ainda que ela não exista em ato, entretanto, nós a contemplamos como presente, e o corpo é afetado da mesma maneira; por isso, enquanto vigora a memória da coisa, o homem é determinado a contemplá-la com tristeza; e essa determinação, enquanto permaneça a imagem da coisa, decerto é cerceada, mas não eliminada pela memória das coisas que excluem a existência da coisa imaginada; e, por conseguinte, o homem se alegra apenas enquanto esta determinação é cerceada; donde acontece que esta alegria, que se origina do mal da coisa que odiamos, renova-se todas as vezes que nos recordamos dessa coisa. Com efeito, como dissemos, quando a imagem dessa coisa é despertada, visto que ela envolve a existência da coisa, ela

determina o homem a contemplá-la com a mesma tristeza com a qual costumava contemplá-la quando ela existia. Mas, como ela juntou à imagem desta coisa outras imagens que lhe excluem a existência, esta determinação à tristeza é logo cerceada, e o homem se alegrará de novo, e isto todas as vezes que a ocorrência se repetir. É por esta razão que os homens se alegram todas as vezes que se recordam de um mal já passado; e é por isso que eles se regozijam em narrar os perigos dos quais foram livrados. Com efeito, quando eles imaginam algum perigo, eles o contemplam como futuro e estão determinados a temê-lo; mas essa determinação é cerceada de novo pela ideia de liberdade que uniram àquela daquele perigo, ainda que tenham sido livrados, e esta ideia lhes dá segurança novamente; e, por isso, eles se alegram novamente.

Proposição 48

O amor e o ódio, por exemplo, por Pedro, são destruídos se a tristeza que o segundo [o ódio] envolve e a alegria que o primeiro [o amor] envolve estão unidos à ideia de outra causa; e ambos são diminuídos enquanto imaginamos que Pedro sozinho não foi a causa de um e outro.

Demonstração

Isto é evidente apenas pela definição de amor e de ódio, que se vê no escólio da proposição 13 desta parte. Com efeito, a única razão pela qual a alegria é chamada de amor, e a tristeza de ódio por Pedro, é que Pedro é contemplado como sendo a causa de uma ou de outro afeto. Portanto, ao se eliminar isto totalmente ou em parte, é diminuído, totalmente ou em parte o afeto em relação a Pedro. C.Q.D.

Proposição 49
O amor e o ódio por uma coisa que imaginamos livre devem os dois ser maiores, por causa igual, do que por uma coisa necessária.

Demonstração
Uma coisa que imaginamos que é livre deve (pela definição 7 da parte I) ser percebida por si mesma sem as outras. Portanto, se imaginamos que ela é a causa de uma alegria ou de uma tristeza, por isso mesmo (pelo escólio da proposição 13 desta parte) a amaremos ou a odiaremos, e isto (pela proposição precedente) do maior amor ou do maior ódio que possa originar-se do afeto dado. Mas, se imaginamos como necessária uma coisa que é a causa desse afeto, então (pela mesma definição 7 da parte I) não a imaginaremos que ela é a causa sozinha desse afeto, mas sim com outras, e assim (pela proposição precedente) o amor e o ódio por ela serão menores. C.Q.D.

Escólio
Segue-se disso que os homens, porque se têm por livres, nutrem-se uns aos outros com um amor ou um ódio maiores do que em relação às demais coisas; a isso se acrescenta a imitação dos afetos; sobre isso, vejam-se as proposições 27, 34, 40 e 43 desta parte.

Proposição 50

Uma coisa qualquer pode, por acidente, ser causa de esperança ou de medo.

Demonstração

Essa proposição se demonstra pelo mesmo caminho que a proposição 15 desta parte; a qual se veja junto com o escólio 2 da proposição 18 desta parte.

Escólio

As coisas que são, por acidente, causas de esperança ou de medo são chamadas de presságios bons ou maus. Ademais, esses presságios, enquanto são causa de esperança ou de medo, são (pelas definições de esperança e de medo, que se veem no escólio da proposição 18 desta parte) causa de alegria ou tristeza, e consequentemente (pelo corolário da proposição 15 desta parte), nós os amamos ou os odiamos como tais e (pela proposição 28 desta parte) nos esforçamos em empregá-los como meios de se chegar ao que esperamos ou de afastá-los como obstáculos ou causas de medo. Além disso, segue-se da proposição 25 desta parte que somos constituídos por natureza a acreditar facilmente no que esperamos, dificilmente naquilo de que temos medo, e estimamos estas coisas mais ou menos do que é justo. Daí se originam as superstições pelas quais os homens são por todos os lados conflitados. Não penso que valha a pena mostrar aqui as flutuações do ânimo que se originam da esperança e do medo, visto que se segue só da definição desses afetos que não há esperança sem medo nem medo sem esperança (como explicaremos amplamente em seu lugar), e visto que, além disso, enquanto esperamos ou tememos algo, nós o amamos ou odiamos; e assim tudo o que dissemos sobre o amor e o ódio, cada um poderá facilmente aplicá-lo à esperança ou ao medo.

Proposição 51

Homens diversos podem ser afetados de diversas maneiras por um só e mesmo objeto, e um só e mesmo homem pode ser afetado por um só e mesmo objeto de diversas maneiras em tempos diversos.

Demonstração

O corpo humano (pelo postulado 3 da parte II) é afetado pelos corpos exteriores por muitas maneiras. Portanto, dois homens podem, ao mesmo tempo, ser afetados de diversos modos, e assim (pelo axioma 1 que vem depois do lema 2 após a proposição 13 da parte II) eles podem ser afetados de diversas maneiras por um só e mesmo objeto. Ademais (pelo mesmo postulado), o corpo humano pode ser afetado ora de uma maneira, ora como de outra; e consequentemente (pelo mesmo axioma) pode ser afetado por um só e mesmo objeto de diversas maneiras em tempos diversos. C.Q.D.

Escólio

Vemos, pois, que pode acontecer que um odeie aquilo que outro ama; e que um não tema aquilo que outro teme; que um só e mesmo homem ame agora aquilo que odiava antes, que ouse aquilo que antes temia etc. Além disso, como cada um julga, a partir do seu afeto, o que é bom e mau, melhor e pior (veja-se o escólio da proposição 39 desta parte), segue-se que os homens podem variar tanto pelo julgamento quanto pelo afeto[23]; por isso acontece que, ao compararmos os homens uns aos outros, eles se distingam apenas pela diferença de afetos, e chamamos uns de intrépidos, outros de medrosos, outros enfim de outro nome. Chamarei, por exemplo, de intrépido aquele que despreza o mal do qual costumo ter medo; e se, além disso, atento ao que seu desejo de fazer o mal àquele a que odeia e o bem àquele a que ama não é cerceado pelo medo de um mal com que costumo conter-me, eu o chamarei audacioso. Além disso, parecer-me-á medroso, aquele que tem medo do mal que costumo desprezar; e se, além disso, eu atentar a que seu desejo é cerceado pelo medo de um mal que não pode conter-me, direi que ele é pusilânime; e assim cada um julgará. Enfim, por causa da natureza do homem e da inconstância de seu julgamento, como também porque o homem julga com frequência as coisas apenas a partir do seu afeto, e que as coisas que acredita fazer em vista da alegria ou da tristeza e das quais, por isso (pela proposição 28 desta parte), ele se esforça em fazer acontecer ou em afastar, com frequência são apenas imaginárias – para nada dizer aqui das outras causas de incerteza que mostrei na segunda parte – para tudo isso, concebemos facilmente que o homem pode ele mesmo ser com frequência a causa tanto de sua tristeza quanto de sua alegria; ou seja, que ele é afetado de uma alegria ou uma tristeza concomitante à ideia de si mesmo como cau-

---

23 N.B.: Mostramos que isso pode acontecer, ainda que a mente humana seja uma parte do intelecto divino, no corolário da proposição 11 da parte II.

sa; e entendemos assim facilmente o que é o arrependimento e o que é o contentamento consigo mesmo. O arrependimento é uma tristeza concomitante à ideia de si mesmo como causa, e o contentamento consigo mesmo é uma alegria concomitante à ideia de si mesmo como causa, e esses afetos os mais veementes porque os homens acreditam que são livres (veja-se a proposição 49 desta parte).

Proposição 52
Um objeto que vimos antes simultaneamente com outros, ou que imaginamos não ter nada que não seja comum a muitos, não o contemplaremos por tanto tempo quanto aquele que imaginamos que tenha algo singular.

Demonstração
Quando imaginamos um objeto que vimos com outros, ele de imediato nos recorda também dos outros (pela proposição 18 da parte II, cujo escólio veja-se também), e assim também da contemplação de um chegamos logo à contemplação de outro. E tal é também a condição de um objeto se imaginamos que ele nada tem que não seja comum a muitos. Com efeito, supomos por isso que não contemplaremos nada nele que não tenhamos visto antes com outros. Mas, quando supomos que imaginamos em um objeto algo singular que jamais vimos antes, não dizemos nada mais senão que a mente, enquanto contempla esse objeto, nada tem em si, ao contemplá-lo, que a possa ter feito chegar à contemplação desse objeto; e assim ela é determinada a contemplá-lo unicamente. Portanto, se um objeto etc. C.Q.D.

Escólio
Essa afecção da mente, ou seja, essa imaginação de uma coisa singular, enquanto se acha sozinha na mente, é chamada de admiração; se é provocada por um objeto que tememos, é dita consternação, porque a admiração de um mal mantém o homem a tal ponto suspenso apenas na contemplação dele que é capaz de pensar sobre outras coisas com as quais ele poderia evitar esse mal. Mas, se o que nos admira é a prudência de um homem, sua indústria ou algo do tipo, porque por isso contemplaremos esse homem como nos superando de longe, então a admiração se chama veneração; de outro modo, se chama horror se é a ira de um homem, sua inveja etc. que nos admira. Ademais, se estamos admirados pela prudência, pela indústria etc., de um homem que amamos, nosso amor por isso mesmo (pela proposição 12 desta parte) será maior, e chamaremos de devoção esse amor unido à admiração, ou seja, à veneração. Podemos também conceber desta maneira o ódio, a esperança, a segurança e outros afetos se unindo à admiração, e poderemos deduzir assim mais afetos do que não se costuma designar pelos vocábulos recebidos. Donde aparece que os nomes dos afetos foram inventados mais pelo uso vulgar deles do que pelo conhecimento acurado deles.

À admiração se opõe o desprezo, cuja causa, todavia, é na maior parte das vezes a seguinte: vemos que alguém se admira por uma coisa, ama-a, teme-a etc., ou ainda uma coisa parece à primeira vista semelhante àquelas que admiramos, que amamos, tememos etc., e somos assim determinados (pela proposição 15 com seu corolário e proposição 27 desta parte) a admirar esta coisa, a amá-la, a temê-la; mas, se pela presença ou sua contemplação mais atenta somos forçados a negar dela tudo que pode ser causa de admiração, amor, medo etc., então a mente permanece determinada pela presença mesma da coisa a pensar mais o que não está no objeto, do que o que nele se encontra, enquanto, ao contrário, pela presença de um objeto costuma pensar principalmente o que nele se encontra. Ademais, assim como a devoção se origina da admiração pela coisa que amamos, o escárnio se origina do desprezo pela coisa que odiamos ou tememos, e o desdém se origina do desprezo pela tolice, assim como a veneração se origina da admiração pela prudência. Enfim, podemos conceber o amor, a esperança, a glória e outros afetos unidos ao desprezo, e deduzir ainda daí outros afetos que não estamos acostumados a distinguir dos outros por nenhum vocábulo.

Proposição 53

Quando a mente se contempla a si mesma e a sua potência de agir, ela se alegra; e tanto mais quanto mais distintamente imagina a si mesma e a sua potência de agir.

Demonstração

O homem não conhece a si mesmo senão pelas afecções de seu corpo e as ideias delas (pelas proposições 19 e 23 da parte II). Portanto, quando acontece que a mente pode contemplar a si mesma, por isso supõe-se que ela passa a uma perfeição maior, isto é (pelo escólio da proposição 11 desta parte), supõe-se que ela é afetada de alegria, e tanto mais quanto mais distintamente ela pode imaginar a si mesma e a sua potência de agir. C.Q.D.

Corolário

Esta alegria é mais e mais alimentada quanto mais o homem mais imagina que é louvado pelos outros. Pois quanto mais ele imagina que é louvado pelos outros, maior é a alegria que imagina que os outros são afetados por ele, e isto concomitante à ideia de si mesmo (pelo escólio da proposição 29 desta parte); e assim (pela proposição 27 desta parte) ele mesmo é afetado de uma alegria maior concomitante à ideia de si mesmo.

Proposição 54

A mente se esforça em imaginar apenas aquilo que põe sua própria potência de agir.

Demonstração

O esforço da mente, ou seja, sua potência, é a essência da própria mente (pela proposição 7 desta parte); mas a essência da mente (como é autoevidente) afirma apenas o que a mente é e pode, e não o que ela não é e não pode; e assim ela se esforça em imaginar apenas o que afirma, ou seja, põe sua própria potência de agir. C.Q.D.

Proposição 55

Quando a mente imagina sua impotência, ela se entristece por isso.

Demonstração

A essência da mente afirma apenas o que a mente é e pode, ou seja, é da natureza da mente imaginar apenas o que põe sua potência de agir (pela proposição precedente). Portanto, quando dizemos que a mente, enquanto contempla a si mesma, imagina sua impotência, não dizemos nada senão que, enquanto a mente se esforça em imaginar algo que põe sua potência de agir, esse seu esforço é cerceado, ou seja (pelo escólio da proposição 11 desta parte), que ela se entristece. C.Q.D.

Corolário 1

Essa tristeza é mais e mais alimentada se imagina ser censurado vituperado por outros; o que se demonstra da mesma maneira que o corolário da proposição 53 desta parte.

Escólio

Essa tristeza concomitante à ideia da nossa fragilidade chama-se humildade. Já a alegria que se origina da contemplação de nós mesmos chama-se amor-próprio ou contentamento consigo mesmo, e como ela se renova tantas vezes quantas o homem contempla suas próprias virtudes e sua potência de agir, daí acontece que cada um se empenha em narrar seus feitos e em mostrar as forças tanto de seu corpo quanto de seu ânimo, e é por essa razão que os homens são molestos uns aos outros. Daí segue-se ainda que os homens são invejosos por natureza (veja-se o escólio da proposição 24 e o escólio da proposição 32 desta parte), ou seja, que eles se regozijam da fragilidade de seus semelhantes e se entristecem pelas virtudes deles. Com efeito, todas as vezes que alguém imagina suas próprias ações, é afetado de alegria (pela proposição 53 desta parte) e tanto mais quanto mais perfeição imagina que suas ações exprimem e quanto mais distintamente as imagina; isto é (pelo que foi dito no escólio da proposição 40 da parte II), tanto mais quanto mais se possa distingui-las das outras e contemplá-las como coisas singulares. É porque se regozija ao máximo com a contemplação de si mesmo quando contempla em si algo que nega dos outros. Mas, se o que afirma de si se refere à ideia universal de homem ou de animal, já não se regozijará tanto; e, ao contrário, ele se entristecerá se imagina que suas ações, comparadas àquelas dos outros, são mais frágeis. Além disso, ele se esforçará em afastar esta tristeza (pela proposição 28 desta parte), e isso ao interpretar falsamente as ações de seus semelhantes ou ao adornar as suas o quanto pode. Portanto, aparece que os homens são, por natureza, inclinados ao ódio e à inveja, ao qual se acrescenta ainda a própria educação. Pois os pais costumam motivar seus filhos à virtude pelo único incentivo da honra e da inveja. Entretanto, restará talvez o motivo de dúvida de que não raro admiramos as virtudes dos homens e os veneremos. Logo, para afastar isso, acrescentarei o corolário seguinte.

Corolário 2

Ninguém inveja a virtude de alguém a não ser que este lhe seja um igual.

Demonstração

A inveja é o próprio ódio (veja-se o escólio da proposição 24 desta parte), isto é, uma tristeza (pelo escólio da proposição 13 desta parte), isto é (pelo escólio da proposição 11 desta parte), uma afecção pela qual é cerceada a potência de agir de um homem ou seu esforço. Mas o homem (pelo escólio da proposição 9 desta parte) não se esforça nem deseja fazer nada senão o que pode seguir-se de sua natureza dada; portanto, o homem não desejará que alguma potência de agir ou (o que vem a ser o mesmo) que alguma virtude seja afirmada dele, se ela própria pertence à natureza de um outro e é alheia à sua; e assim seu desejo não pode ser cerceado, isto é (pelo escólio da proposição 11 desta parte), ele não pode entristecer-se, pois contempla essa virtude em alguém dessemelhante a si, e consequentemente não lhe pode ter inveja. Mas ele invejará seu semelhante, que se supõe ser da mesma natureza que ele. C.Q.D.

Escólio

Então, veneramos um homem, como dissemos acima, no escólio da proposição 52 desta parte, admiramos sua prudência, sua coragem etc.; isso acontece (como o mostra a proposição precedente) porque imaginamos que essas virtudes estão nele de maneira singular e não como comuns à nossa natureza; e de sorte que nós não as invejamos nele mais do que a altura das árvores, a fortaleza dos leões etc.

Proposição 56

Há tantas espécies de alegria, de tristeza e de desejo e consequentemente de cada afeto que se compõe deles, como a flutuação do ânimo, ou que deles se derivam, como o amor, o ódio, a esperança, o medo etc., quantas são as espécies de objetos pelos quais somos afetados.

Demonstração

A alegria e a tristeza e consequentemente os afetos que delas são compostas ou delas derivam, são paixões (pelo escólio da proposição 11 desta parte); além disso, padecemos (pela proposição 1 desta parte) necessariamente enquanto temos ideias inadequadas ; e apenas padecemos enquanto as temos (pela proposição 3 desta parte); isto é (pelo escólio 1 da proposição 40 da parte II), necessariamente padecemos apenas enquanto imaginamos, em outros termos (pela proposição 17 da parte II com o escólio), em que somos afetados por um outro afeto que envolve a natureza de nosso corpo e aquela de um corpo exterior. Portanto, a natureza de cada paixão deve ser necessariamente explicada de modo que se exprima a natureza do objeto pelo qual somos afetados. Digo que a alegria que se origina, por exemplo, do objeto A, envolve a natureza deste objeto A, e a alegria que se origina do objeto B envolve a natureza do objeto B; e assim esses dois afetos de alegria são diferentes por natureza, porque se originam de causas de natureza diferente. Assim também o afeto de tristeza que se origina de um objeto é diferente, por natureza, da tristeza que se origina de uma outra causa, e é preciso entendê-lo assim do amor, do ódio, da esperança, do medo, da flutuação do ânimo etc., e, por isso, há necessariamente tantas espécies de alegria, tristeza, amor, ódio etc. quantas são as espécies de objetos pelos quais somos afetados. Quanto ao desejo, ele é a própria essência ou a natureza de cada um enquanto é concebida como determinada a fazer algo a partir de sua constituição dada (pelo escólio da proposição 9 desta parte); portanto, conforme cada um é afetado por causas exteriores desta ou daquela espécie de alegria, de tristeza, de amor, de ódio, isto é, desde que sua natureza é constituída desta ou daquela maneira, seu desejo será necessariamente um ou outro, e a natureza de um desejo será diferente daquela de um outro desejo tanto quanto diferem entre si os afetos de onde se origina cada um. Portanto, há tantas espécies de desejo quantas de alegria, tristeza, amor etc., e consequentemente (pelo que já foi mostrado) quantas são as espécies de objetos pelos quais somos afetados. C.Q.D.

Escólio

Entre essas espécies de afetos, que (pela proposição precedente) devem ser muitíssimos, os notórios são a gula, a embriaguez, a lascívia, a avareza e a ambição, as quais não são mais do que noções do amor ou do desejo que explicam a natureza de ambos esses afetos pelos objetos aos quais se referem. Com efeito, por gula, embriaguez, lascívia, avareza e ambição, não entendemos outra coisa que um amor ou um desejo imoderado de comer, de beber, de copular, de riquezas e de glória. Além disso, esses afetos, enquanto os distinguimos de outros só pelo objeto aos quais se referem, não possuem contrários. Pois a temperança, a sobriedade e, enfim, a castidade, que costumamos opor à gula, à embriaguez e à lascívia, não são afetos ou paixões, mas manifestam a potência do ânimo que modera esses afetos. Além disso, não posso explicar aqui as outras espécies de afetos (porque há tantas quantas são as espécies de objetos) e, mesmo se eu pudesse, isso não seria necessário. Pois, para o que pretendemos, que é determinar as forças dos afetos e a potência que a mente tem sobre eles, é-nos suficiente ter uma definição geral de cada afeto. É-nos suficiente, digo, conhecer as propriedades comuns dos afetos e da mente para poder determinar de qual tipo e de qual grandeza é a potência da mente para moderar e cercear os afetos. Ainda que haja uma grande diferença entre este e aquele afeto de amor, de ódio ou de desejo, por exemplo, entre o amor que se tem pelos filhos e o amor que se tem pela esposa, portanto, não será preciso conhecer essas diferenças e prolongar ainda mais o estudo da natureza e da origem dos afetos.

Proposição 57
Um afeto qualquer de cada indivíduo difere do afeto de outro tanto quanto a essência de um difere da essência de outro.

Demonstração
Esta proposição é evidenciada pelo axioma 1 que se vê depois do lema 3 do escólio da proposição 13 da parte II. Todavia, nós a demonstraremos pelas definições de três afetos primitivos.

Todos os afetos se referem ao desejo, à alegria ou à tristeza como o mostram as definições que deles demos. Mas o desejo é a própria natureza ou a essência de cada um (pelo escólio da proposição 9 desta parte); portanto, o desejo de um difere da essência do outro. Além disso, a alegria e a tristeza são paixões pelas quais a potência de cada um, ou seu esforço em perseverar em seu ser, é aumentado ou diminuído, favorecido ou cerceado (pela proposição 11 desta parte, com o escólio). Mas pelo esforço em perseverar em seu ser, enquanto se refere simultaneamente à mente e ao corpo, entendemos o apetite e o desejo (pelo escólio da proposição 9 desta parte); portanto, a alegria e a tristeza são o próprio desejo, ou seja, o apetite, enquanto aumentado ou diminuído, favorecido ou cerceado, pelas causas exteriores, isto é (pelo mesmo escólio), é a própria natureza de cada um; e, assim, a alegria ou a tristeza de um difere da alegria ou da tristeza de outro tanto quanto a natureza ou essência de um difere da natureza ou essência do outro; e, consequentemente, um afeto qualquer de cada indivíduo difere do afeto de outro etc. C.Q.D.

Escólio
Segue-se daí que os afetos dos animais que são ditos irracionais (com efeito, não podemos duvidar que os animais não sentem, uma vez conhecida a origem da mente) diferem dos afetos dos homens enquanto sua natureza difere da humana. O cavalo e o homem sem dúvida são impelidos pela lascívia de procriar; mas o primeiro pela lascívia equina, o segundo pela lascívia humana. Igualmente as lascívias e os apetites dos insetos, dos peixes e das aves devem ser diferentes uns dos outros. Ainda que cada indivíduo viva contente com a sua natureza e goze dela, esta vida da qual cada um está contente e este gozo não são nada outro que a ideia ou a alma deste indivíduo, e assim o gozo de um difere do gozo de outro tanto quanto a essência de um difere da essência de outro. Enfim,

segue-se da proposição precedente que a diferença não é pequena entre o gozo pelo qual, por exemplo, é conduzido o ébrio e o gozo que o filósofo possui, o que quis fazer observar superficialmente. Eis o que diz respeito aos afetos que se referem ao homem enquanto padece, resta acrescentar algumas palavras sobre aquelas que dizem respeito a ele enquanto age.

Proposição 58

Além da alegria e do desejo que são paixões, há outros afetos de alegria e de desejo que se referem a nós enquanto agimos.

Demonstração

Quando a mente concebe a si mesma e concebe sua potência de agir, alegra-se (pela proposição 53 desta parte); ora, a mente contempla necessariamente a si mesma quando concebe uma ideia verdadeira, ou seja, adequada (pela proposição 43 da parte II). Ora, a mente concebe certas ideias adequadas (pelo escólio 2 da proposição 40 da parte II). Portanto, ela se alegra também enquanto concebe ideias adequadas, isto é (pela proposição 1), enquanto age. Além disso, a mente, enquanto tem ideias claras e distintas, bem como enquanto as tem confusas, esforça-se em perseverar em seu ser (pela proposição 9 desta parte). Mas por esforço entendemos o desejo (pelo escólio da mesma proposição); portanto, o desejo se refere a nós também enquanto nos conhecemos, ou seja (pela proposição 1), enquanto agimos. C.Q.D.

Proposição 59
Entre todos os afetos que se referem à mente enquanto ela age, nenhum há que não se refira à alegria e ao desejo.

Demonstração
Todos os afetos se referem ao desejo, à alegria ou à tristeza, como o mostram as definições que delas demos. Mas por tristeza entendemos que a potência de pensar da mente é diminuída ou cerceada (pela proposição 11 com seu escólio), e enquanto a mente se entristece, sua potência de entender, isto é, de agir (pela proposição 1), é diminuída ou cerceada. Portanto, nenhum dos afetos de tristeza pode referir-se à mente enquanto ela age, mas apenas os afetos de alegria e desejo, que se referem à mente. C.Q.D.

Escólio
Refiro à fortaleza da mente todas as ações que se seguem dos afetos que se referem à mente enquanto entende, e distingo a fortaleza da mente em animosidade e generosidade. Por animosidade entendo o desejo pelo qual um indivíduo se esforça em conservar em seu ser apenas pelo ditame da razão. Por generosidade entendo o desejo pelo qual um indivíduo se esforça, apenas pelo ditame da razão, em assistir outros homens e em uni-los a si por um laço de amizade. Portanto, refiro à animosidade estas ações que têm por fim apenas o útil do outro, e à generosidade aquelas que têm também por fim o útil de outro. Portanto, a temperança, a sobriedade e a presença de espírito nos perigos etc., são espécies de animosidade; já a modéstia, a clemência etc. são espécies de generosidade. Assim, penso

ter explicado e feito conhecer por suas primeiras causas os principais afetos e flutuações do ânimo que se originam da combinação dos três afetos primitivos, a saber, o desejo, a alegria e a tristeza. Vê-se por esta exposição que somos movidos de várias maneiras pelas causas exteriores, e que, como as ondas do mar, flutuamos movidos pelos ventos contrários, ignorando o que nos sucederá e qual será nosso destino. Todavia, eu disse que fiz conhecer apenas os principais conflitos do ânimo, e não todos aqueles que pode haver. Com efeito, ao continuar a seguir o mesmo caminho acima, podemos mostrar facilmente que o amor se une ao arrependimento, ao desdém, à vergonha etc. Melhor, acredito ser claro para cada um, pelo que já foi dito, que os afetos podem-se combinar entre eles de tantas maneiras e que tantas variedades podem originar-se daí, que não podem ser definidos por nenhum número. Mas é suficiente ao meu intuito ter enumerado apenas os principais; para aqueles que deixei de lado, eles serão objeto de curiosidade mais do que de utilidade. Entretanto, resta observar em relação ao amor que, por um encontro mais frequente, quando fruímos da coisa apetecida, o corpo pode adquirir por essa fruição uma constituição nova pela qual seja determinado de outro modo, e outras imagens sejam despertadas nele, e que a mente comece, simultaneamente, a imaginar umas coisas e a desejar outras. Por exemplo, quando imaginamos algo que costuma deleitar-nos pelo sabor, desejamos fruí--lo, isto é, comê-lo. Mas, enquanto fruímos dele, o estômago se enche, e o corpo se encontra em outra constituição. Portanto, se nessa nova disposição do corpo, a imagem do mesmo alimento se mantém porque está presente, e consequentemente também o esforço ou o desejo de comê-lo, a esse desejo ou esforço se oporá essa nova constituição, e, por conseguinte, a presença do alimento apetecido será odioso; e isto é o que chamamos de fastio e tédio. De resto, negligenciei as afecções exteriores do corpo e que se observam nos afetos, tais como o tremor, a palidez, o soluço, o riso etc., porque eles se referem apenas ao corpo, sem nenhuma relação com a mente. Enfim, devo fazer certas observações acerca das definições dos afetos, e por isso as repetirei aqui, pela ordem, inserindo o que se deve observar de cada uma delas.

Definições dos afetos
I. O desejo é a própria essência do homem enquanto é concebida como determinada a fazer algo por uma dada afecção sua qualquer.

Explicação

Dissemos mais acima, no escólio da proposição 9 desta parte, que o desejo é o apetite com consciência de si mesmo; e que o apetite é a própria essência do homem enquanto é determinada a fazer algo que serve à sua conservação. Mas fiz observar, no mesmo escólio, que não reconheço, na verdade, nenhuma diferença entre o apetite humano e o desejo. Com efeito, que o homem tenha ou não consciência de seu apetite, esse apetite não permanece um só e o mesmo; e assim, para não parecer que eu cometia uma tautologia, não quis explicar o desejo pelo apetite, mas me apliquei a defini-lo de modo a entender, de uma só vez, todos os esforços da natureza humana que designamos pelos nomes apetite, vontade, desejo ou ímpeto. Com efeito, eu poderia dizer que o desejo é a própria essência do homem enquanto é concebida como determinada a fazer algo, mas não se seguiria dessa definição (pela proposição 23 da parte II) que a mente possa ter consciência do seu desejo, ou seja, do seu apetite. Portanto, para que eu envolvesse a causa dessa consciência, foi-me necessário (pela mesma proposição) acrescentar "enquanto é concebida como determinada a fazer algo por uma dada afecção sua qualquer". Pois, por afecção da essência humana, entendemos uma constituição qualquer dessa essência, seja ela inata, seja ela concebida apenas pelo atributo do pensamento, ou apenas pelo atributo da extensão, ou enfim referida simultaneamente aos dois. Portanto, entendo pelo nome desejo todos os esforços, ímpetos, apetites e volições do homem que variam segundo a constituição variável de um mesmo homem e não raro se opõem tanto uns aos outros que o homem é conduzido de diversas maneiras e não sabe para onde se voltar.

II. A alegria é a passagem do homem de uma perfeição menor para uma maior.
III. A tristeza é a passagem do homem de uma perfeição maior para uma menor.

Explicação
Digo passagem, pois a alegria não é a própria perfeição. Com efeito, se o homem se originasse com a perfeição à qual passa, ele não a possuiria sem o afeto de alegria; isso se vê mais claramente a partir do afeto de tristeza, que lhe é

oposto. Com efeito, que a tristeza consista em uma passagem a uma perfeição menor, e não na própria perfeição menor, ninguém pode negá-lo, pois o homem não pode entristecer-se enquanto tem parte em qualquer perfeição. E não podemos dizer que a tristeza consista na privação de uma perfeição maior, pois uma privação não é nada. O afeto de tristeza é um ato e esse ato não pode por isso ser outra coisa que aquele pelo qual se passa a uma perfeição menor, isto é, o ato pelo qual é diminuída ou cerceada a potência de agir do homem (veja-se o escólio da proposição 11 desta parte). De resto, deixo de lado as definições de hilaridade, titilação, melancolia e dor, porque se referem predominantemente ao corpo e são apenas espécies de alegria ou tristeza.

IV. A admiração é a imaginação de uma coisa que permanece ligada à mente, porque essa imaginação singular não tem qualquer conexão com as outras (veja-se a proposição 52 com seu escólio).

Explicação
No escólio da proposição 18 da parte II, mostramos qual é a causa de a mente passar logo da contemplação de uma coisa ao pensamento de outra; a saber, porque as imagens dessas coisas foram concatenadas umas às outras e ordenadas de maneira que uma siga a outra. Ora, não se pode conceber que seja assim quando a imagem da coisa é nova, mas quando a mente for retida na contemplação dessa coisa até que seja determinada por outras causas a pensar em outras coisas. Portanto, contemplada em si mesma, a imaginação de uma coisa nova é de mesma na-

tureza que as outras e, por isso, não situo a admiração no número dos afetos, e não vejo motivo para fazê-lo, visto que essa distração da mente não se origina de nenhuma causa positiva que distraia a mente de outras coisas, mas apenas da ausência de uma causa que, da contemplação de uma coisa, determina-a a pensar em outras.

Portanto, reconheço três afetos primitivos ou primários (como adverti no escólio da proposição 11 desta parte), a saber, aqueles de alegria, tristeza e desejo; e, se disse algumas palavras sobre a admiração, é porque o uso fez com que certos afetos que derivam dos três primitivos fossem costumeiramente indicados por outros nomes quando eles se referem a objetos que nos causam admiração; por esse motivo, adicionarei igualmente aqui a definição de desprezo.

V. O desprezo é a imaginação de uma coisa que toca tão pouco a mente que esta é movida, pela presença da coisa, a imaginar mais o que não está na própria coisa do que o que nela está. Veja-se o escólio da proposição 52 desta parte.

Aqui deixo de lado as definições de veneração e desdém, porque nenhum dos afetos, que eu saiba, tiram delas seu nome.

VI. O amor é a alegria concomitante à ideia de uma causa exterior.

Explicação

Esta definição explica bem claramente a essência do amor; por ela, os autores que definem "o amor como a vontade que tem o amante de se unir à coisa amada" não exprimem a essência do amor, mas uma propriedade sua, e, não tendo visto suficientemente bem a essência do amor, esses autores não puderam jamais ter algum conceito claro de sua propriedade; assim, acontece que a definição deles foi julgada bastante obscura por todos. Todavia, é preciso observar que, ao dizer que essa propriedade consiste em uma vontade que tem o amante de se unir à coisa amada, não entendo por vontade um consentimento ou uma deliberação do ânimo, ou seja, um livre decreto (demonstramos na proposição 48 da parte II, que isso é fictício), nem mesmo um desejo de se unir à coisa amada quando ela está ausente, ou de perseverar na sua presença quando ela está ali; com efeito, o amor pode-se conceber sem este ou aquele desejo; mas por vontade entendo o contentamento que há no amante por causa da presença da coisa amada, contentamento pelo qual a alegria do amante é corroborada ou ao menos alimentada.

VII. O ódio é uma tristeza concomitante à ideia de uma causa exterior.

Explicação
Percebe-se facilmente o que é preciso observar aqui pelo que foi dito na explicação precedente. Além disso, veja-se o escólio da proposição 13 desta parte.

VIII. A propensão é uma alegria concomitante à ideia de uma coisa que é, por acidente, causa de alegria.

IX. A aversão é uma tristeza concomitante à ideia de uma coisa que é, por acidente, causa de tristeza. Sobre isso, veja-se o escólio da proposição 15 desta parte.

X. A devoção é o amor àquele que admiramos.

Explicação

Mostramos, na proposição 52 desta parte, que a admiração se origina da novidade de uma coisa. Então, se acontece de imaginarmos com frequência o que admiramos, cessaremos de admirá-lo. Portanto, vemos que o afeto de devoção facilmente degenera em simples amor.

XI. O escárnio é uma alegria que se origina de imaginarmos que algo que desprezamos está em uma coisa que odiamos.

Explicação

Enquanto desprezamos a coisa que odiamos, negamos sua existência (veja-se o escólio da proposição 52 desta parte), e desta maneira nos alegramos (pela proposição 20 desta parte). Mas, visto que supomos que o homem, odeia o objeto do qual escarnece, segue-se daí que essa alegria não é sólida. Veja-se o escólio da proposição 47 desta parte.

XII. A esperança é uma alegria que se origina da ideia de uma coisa futura ou passada de cuja ocorrência duvidamos em certa medida.

XIII. O medo é uma tristeza inconstante que se origina da ideia de uma coisa futura ou passada de cuja ocorrência duvidamos em alguma medida. Sobre isso, veja-se o escólio da proposição 18 desta parte.

Explicação

Segue-se dessas definições que não há esperança sem medo nem medo sem esperança. Com efeito, quem está suspenso na esperança e na dúvida em relação à ocorrência de uma coisa, supõe-se imaginar algo que exclui a existência de uma coisa futura; portanto, nisto ele se entristece (pela proposição 19 desta parte), e consequentemente, enquanto ele está suspenso na esperança, teme que o evento não aconteça. Ao contrário, quem está com medo, isto é, duvida da ocorrência de uma coisa que odeia, também imagina algo que exclui a existência da coisa; e assim (pela proposição 20 desta parte) ele se alegra e, consequentemente, tem esperança de que não aconteça.

XIV. A segurança é uma alegria que se origina da ideia futura ou passada da qual foi suprimida a causa de dúvida.

XV. O desespero é uma tristeza que se origina da ideia de uma coisa futura ou passada da qual foi suprimida a causa de dúvida.

Explicação

Assim, a segurança se origina da esperança, e o desespero do medo, quando não há mais causa de dúvida em relação à ocorrência de uma coisa; isso acontece de o homem imaginar como estando lá a coisa passada ou futura e de a contemplar como presente, ou porque ele imagina outras que excluem a existência daquelas coisas que tinham posto a dúvida nele. Com efeito, ainda que não possamos jamais estar certos da ocorrência das coisas singulares (pelo corolário da proposição 31 da parte II), pode acontecer de não duvidarmos disso. Com efeito, mostramos que algo (pelo escólio da proposição 49 da parte II) é não duvidar dele, outra é ter certeza dela; assim, acontece que pela imagem de uma coisa passada ou futura sejamos afetados do mesmo afeto de alegria ou tristeza que pelo qual seríamos afetados a partir da imagem de uma coisa presente, como demonstramos na proposição 18 desta parte, com seus escólios.

XVI. O gozo é uma alegria concomitante à ideia de uma coisa passada que veio para além da esperança.

XVII. O remorso é uma tristeza concomitante à ideia de uma coisa passada que veio para além da esperança.

XVIII. A comiseração é uma tristeza concomitante à ideia de um mal que acontece a alguém que imaginamos ser semelhante a nós (veja-se o escólio da proposição 22 e escólio da proposição 27 desta parte).

Explicação
Entre a comiseração e a misericórdia parece não haver qualquer diferença, a não ser talvez que a comiseração diz respeito a um afeto singular, e a misericórdia a um hábito deste [afeto singular].

XIX. O apreço é um amor a alguém que fez o bem a outro.

XX. A indignação é um ódio a alguém que fez o mal a outro.

Explicação
Sei que essas palavras têm outro sentido no uso comum. Mas meu projeto é explicar a natureza das coisas, e não a significação das palavras, e de indicar as coisas com vocábulos cuja significação usual não se afasta inteiramente daquela como quero usá-los, isso basta ter sido observado uma vez só. De resto, veja-se a causa desses afetos no corolário 1 da proposição 27 e ao escólio da proposição 22 desta parte.

XXI. A superestima é estimar alguém, por amor, mais do que é justo.
XXII. A subestima é estimar alguém, por ódio, menos do que é justo.

Explicação
Portanto, a superestima é um efeito ou uma propriedade do amor; a subestima, do ódio. Assim, a superestima pode ser definida como o amor enquanto afeta o homem de tal maneira que ele estime a coisa amada mais do que é justo; e, ao contrário, a subestima como o ódio enquanto afeta o homem de tal maneira que estime aquele a que odeia menos do que é justo. Sobre isso, veja-se o escólio da proposição 26 desta parte.

XXIII. A inveja é o ódio enquanto afeta o homem de tal maneira que se entristeça pela felicidade de outro e, ao contrário, regozije-se com o mal de outro.

Explicação
A inveja se opõe comumente à misericórdia, que por isso, a despeito da significação do vocábulo, pode-se definir assim:

XXIV. A misericórdia é o amor enquanto afeta o homem de tal maneira que ele se regozija com o bem de outro e se entristece com o mal de outro.

Explicação
De resto, veja-se sobre a inveja o escólio da proposição 24 e o escólio da proposição 32 desta parte. Tais são os afetos de alegria e tristeza concomitantes à ideia de uma coisa exterior como causa ou por si mesma ou por acidente. Passo aos outros concomitantes à ideia de uma coisa interior como causa.

XXV. O contentamento consigo mesmo é uma alegria que se origina de o homem contemplar a si mesmo e a sua potência de agir.

XXVI. A humildade é uma tristeza que se origina de o homem contemplar sua impotência, ou seja, sua fragilidade.

Explicação
O contentamento consigo mesmo se opõe à humildade enquanto entendemos por ele uma alegria que se origina ao contemplarmos nossa potência de agir. Mas enquanto entendemos por contentamento consigo mesmo uma alegria concomitante à ideia de uma coisa que acreditamos ter

feito por um livre decreto da mente, ele então se opõe ao arrependimento que definimos assim:

XXVII. O arrependimento é uma tristeza concomitante à ideia de uma coisa que acreditamos ter feito por um livre decreto da mente.

Explicação
Mostramos as causas desses afetos no escólio da proposição 51 desta parte, nas proposições 53, 54 e 55 desta parte e no escólio desta última. Sobre o livre decreto da mente, veja-se o escólio da proposição 35 da parte II. Além disso, é preciso notar aqui que não é de admirar que em geral todos os atos habitualmente chamados de depravados sejam seguidos de tristeza, e aqueles chamados de retos sejam seguidos de alegria. Pois isso depende antes de tudo da educação, como entendemos facilmente pelo que se disse acima. Com efeito, os pais censurando os primeiros e repreendendo com frequência a seus filhos por causa deles, exortando-os aos segundos e os louvando, fizeram com que as comoções de tristeza fossem unidas aos primeiro e as de alegria aos segundos. Isso é comprovado também pela experiência. Com efeito, o costume e a religião não são os mesmos para todos, mas, ao contrário, o que é sagrado para uns é profano para outros, e o que é honesto para uns é torpe para outros. Portanto, conforme cada um foi educado, arrepende-se de algum feito ou por este se gloria.

XXVIII. A soberba é estimar-se, por amor, mais do que é justo.

Explicação
A soberba difere da superestima porque esta se refere a um objeto exterior, ao passo que a soberba se refere ao próprio homem, que se estima mais do que é justo. Além disso, assim como a superestima é um efeito ou uma propriedade do amor, a soberba o é do amor-próprio e, portanto, pode se definir como o amor de si ou o contentamento consigo mesmo enquanto afeta o homem de tal maneira que se estime mais do que seria justo (veja-se o escólio da proposição 26 desta parte). Não há afeto oposto a este. Pois ninguém, pelo ódio de si, estima-se menos do que é justo; mais ainda, ninguém se estima menos do que o justo enquanto imagina não poder isto ou aquilo. Com efeito, tudo o que o homem imagina que não pode, ele o imagina necessariamente e por esta imaginação está disposto de tal maneira que não possa realmente fazer o que imagina não poder. Pois, enquanto imagina não poder isto ou aquilo, ele não é determinado a agir, e consequentemente lhe é impossível fazê-lo. Se, ao contrário, atentamos aquilo que depende apenas da opinião, poderemos conceber que acontece a um homem de se estimar menos do que o justo; com efeito, pode acontecer que alguém, contemplando triste sua fragilidade, imagine que todos o desprezam, e isso quando os outros não pensam em nada menos do que desprezá-lo. Ademais, um homem pode estimar-se menos do que o justo se no presente nega de si mesmo algo relativo ao tempo futuro, que lhe é incerto; como quando nega que se possa conceber algo de certo ou que não se possa desejar ou fazer nada senão o depravado e o torpe. Por conseguinte, podemos dizer que

alguém se estima menos do que é justo quando o vemos, por medo excessivo da vergonha, não ousar o que ousam seus iguais. Portanto, podemos opor à soberba esse afeto que chamarei de abjeção. Com efeito, como do contentamento consigo mesmo se origina a soberba, a abjeção se origina da humildade e, portanto, pode ser definida por nós assim:

XXIX. A abjeção é estimar-se, por tristeza, menos do que é justo.

Explicação

Costumamos, porém, opor a soberba à humildade, mas é que atentamos mais aos efeitos do que à natureza deles. Pois costumamos chamar de soberbo aquele que se gloria muito (veja-se o escólio da proposição 30 desta parte), que conta de si apenas suas virtudes e dos outros apenas os vícios, que quer ser preferido a todos e que, por fim, caminha com a mesma gravidade e o mesmo ornamento que costumam ter outros posicionados bem acima dele. Ao contrário, chamamos de humilde aquele que enrubesce com frequência, que reconhece seus vícios e conta as virtudes de outro, que cede a todos e, enfim, que caminha de cabeça baixa e deixa de se ornar. De resto, estes afetos, a saber, a humildade e a abjeção, são bem raros. Pois a natureza humana, considerada em si mesma, empenha-se contra eles o quanto pode (pelas proposições 13 e 54 desta parte), e assim aqueles que se acredita serem os mais abjetos e humildes são, na maior parte das vezes, maximamente ambiciosos e invejosos.

XXX. A glória é uma alegria concomitante à ideia de uma ação nossa que imaginamos que outros louvam.

XXXI. O pudor é uma tristeza concomitante à ideia de uma ação que imaginamos que vituperam outros.

Explicação
Sobre isso, veja-se o escólio da proposição 30 desta parte. Mas é preciso notar aqui a diferença que há entre vergonha e pudor. A vergonha é uma tristeza que se segue de um feito do qual nos envergonhamos. Já o pudor é o medo ou o receio da vergonha, pelo qual o homem é impedido de fazer algo torpe. Ao pudor costuma-se opor a impudência que, na verdade, não é um afeto, como mostrarei no seu lugar; os nomes dos afetos (como já adverti) dizem respeito a seu uso mais do que à sua natureza. Assim, terminei de explicar os afetos de alegria e tristeza que me havia proposto a explicar. Portanto, passo àqueles que refiro ao desejo.

XXXII. A saudade é o desejo, ou seja, o apetite de possuir uma coisa, o qual é alimentado pela memória dessa coisa e simultaneamente cerceado pela memória de outras coisas que excluem a existência daquela que se apetece.

Explicação
Como já dissemos muitas vezes, quando nos recordamos de uma coisa, somos, por isso mesmo, dispostos a contemplá-la pelo mesmo afeto de que seríamos afetados se ela estivesse presente; mas essa disposição, ou esse esforço, é na maior parte das vezes coibido, durante a vigília,

pelas imagens das coisas que excluem a existência daquela coisa que recordamos. Portanto, quando nos lembramos de uma coisa que nos afeta de um certo gênero de alegria, por isso nos esforçamos com o mesmo afeto de alegria em contemplá-la como presente, e esse esforço é logo inibido pela memória das coisas que excluem a existência dela. Portanto, a saudade é, na verdade, a tristeza que se opõe à alegria que se origina da ausência de uma coisa que odiamos; sobre isso, veja-se o escólio da proposição 47 desta parte. Todavia, como o nome saudade parece dizer respeito ao desejo, refiro esse afeto aos afetos de desejo.

XXXIII. A emulação é o desejo de uma coisa que é gerada em nós porque imaginamos que outros têm o mesmo desejo.

Explicação

Quem foge porque vê outros fugirem, ou teme porque vê outros terem medo, ou ainda quem, porque viu outro alguém ter queimado a própria mão, retira a mão e afasta seu corpo como se estivesse ele mesmo queimando a mão, dizemos que ele imita o afeto de outro, e não que ele o emula; não é porque sabemos que a causa da emulação é uma e a da imitação é outra, mas o uso faz com que chamemos de êmulo apenas aquele que imita o que julgamos honesto, útil ou belo. De resto, sobre a causa da emulação, veja-se a proposição 27 desta parte, com seu escólio. Porém, por que a esse afeto se une a inveja, sobre isso veja-se a proposição 32 desta parte, com seu escólio.

XXXIV. O reconhecimento ou gratidão é o desejo ou um empenho de amor pelo qual nos esforçamos em fazer o bem a quem nos beneficiou de igual afeto de amor. Veja-se a proposição 39 com o escólio da proposição 41 desta parte.

XXXV. A benevolência é o desejo de fazer o bem àquele por quem temos comiseração. Veja-se o escólio da proposição 27 desta parte.

XXXVI. A ira é o desejo que nos incita a fazer o mal por ódio àquele que odiamos. Veja-se a proposição 39 desta parte.

XXXVII. A vingança é o desejo que nos incita a fazer o mal pelo ódio recíproco a quem nos causou dano com afeto igual. Veja-se o corolário da proposição 40 desta parte, com seu escólio.

XXXVIII. A crueldade ou ferocidade é o desejo que nos incita a fazer o mal àquele que amamos ou de que nos comiseramos.

Explicação

À crueldade se opõe a clemência, que não é uma paixão, mas uma potência do ânimo que modera a ira e a vingança.

XXXIX. O temor é o desejo de evitar um mal maior, que tememos, por meio de um mal menor. Veja-se o escólio da proposição 39 desta parte.

XL. A audácia é o desejo que incita alguém a fazer algo correndo um perigo que seus iguais temem enfrentar.

XLI. A pusilanimidade se diz daquele cujo desejo é cerceado pelo temor de um perigo que seus iguais ousam enfrentar.

Explicação

Portanto, a pusilanimidade não é outra coisa que o medo de um mal que a maior parte não está acostumada a temer; é por isso que não a refiro aos afetos de desejo. Todavia, quis oferecer aqui a explicação porque ela se opõe, na verdade, ao afeto de audácia enquanto atentamos ao desejo.

XLII. A consternação se diz daquele cujo desejo de evitar um mal é cerceado pela admiração de um mal que teme.

Explicação

Portanto, a consternação é uma espécie de pusilanimidade. Mas, como ela se origina de um duplo temor, pode ser definida mais comodamente como sendo o medo que de tal maneira contém um homem estupefato ou flutuante, que ele não pode afastar-se do mal. Digo estupefato enquanto concebemos seu desejo de se afastar do mal como cerceado pela admiração. E digo flutuante enquanto concebemos esse desejo como cerceado pelo temor de um outro mal que o atormenta igualmente; donde vem que ele não sabe qual dos dois evitar. Sobre isso, veja-se o escólio da proposição 39 e escólio da proposição 52 desta parte. De resto, sobre a pusilanimidade e a audácia, veja-se o escólio da proposição 51 desta parte.

XLIII. A humanidade ou modéstia é o desejo de fazer o que agrada aos homens e de não deixar de fazer o que lhes desagrada.

XLIV. A ambição é o desejo imoderado de glória.

Explicação

A ambição é o desejo pelo qual todos os afetos são alimentados e fortificados (pelas proposições 27 e 31 desta parte); por isso, esse afeto dificilmente pode ser superado. Com efeito, enquanto um homem é possuído por um desejo, este é simultaneamente possuído por aquele. "O melhor, diz Cícero, é aquele maximamente guiado pela glória. Mesmo os filósofos que escrevem livros sobre o desprezo pela glória nestes colocam seus nomes" etc.

XLV. A gula é o desejo imoderado, ou mesmo o amor, de comer.

XLVI. A embriaguez é o desejo imoderado e o amor por beber.

XLVII. A avareza é o desejo imoderado e o amor pelas riquezas.

XLVIII. A lascívia é também o desejo e o amor de unir os corpos.

Explicação

Quer esse desejo de copular seja moderado quer não seja, tem-se o costume de chamá-lo lascívia. Além disso, os cinco últimos afetos (como já adverti no escólio da proposição 56 desta parte) não possuem contrários. Pois a modéstia é uma espécie de ambição, sobre a qual se veja no escólio da proposição 29 desta parte, e, também já adverti, a temperança, a sobriedade e a castidade não indicam uma paixão, mas uma potência da mente. E ainda que possa acontecer que um homem avaro, ambicioso ou medroso se abstenha dos excessos da comida, da bebida ou da cópula, contudo a avareza, a ambição e o medo não são opostos à gula, à embriaguez e à lascívia. Pois o avaro deseja na maior parte do tempo se empanturrar de comida e de bebida às despesas de outro. O ambicioso, desde que tenha a esperança de não ser descoberto, não se moderará em nada e, se viver entre os ébrios e os lascivos, será, por sua própria ambição, mais inclinado aos mesmos vícios. Enfim, o medroso faz o que não quer. Pois, ainda que lance ao mar suas riquezas para evitar a morte, permanece avaro; e se o lascivo está triste em não poder satisfazer-se, não cessa por isso de ser lascivo. E, absolutamente falando, esses afetos não dizem respeito tanto aos próprios atos de comer, beber etc., quanto ao próprio apetite e amor. Portanto, nada se pode opor a esses afetos senão a generosidade e a animosidade, sobre as quais falarei na sequência.

Silencio-me sobre as definições de ciúme e de outras flutuações do ânimo, tanto porque se originam de uma combinação de afetos já definidos quanto porque a maior parte não tem nomes; o que mostra que é suficiente para o uso da vida conhecê-las em geral. Além disso, está claro, pelas definições dos afetos explicados, que todos se originam do desejo, da alegria ou da tristeza, ou melhor, nada são além destes três, cada um dos quais costuma ser chamado por nomes variados, por causa das relações extrínsecas. Se agora quisermos atentar a esses afetos primitivos e ao que foi dito acima sobre a natureza da mente, poderemos definir os afetos, enquanto dizem respeito apenas à mente, da seguinte maneira:

Definição geral dos afetos
Um afeto que se diz do ânimo é uma ideia confusa pela qual a mente afirma uma força de existir de seu corpo, ou de uma parte deste, maior ou menor que do antes, e, dada a ideia, a própria mente é determinada a pensar em tal coisa antes que em outra.

Explicação
Digo, em primeiro lugar, que o afeto ou paixão do ânimo é uma "ideia confusa". Pois mostramos que a mente padece (pela proposição 3 desta parte) apenas enquanto ela tem ideias inadequadas ou confusas. Digo, em seguida, "pela qual a mente afirma uma força de existir de seu corpo, ou de uma parte deste, maior ou menor do que antes". Com efeito, todas as ideias dos corpos indicam antes a constituição atual de nosso corpo (pelo corolário 2 da proposição 16 da parte II) do que a natureza do corpo exterior; e aquela que constitui a forma do afeto deve indicar ou exprimir a constituição que tem o corpo, ou uma de suas partes, a partir do fato de que sua potência de agir, ou seja, sua força de existir é aumentada ou diminuída, favorecida ou cerceada. Entretanto, deve-se notar que, se digo "força de existir maior ou menor que antes", não entendo aí que a mente compare a constituição presente do corpo com o passado, mas que a ideia que constitui a forma do afeto afirma do corpo algo que envolve efetivamente mais

ou menos realidade do que antes. E como a essência da mente consiste (pelas proposições 11 e 13 da parte II) em que ela afirme a existência atual de seu corpo, e que pela perfeição entendemos a própria essência de uma coisa, segue-se, portanto, que a mente passa à uma perfeição maior ou menor quando lhe acontece afirmar de seu corpo, ou de uma parte dele, algo que envolve mais ou menos realidade do que antes. Portanto, quando eu disse acima que a potência de pensar da mente é aumentada ou diminuída, quis que fosse entendido apenas que a mente tinha formado de seu corpo, ou de uma parte dele, uma ideia que exprime mais ou menos realidade do que ela não tinha antes afirmado de seu corpo. Pois estima-se a excelência das ideias e a potência atual de pensar conforme a excelência do objeto. Enfim, acrescentei que "dada a ideia, a própria mente é determinada a pensar em tal coisa antes que em outra" a fim de exprimir, além da natureza da alegria ou da tristeza, também aquela do desejo.

FIM DA TERCEIRA PARTE.

Parte IV
Sobre a servidão humana, ou sobre as forças dos afetos

Prefácio

Chamo de servidão a impotência humana em moderar e coibir afetos, pois o homem submetido aos afetos não tem o domínio de si, estando sob o da fortuna, em cujo poder encontra-se de tal maneira, que se vê obrigado a seguir o pior, ainda que veja o que é melhor para si. Nesta parte, propus-me demonstrar a causa disso e o que têm os afetos de bom ou de mau. Mas, antes de iniciar, convém fazer algumas observações sobre a perfeição e a imperfeição, bem como sobre o bem e o mal.

Aquele que se propõe fazer uma coisa e a perfaz, dirá que essa coisa está perfeita, e, com ele também o dirá todo aquele que conheça, ou que acredite conhecer, a intenção e o propósito do autor dessa obra. Se alguém, por exemplo, vir uma obra que, digamos, ainda não está completa e souber que a intenção do autor dessa obra é a de construir uma casa, dirá que a casa está imperfeita; por outro lado, ele dirá que a obra está perfeita quando vir que o autor a conduziu ao fim que havia estabelecido. No entanto, se alguém vir uma obra diferente de tudo o que já viu e não conhecer a intenção do seu autor, obviamente não poderá saber se aquela obra está perfeita ou imperfeita. Esse parece ter sido o significado inicial desses termos.

Mas, depois que os homens começaram a formar ideias universais e conceber modelos de casas, edifícios, torres etc., e preferir uns modelos a outros, cada um acabou chamando de perfeito aquilo que visse corresponder à ideia universal que se havia formado daquela coisa, e de imperfeito aquilo que correspondesse menos ao modelo que havia concebido, ainda que, na opinião do autor, a obra fosse visivelmente perfeita. Não parece ser outra a razão pela qual comumente se chamam perfeitas ou imperfeitas mesmo as coisas naturais, isto é, aquelas que não foram feitas pela mão humana, dado que os homens costumam formar ideias universais tanto das coisas naturais quanto das artificiais e tê-las como modelos, e acreditam que a natureza (que estimam nunca agir senão tendendo a um fim) as observa e faz delas modelos. Portanto, quando veem ocorrer uma coisa na natureza que não corresponda plenamente ao modelo que dela haviam concebido, os homens acreditam que a própria natureza então falhou ou pecou ao deixar aquela coisa imperfeita. Vemos, assim, que os homens se habituaram a chamar as coisas naturais de perfeitas ou imperfeitas devido mais ao seu preconceito do que ao verdadeiro conhecimento delas.

Mostramos, pois, no apêndice à parte I, que a natureza não age com finalidade alguma, pois aquele ente eterno e infinito que chamamos de Deus ou de natureza age a partir da mesma necessidade pela qual existe: com efeito, demonstramos (na proposição 16 da parte I) que esse ente age de acordo com a mesma necessidade da natureza pela qual existe. A razão, portanto, ou a causa pela qual Deus ou a natureza age e aquela pela qual existe é uma e a mesma; logo, assim como existe sem finalidade alguma, também age sem finalidade alguma, e carece de princípio e de fim tanto para sua existência quanto para suas ações. A causa dita final, por outro lado, nada mais é do que o próprio apetite humano considerado como princípio ou causa primária de algo. Quando dizemos, por exemplo, que a habitação foi a causa final desta ou daquela casa, então decerto nada mais entendemos senão que o homem, a partir do que havia imaginado ser cômodo à vida doméstica, teve o apetite de construir uma casa. Por isso, a habitação, ao considerar-se uma causa final, nada mais é do que esse apetite singular que é, de fato, a causa eficiente, considerada causa primeira porque os homens comumente ignoram as causas dos seus apetites. Pois são eles, como eu já disse várias vezes, cônscios de suas ações e de seus apetites, mas são ignaros das causas pelas quais são determinados a apetecer algo. Além disso, enumero a opinião comum de que a natureza eventualmente falha, peca e produz coisas imperfeitas entre as ficções de que tratei no apêndice à parte I. Assim sendo, a perfeição e a imperfeição são, na verdade, apenas modos de pensar, a saber, noções que costumamos criar uma vez que comparamos uns aos outros indivíduos de uma mesma espécie ou gênero, e, por isso, disse acima (na definição 6 da parte II) que entendo o mesmo por realidade e por perfeição. Com efeito, costumamos reduzir todos os indivíduos da natureza a um único gênero, chamado generalíssimo, isto é, reduzi-los à noção do ente, que corresponde a todos os indivíduos da natureza. Portanto, enquanto reduzimos os indivíduos da natureza a esse gênero e os comparamos uns aos outros e constatamos que uns têm mais entidade ou realidade do que outros, dizemos que uns são mais perfeitos do que outros; e, enquanto lhes atribuímos algo que envolva uma negação, como limite, fim, impotência etc., os chamamos de imperfeitos, pois não afetam a nossa mente da mesma maneira que aqueles que chamamos de perfeitos, e não porque tenham algo que não lhes seja próprio, ou porque lhes falte algo, ou mesmo porque a natureza tenha pecado. Nada, pois, cabe à natureza de alguma coisa senão aquilo que procede da necessidade da natureza da causa eficiente, e tudo o que procede da necessidade da natureza da causa eficiente acontece necessariamente.

No que concerne ao bem e ao mal, eles também não indicam nada positivo nas coisas consideradas em si mesmas, e não são nada além de modos de pensar ou noções que formamos a partir da comparação recíproca das coisas. Pois uma mesma coisa pode, simultaneamente, ser boa ou má ou mesmo indiferente. A música, por exemplo, é boa para o melancólico, má para o enlutado, enquanto não é nem boa nem má para um surdo.

No entanto, apesar desse fato, temos de conservar o uso desses vocábulos, pois, por desejarmos formar uma ideia de homem como modelo da natureza humana, ser-nos-á útil conservar esses vocábulos no sentido que eu disse.

Assim, na sequência, entenderei por bem aquilo que sabemos com certeza ser um meio para aproximarmo-nos cada vez mais do modelo da natureza humana que nos propomos; por mal, entenderei aquilo que sabemos com certeza ser um impedimento para a realização daquele modelo;

enfim, diremos serem os homens mais perfeitos ou mais imperfeitos enquanto se aproximam mais ou menos desse mesmo modelo. Deve-se notar, antes de mais nada, que, ao dizer que alguém passa de uma perfeição menor para uma maior, e o contrário, não entendo que ele passe de uma essência ou forma a outra. Pois um cavalo, por exemplo, desfaz-se ao transformar-se tanto em um homem quanto em um inseto; contrariamente a isso, concebemos que a sua potência de agir, enquanto é entendida por sua própria natureza, aumenta ou diminui. Entenderei, pois, genericamente por perfeição a realidade, como já disse, isto é, a essência de uma coisa enquanto existe e opera de um modo certo, sem fazer referência à sua duração. De fato, nenhuma coisa singular pode dizer-se mais perfeita por perseverar na existência por mais tempo. A duração das coisas não se pode determinar a partir da sua essência dado que a essência das coisas não envolve nenhum tempo certo e determinado de existência; mas todas as coisas, sejam elas mais ou menos perfeitas, sempre poderão perseverar na existência com a mesma força com que começam a existir, de maneira que sejam todas iguais nesse aspecto.

Definições

I. Por bem entenderei aquilo que sem dúvida sabemos ser-nos útil.

II. Por mal, ao contrário, entenderei aquilo que sem dúvida sabemos impedir-nos a posse de um bem.

III. Chamo as coisas singulares de contingentes enquanto, observando-lhes apenas a essência, nada encontramos que lhes confira necessariamente a existência ou a exclua.

IV. Chamo essas mesmas coisas de possíveis enquanto, observando-lhes as causas pelas quais devem ser produzidas, não sabemos se estas são determinadas a produzir aquelas.

No escólio da proposição 33 da parte I, não coloquei nenhuma diferença entre possível e contingente porque ali não era preciso distingui-las com cuidado.

V. Por afetos contrários, na sequência, entenderei os afetos que perturbam o homem, ainda que sejam do mesmo gênero, como a luxúria e a avareza, que são espécies de amor; e eles não são contrários por natureza, e sim por acidente.

VI. Expliquei o que eu entenderei por afeto para com alguma coisa futura, presente ou passada nos escólios 1 e 2 da proposição 18 da parte III, às quais remeto.

Contudo, deve-se aqui notar que podemos imaginar distintamente a distância, tanto no espaço quanto no tempo, apenas até um certo limite; isto é, assim como costumamos imaginar que todos os objetos colocados a mais de duzentos pés de nós, ou aqueles cuja distância do lugar onde estamos supera o quanto podemos imaginar distintamente, distam igualmente de nós, como se estivessem no mesmo plano, da mesma maneira imaginamos distarem igualmente do tempo presente todos os objetos cujo tempo de existência imaginamos estar separado por um intervalo maior daquele que costumamos imaginar distintamente, e os referimos todos como que a um só momento do tempo.

VII. O fim por cuja causa fazemos algo, entendo-o por apetite.

VIII. Por virtude e potência entendo o mesmo; isto é (pela proposição 7 da parte III), a virtude, enquanto se refere ao homem, é a própria essência ou natureza do homem enquanto tem o poder de fazer coisas que só podem ser entendidas pelas leis da própria natureza.

Axioma
Nenhuma coisa singular se dá na natureza sem que haja outra mais potente e mais forte. Mas, dada uma coisa qualquer, há outra mais potente pela qual aquela pode ser destruída.

Proposição 1
Nada que uma ideia falsa tem de positivo é eliminado pela presença da verdade enquanto verdade.

Demonstração
A falsidade consiste apenas na privação do conhecimento que as ideias inadequadas envolvem (pela proposição 35 da parte II), e estas não têm nada de positivo, razão pela qual chamam-se falsas (pela proposição 33 da parte II); mas, ao contrário, enquanto se referem a Deus, são verdadeiras (pela proposição 32 da parte II). Portanto, se aquilo que uma ideia falsa tem de positivo fosse eliminado, uma ideia verdadeira seria eliminada por ela mesma, o que (pela proposição 4 da parte III) é absurdo. Portanto, nada que uma ideia etc. C.Q.D.

Escólio
Entende-se melhor esta proposição a partir do corolário 2 da proposição 16 da parte II. Pois a imaginação é uma ideia que indica mais a constituição presente do corpo humano do que a natureza do corpo exterior, e não o faz distintamente, mas sim confusamente, razão pela qual se diz que a mente erra. Por ex., quando observamos o sol, imaginamos que ele dista de nós cerca de duzentos pés, e nos enganamos quanto a isso enquanto ignoramos a sua verdadeira distância. Mas, uma vez conhecida a sua distância, elimina-se o erro, mas não a imaginação, isto é, a ideia do sol, que explica a natureza dele enquanto o corpo é afetado por ele, de maneira que, mesmo conhecendo a sua verdadeira distância, imaginamos que ele esteja próximo de nós. Pois, como dissemos no escólio da proposição 35 da parte II, não imaginamos que o sol esteja próximo de nós por ignorarmos a sua verdadeira distância, mas sim porque a mente concebe a magnitude do sol enquanto o corpo é afetado por ele. Assim, quando os raios do sol, incidindo na superfície da água, refletem-se em direção aos nossos olhos, nós o imaginamos como se estivesse na água, ainda que conhecêssemos a sua verdadeira localização; e, assim, as demais imaginações, pelas quais a mente é enganada, quer indiquem a constituição natural do corpo, quer indiquem o aumento ou a diminuição da potência de agir dele, não são contrárias à verdade, nem desaparecem na presença dela. É verdade que, quando tememos um mal falsamente, acontece de o temor desaparecer depois de ouvirmos uma notícia verdadeira; no entanto, quando tememos um mal que certamente ocorrerá, também acontece de o temor desaparecer depois de ouvirmos uma

notícia falsa. Dessa forma, as imaginações não desaparecem na presença da verdade enquanto verdade, mas sim quando se dão outras imaginações mais fortes, que excluem a existência presente das coisas que imaginamos, como demonstramos na proposição 17 da parte II.

Proposição 2
Nós sofremos enquanto somos uma parte da natureza que não pode ser concebida por si só, sem as demais partes.

Demonstração
Diz-se que sofremos quando algo, de que não somos senão a causa parcial, surge em nós (pela definição 1 da parte III), algo que não pode ser deduzido a partir apenas das leis da nossa natureza. Nós sofremos, portanto, enquanto somos uma parte da natureza que não pode ser concebida por si só, sem as demais partes. C.Q.D.

Proposição 3
A força com que o homem persevera na existência é limitada e é superada infinitamente pela potência das causas externas.

Demonstração
Isso é evidenciado pelo axioma acima. Pois, dado um homem, dá-se outra coisa, digamos A, mais potente; e dado A, dá-se outra coisa, digamos B, mais potente do que A, e assim ao infinito; e por isso a potência do homem é definida pela potência de outra coisa, e é superada infinitamente pela potência das causas externas. C.Q.D.

Proposição 4

Não é possível que o homem não seja uma parte da natureza e não possa sofrer quaisquer mudanças senão aquelas que possam ser entendidas somente por sua natureza e cuja causa seja adequada.

Demonstração

A potência pela qual as coisas singulares e, consequentemente, o homem conservam o seu ser é a própria potência de Deus, ou seja, da natureza (pelo corolário da proposição 24 da parte I), não enquanto é infinita, mas enquanto pode ser explicada pela essência humana atual (pela proposição 7 da parte III). Assim, a potência do homem, enquanto é explicada pela própria essência atual dele, é parte da potência infinita de Deus, ou seja, da natureza, isto é (pela proposição 34 da parte I) da essência. Primeiro, era isso. Então, se o homem não pudesse sofrer quaisquer mudanças senão as que pudessem ser entendidas através apenas da natureza do próprio homem, consequentemente (pelas proposições 4 e 6 da parte III) não poderia morrer, mas necessariamente sempre existiria; e isso deveria seguir-se de uma causa cuja potência fosse finita ou infinita, isto é, apenas da potência do homem, a qual pudesse remover de si as demais mudanças que pudessem surgir de causas externas; ou da potência infinita da natureza, pela qual todas as coisas singulares seriam dirigidas de maneira que o homem não pudesse sofrer quaisquer outras mudanças senão as que servissem à própria conservação. Mas, a primeira (pela proposição precedente, cuja demonstração é universal, e pode ser aplicada a todas as coisas singulares) é absurda. Portanto, se fosse possível ao homem não sofrer quaisquer mudanças senão as que pudessem ser entendidas através apenas da própria natureza do homem e, consequentemente (como já mostramos), necessariamente sempre existir, isso deveria seguir-se da potência infinita de Deus e, consequentemente (pela proposição 16 da parte I), a ordem de toda a natureza, enquanto é considerada afetada pela ideia de um homem, deveria ser deduzida, sob os atributos da extensão e do pensamento, da necessidade da natureza divina; e assim (pela proposição 21 da parte I) o homem seria infinito, o que (pela primeira parte desta demonstração) é absurdo. Não é, portanto, possível que o homem não sofra quaisquer mudanças senão aquelas das quais seja ele próprio causa adequada. C.Q.D.

Corolário

Segue-se disso que o homem está sempre necessariamente submetido às paixões, e segue a ordem comum da natureza, e obedece a ela, e a ela se acomoda, o quanto a natureza das coisas o exige.

Proposição 5

A força e o crescimento de toda paixão e a sua perseverança em existir não são definidas pela potência com que nos esforçamos para perseverar na existência, mas sim pela potência de uma causa externa em relação à nossa.

Demonstração

A essência da paixão não pode ser explicada apenas pela nossa essência (pelas definições 1 e 2 da parte III), isto é (pela proposição 7 da parte III), a potência da paixão não pode ser definida pela potência com a qual nos esforçamos para perseverar no nosso ser, mas (como se mostrou na proposição 16 da parte II) deve ser necessariamente definida pela potência de uma causa externa em relação à nossa. C.Q.D.

Proposição 6
A força de uma paixão ou de um afeto pode superar as demais ações ou a potência do homem de maneira a aderir persistentemente ao homem.

Demonstração
A força e o crescimento de toda paixão e a sua perseverança em existir são definidas pela potência de uma causa externa em relação à nossa (pela proposição anterior); dessa forma (pela proposição 3 desta parte) pode superar a potência do homem etc. C.Q.D.

Proposição 7
O afeto não pode ser coibido nem eliminado senão por um afeto contrário e mais forte do que o afeto a ser coibido.

Demonstração
O afeto, enquanto se refere à mente, é a ideia com que a mente afirma (pela definição geral dos afetos, que se encontra ao fim da parte III) do seu corpo uma força de existir maior ou menor do que antes. Quando a mente é afligida por um afeto, simultaneamente o corpo é afetado por uma afecção, pela qual a sua potência de agir

aumenta ou diminui. Além disso, esta afecção do corpo (pela proposição 5 desta parte) recebe da sua causa a força para perseverar no seu ser; ela, por isso, não pode ser coibida nem eliminada a não ser por uma causa corpórea (pela proposição 6 da parte II) que afete o corpo com uma afecção contrária (pela proposição 5 da parte III) e mais forte do que aquela (pelo axioma desta parte). Por isso, (pela proposição 12 da parte II) a mente será afetada pela ideia de uma afecção mais forte e contrária à anterior, isto é (pela definição geral dos afetos), a mente é afetada por um afeto mais forte e contrário ao anterior, o qual excluirá ou eliminará a existência do anterior; por isso o afeto não pode ser coibido nem eliminado senão por um afeto contrário e mais forte. C.Q.D.

Corolário

O afeto, enquanto se refere à mente, não pode ser coibido nem eliminado senão pela ideia de uma afecção do corpo contrária e mais forte do que a afecção pela qual sofremos. Pois o afeto, devido ao qual sofremos, não pode ser coibido nem eliminado senão por um afeto mais forte do que ele e contrário (pela proposição precedente), isto é (pela definição geral dos afetos), não pode ser coibido nem eliminado senão pela ideia de uma afecção do corpo mais forte e contrária à afecção pela qual sofremos.

Proposição 8

O conhecimento do bem e do mal nada mais é do que o afeto de alegria ou de tristeza enquanto dele somos cônscios.

Demonstração

Chamamos de bem ou mal aquilo que auxilia ou prejudica a conservação do nosso ser (pelas definições 1 e 2 desta parte), isto é (pela proposição 7 da parte III), aquilo que aumenta ou diminui, ajuda ou inibe a nossa potência de agir. Na medida, portanto (pelas definições de alegria e tristeza, as quais se vejam no escólio da proposição 11 da parte III), em que percebemos que uma coisa nos afeta de alegra ou de tristeza, nós a chamamos de boa ou má; de maneira que o conhecimento do bem e do mal nada mais é do que a ideia da alegria ou da tristeza, a qual necessariamente segue do próprio afeto de alegria ou de tristeza (pela proposição 22 da parte II). Essa ideia está unida ao afeto da mesma maneira que a mente está unida ao corpo (pela proposição 21 da parte II), ou seja (como se mostrou no escólio dessa mesma proposição), essa ideia não se distingue, de fato, do próprio afeto, ou (pela definição geral dos afetos) da ideia da afecção do corpo, senão exclusivamente pelo conceito; portanto esse conhecimento do bem e do mal nada mais é do que o próprio afeto enquanto somos cônscios dele. C.Q.D.

Proposição 9

O afeto é mais forte quando imaginamos que a sua causa está presente do que quando imaginamos que ela está ausente.

Demonstração

A imaginação é a ideia pela qual a mente contempla uma coisa como algo presente (veja-se a sua definição no escólio da proposição 17 da parte II), a qual, no entanto, indica mais a constituição do corpo humano do que a natureza de uma coisa externa (pelo corolário 2 da proposição 16 da parte II). Portanto, o afeto é uma imaginação (pela definição geral dos afetos) enquanto indica a constituição do corpo. Mas a imaginação (pela proposição 17 da parte II) é mais intensa enquanto não imaginamos nada que exclua a existência presente de uma coisa externa; portanto, também o afeto cuja causa imaginamos ser presente a nós é mais intenso ou mais forte do que se não a imaginássemos presente.

Escólio

Quando disse acima, na proposição 18 da parte III, que, a partir da imagem de uma coisa futura ou passada, somos afetados pelo mesmo afeto que haveria se a coisa que imaginamos fosse presente, adverti expressamente que isso era verdade enquanto atentamos apenas para a imagem da própria coisa: de fato, ela tem a mesma natureza, tenhamos nós a imaginado ou não. No entanto, não neguei que essa coisa se torna mais fraca quando contemplamos outras coisas que são presentes a nós e que excluem a existência presente de uma coisa futura. Descuidei de então fazer essa advertência, pois havia decidido por tratar das forças dos afetos nesta parte.

Corolário

A imagem de uma coisa futura ou passada, isto é, de uma coisa à qual contemplamos fora do tempo presente, com relação ao tempo futuro ou ao tempo passado, em iguais circunstâncias, é mais fraca do que a imagem de uma coisa presente. Consequentemente, o afeto para com uma coisa futura ou passada, em iguais circunstâncias, é menos intenso do que um afeto para com uma coisa presente.

Proposição 10
Somos afetamos mais intensamente para com uma coisa futura que imaginamos que acontecerá depressa do que se imaginássemos o seu tempo de existência a uma distância maior do presente; da mesma maneira, somos afetamos mais intensamente pela memória de uma coisa que se passou há pouco tempo do que se a imaginássemos passada há muito tempo.

Demonstração
Ora, enquanto imaginamos uma coisa que acontecerá depressa ou que se passou há não muito tempo, imaginamos algo que exclui a presença dessa coisa menos do que se imaginássemos o seu futuro tempo de existência a uma distância maior do presente, ou como algo ocorrido há muito tempo (como se percebe do fato em si); assim (pela proposição precedente), seremos afetados mais intensamente para com essa coisa.

Escólio
Das nossas observações à definição 6 desta parte, segue que nós somos afetados com menor intensidade para com objetos que distam do presente um intervalo de tempo maior do que podemos determinar por meio da imaginação, embora entendamos que haja, entre eles, um grande intervalo de tempo.

Proposição 11

O afeto para com uma coisa que imaginamos ser necessária, em iguais circunstâncias, é mais intenso do que o afeto para com uma coisa possível ou contingente, ou seja, não necessária.

Demonstração

Enquanto imaginamos ser uma coisa necessária, afirmamos a sua existência; ao contrário, negamos a existência de uma coisa enquanto imaginamos não ser ela necessária (pelo escólio 1 da proposição 33 da parte I). Dessa forma (pela proposição 9 desta parte), o afeto para com uma coisa necessária, em iguais circunstâncias, é mais intenso do que o afeto para com uma coisa não necessária. C.Q.D.

Proposição 12

O afeto para com uma coisa que sabemos não existir no tempo presente e que imaginamos como possível, em iguais circunstâncias, é mais intenso do que o afeto para com uma coisa contingente.

Demonstração

Enquanto imaginamos uma coisa como contingente, não somos afetados pela imagem de nenhuma outra coisa que afirme a sua existência (pela definição 3 desta parte); por outro lado (segundo hipótese), imaginamos certas coisas que excluem a sua existência presente. No entanto, enquanto imaginamos uma coisa possível no futuro, imaginamos certas coisas que afirmam a sua existência (pela definição 4 desta parte), isto é (pela proposição 18 da parte III), que estimulam esperança ou medo; por essa razão, o afeto per uma coisa possível é mais veemente. C.Q.D.

Corolário

O afeto para com uma coisa que sabemos não existir no presente, e que imaginamos ser contingente, é muito menos intenso do que se imaginássemos que essa coisa nos fosse presente.

Demonstração

O afeto para com uma coisa que imaginamos existir no presente é mais intenso do que se a imaginássemos como algo futuro (pelo corolário da proposição 9 desta parte), e é muito mais veemente se imaginamos que o tempo futuro dista muito do presente (pela proposição 10 desta parte). O afeto, portanto, para com uma coisa cujo tempo de existência imaginamos distar muito do presente é muito menos intenso do que se imaginássemos que ela fosse presente; ainda assim (pela proposição precedente) é mais intensa do que se a imaginássemos como contingente. Dessa forma, o afeto para com uma coisa contingente será muito menos intenso do que se imaginássemos que essa coisa nos fosse presente. C.Q.D.

Proposição 13

O afeto para com uma coisa contingente que sabemos não existir no presente é menos intenso do que o afeto para com uma coisa passada.

Demonstração

Enquanto imaginamos uma coisa como contingente, não somos afetados pela imagem de nenhuma outra coisa que afirme a sua existência (pela definição 3 desta parte). Mas, por outro lado (segundo hipótese) imaginamos certas coisas que excluem a sua presença. No entanto, enquanto imaginamos essa coisa com relação ao tempo passado, supomos que está sendo imaginado algo que a traz à memória, ou seja, que excite a imagem da coisa (veja-se a proposição 18 da parte II com o respectivo escólio), fazendo, por isso, com que a coisa seja contemplada como se fosse presente (pelo corolário da proposição 17 da parte II). Por essa razão (pela proposição 9 desta parte) o afeto para com uma coisa contingente que sabemos não existir no presente, em iguais circunstâncias, é menos intenso do que o afeto para com uma coisa passada. C.Q.D.

Proposição 14

O verdadeiro conhecimento do bem e do mal não pode coibir nenhum afeto enquanto é verdadeiro, mas apenas enquanto é considerado como um afeto.

Demonstração

O afeto é a ideia com que a mente afirma a força de existir de seu corpo, maior ou menor do que antes (pela definição geral dos afetos); e, por isso (pela proposição 1 desta parte) não tem nada de positivo que possa ser eliminado pela presença da verdade; consequentemente, o verdadeiro conhecimento do bem e do mal, enquanto verdadeiro, não pode coibir nenhum afeto. Mas, enquanto é um afeto (veja-se a proposição 8 desta parte), somente (pela proposição 7 desta parte) poderá coibir um afeto se for mais forte do que o afeto a ser coibido. C.Q.D.

Proposição 15
O desejo que surge do verdadeiro conhecimento do bem e do mal pode ser extinto ou coibido por muitos outros desejos que surgem dos afetos que nos agitam.

Demonstração
Do verdadeiro conhecimento do bem e do mal, enquanto (pela proposição 8 desta parte) é um afeto, surge necessariamente um desejo (pela definição 1 dos afetos), que é tanto maior, quanto maior o afeto do qual surge (pela proposição 37 da parte III). Mas, dado que esse desejo (por hipótese) surge do fato de entendermos algo verdadeiramente, ele, portanto, surge em nós, enquanto agimos (pela proposição 3 da parte III); e, consequentemente (pela proposição 7 da parte III), a sua força e o seu crescimento podem ser definidos apenas pela potência humana. Além disso, os desejos que surgem dos afetos que nos agitam serão maiores enquanto esses afetos forem mais veementes; por essa razão a sua força e o seu crescimento (pela proposição 5 desta parte) devem ser definidos pela potência das causas externas, as quais, se forem comparadas com a nossa, a superam indefinidamente (pela proposição 3 desta parte). Por isso, os desejos que surgem de afetos semelhantes podem ser mais veementes do que o desejo que surge do verdadeiro conhecimento do

bem e do mal, e, assim (pela proposição 7 desta parte), poderão coibi-lo ou extingui-lo. C.Q.D.

Proposição 16

O desejo que surge do conhecimento do bem e do mal, enquanto esse conhecimento observa o futuro, pode ser coibido ou extinto mais facilmente pelo desejo de coisas que, no presente, são agradáveis.

Demonstração

O afeto para com uma coisa que imaginamos ser futura é menos intenso do que o afeto para com uma coisa presente (pelo corolário da proposição 9 desta parte). No entanto, o desejo que surge do verdadeiro conhecimento do bem e do mal, embora esse conhecimento trate de coisas que são boas no momento, pode ser extinto ou coibido por um outro desejo temerário (pela proposição precedente, cuja demonstração é universal). Portanto, o desejo que surge desse conhecimento, enquanto este observa o futuro, pode ser coibido ou extinto mais facilmente etc. C.Q.D.

Proposição 17

O desejo que surge do verdadeiro conhecimento do bem e do mal, enquanto este trata de coisas contingentes, pode ser coibido ainda muito mais facilmente pelo desejo de coisas que são presentes.

Demonstração
Essa proposição é demonstrada, da mesma maneira que a proposição precedente, a partir do corolário da proposição 12 desta parte.

Escólio
Com isso, acredito ter mostrado a causa de os homens serem comovidos mais pela opinião do que pela verdadeira razão, e de o verdadeiro conhecimento do bem e do mal excitar comoções do ânimo e frequentemente ceder a todo gênero de lascívia. Disso nasceu a expressão do poeta: "vejo o melhor e o aprovo; sigo, no entanto, o pior". Eclesiastes também parece ter tido o mesmo em mente ao dizer: "aquele que aumenta o conhecimento, aumenta a dor". Mas eu não o digo a fim de chegar à conclusão de que é melhor ignorar do que saber, ou de que não há diferença entre o tolo e o inteligente quanto à moderação dos afetos, mas sim porque é necessário conhecermos tanto a potência quanto a impotência da nossa natureza, de maneira que possamos determinar o que a razão pode ou não pode na moderação dos afetos. Nesta parte, disse que trataria apenas da impotência humana, pois decidi tratar separadamente da potência da razão para com os afetos.

Proposição 18
O desejo que surge da alegria, em iguais circunstâncias, é mais forte do que o desejo que surge da tristeza.

Demonstração
O desejo é a própria essência do homem (pela definição 1 dos afetos), isto é (pela proposição 7 da parte III), o esforço com o qual o homem busca perseverar no seu ser. Por essa razão, o desejo que surge da alegria é estimulado ou aumentado pelo próprio afeto da alegria (pela definição de alegria, a qual se veja no escólio da proposição 11 da parte III); já o desejo que surge da tristeza é diminuído ou inibido pelo próprio afeto da tristeza (pelo mesmo escólio); dessa forma, a força de um desejo que surge da alegria deve ser definida simultaneamente pela potência humana e pela potência de uma causa externa, ao passo que o desejo que surge da tristeza deve ser definido apenas pela potência humana. Por isso, aquela é mais forte do que esta. C.Q.D.

Escólio
Com essa breve exposição, expliquei as causas da impotência e da inconstância humanas, e por que os homens não conservam os preceitos da razão. Resta-me, agora, mostrar o que nos prescreve a razão, e quais afetos convenham às regras da razão humana e quais afetos, por outro lado, sejam contrários a ela. Mas antes de iniciar a demonstração dessa questão por meio da nossa prolixa ordem geométrica, parece oportuno mostrar aqui, brevemente, os próprios ditames da razão, para que todos possam perceber com maior facilidade aquilo que penso. Dado que a razão não demanda nada contra a natureza, é consequente que ela demande que cada um ame a si mesmo, procure a sua utilidade, o que realmente é útil, e apeteça tudo aquilo que realmente conduza o homem a uma perfeição maior, e

que cada um, dentro das suas possibilidades, esforce-se para conservar o seu ser. Isso é tão necessariamente verdadeiro quanto o é o fato de que o todo é maior que uma de suas partes (veja-se a proposição 4 da parte III). Então, uma vez que a virtude (pela definição 8 desta parte) nada mais é do que agir segundo as leis da própria natureza, e que ninguém se esforça para conservar o seu ser (pela proposição 7 da parte III) senão segundo as leis da sua própria natureza, decorre disso, primeiramente: que o fundamento da virtude é o próprio esforço de conservar o próprio ser, e que a felicidade consiste em poder o homem conservar o seu ser; em segundo lugar, que a virtude deve consequentemente ser apetecida em vista de si mesma, e não há nada melhor do que ela ou que nos seja mais útil que ela, por cuja causa devamos apetecê-la; em terceiro lugar, que aqueles que se matam são impotentes de ânimo, sendo totalmente vencidos por causas externas repugnantes à sua natureza. Além disso, do postulado 4 da parte II se segue que não podemos fazer com que não careçamos de nada externo a nós para a conservação do nosso ser, e vivamos como se não tivéssemos relação alguma com as coisas que são externas a nós. E se, além disso, se pensarmos na nossa mente, o nosso intelecto seria certamente mais imperfeito se a mente estivesse sozinha e não entendesse nada além de si mesma. Há muitas coisas, portanto, fora de nós que nos são úteis e que, por isso, devem ser apetecidas. Destas, não se pode imaginar nenhuma mais excelente do que aquela que convém inteiramente com a nossa natureza. Se, por exemplo, dois indivíduos da mesma natureza unem-se um ao outro, compõem um indivíduo duas vezes mais potente do que um só deles. Nada, portanto, é mais útil ao homem do que o homem; quer dizer, os homens não podem desejar nada melhor para a conservação do seu ser do que a conveniência de todos para que as mentes e os corpos de todos componham como que um só corpo e uma só mente, e todos, simultaneamente, o quanto podem, esforcem-se para conservar o seu ser, e todos procurem o útil comum a todos. Segue, daí, que os homens que são governados pela razão, isto é, os homens que procuram o seu útil por meio da condução da razão, não desejam para si nada que não desejem para os demais homens também, e que, por isso, são justos, fiéis e honestos.

Estes são aqueles ditames da razão que me propusera mostrar aqui, antes de começar a explicá-los em uma ordem mais prolixa; e o fiz para conciliar comigo aqueles que acreditam que esse princípio, segundo o qual cada um é obrigado a procurar o seu útil, é fundamento de impiedade e não de piedade e de virtude. Depois, portanto, de ter mostrado brevemente que as coisas não são assim, sigo rumo à demonstração da mesma questão pelo mesmo caminho pelo qual chegamos até aqui.

Proposição 19

Cada um, necessariamente, apetece ou rejeita aquilo que, a partir das leis da sua natureza, julgam ser bom ou mau.

Demonstração

O conhecimento do bem e do mal é (pela proposição 8 desta parte) o próprio afeto da alegria ou da tristeza, enquanto somos cônscios dele; por essa razão (pela proposição 28 da parte III), cada um apetece aquilo que julga ser bom e rejeita aquilo que julga ser mau. Mas esse apetite nada mais é do que a própria essência ou natureza do homem (pela definição de apetite, a qual se veja no escólio da proposição 9 da parte III e na definição 1 dos afetos). Logo, cada um, necessariamente, apetece ou rejeita aquilo que, a partir das leis da sua natureza etc. C.Q.D.

Proposição 20
Quanto mais cada um se esforça por e pode buscar o seu útil, isto é, para conservar o seu ser, tanto mais é possuidor de virtude; ao contrário, é impotente enquanto negligencia o seu útil, isto é, a conservação do seu ser.

Demonstração
A virtude é a própria potência humana, que é definida apenas pela essência do homem (pela definição 8 desta parte), isto é (pela proposição 7 da parte III), que é definida apenas pelo esforço pelo qual o homem se esforça para perseverar no seu ser. Portanto, quanto mais cada um se esforça por e pode conservar o seu ser, tanto mais será possuidor de virtude e, consequentemente (pelas proposições 4 e 6 da parte III), é impotente enquanto negligencia a conservação do seu ser. C.Q.D.

Escólio
Ninguém, portanto, negligencia apetecer o seu útil, ou seja, conservar o seu ser, senão obrigado por causas

externas e contrárias à sua natureza. Ninguém, digo, rejeita alimentos ou mata a si mesmo, o que pode acontecer de muitas maneiras, a partir da necessidade da sua natureza, mas sim coagido por causas externas. É certo que alguém mata a si mesmo coagido por um outro, que lhe torce a mão, com a qual segurava uma espada, e o força a dirigi-la em direção ao seu próprio coração; ou quem, como Sêneca, seja obrigado, pela ordem de um tirano, a abrir as suas veias, isto é, que deseje evitar um mal maior por meio de um mal menor; ou, enfim, se causas externas latentes disponham a sua imaginação e afetem o seu corpo de tal maneira que o façam assumir outra natureza, contrária à anterior, cuja ideia não seja possível na mente (pela proposição 10 da parte III). Mas é tão impossível que um homem, a partir da necessidade da sua natureza, esforce-se para não existir, ou mudar a si mesmo em outra forma, quanto é impossível que se faça algo do nada, como cada um pode ver com uma pequena meditação.

Proposição 21
Ninguém pode desejar ser feliz, agir bem e viver bem sem desejar, simultaneamente, ser, agir e viver, isto é, existir em ato.

Demonstração
A demonstração dessa proposição, ou, melhor, a própria questão é evidente por si mesma, bem como de acordo com a definição de desejo. Com efeito, o desejo (pela definição 1 dos afetos) de viver, agir etc. de maneira feliz ou

boa é a própria essência do homem, isto é (pela proposição 7 da parte III), o esforço pelo qual todos se esforçam para conservar o seu ser. Ninguém, portanto, pode desejar ser feliz etc. C.Q.D.

Proposição 22
Nenhuma virtude pode ser concebida anteriormente a essa (o esforço de conservar a si mesmo).

Demonstração
O esforço para conservar a si mesmo é a própria essência da coisa (pela proposição 7 da parte III). Assim, se alguma virtude pudesse ser concebida anteriormente a essa, isto é, a esse esforço, seria concebida, por conseguinte, a própria essência da coisa anterior a si mesma, o que (como se conhece por si) é absurdo. Portanto, nenhuma virtude pode ser concebida etc. C.Q.D.

Corolário
O esforço para conservar a si mesmo é o primeiro e único fundamento da virtude. Pois não se pode conceber nenhum princípio anterior a esse (pela proposição precedente), e sem ele (pela proposição 21 desta parte) nenhuma virtude pode ser concebida.

Proposição 23
Não se pode dizer que o homem, enquanto é determinado a agir a partir de ideias inadequadas, faz algo de acordo com a virtude, mas apenas enquanto é determinado a partir daquilo que entende.

Demonstração

O homem sofre (pela proposição 1 da parte III) enquanto é determinado a partir de ideias inadequadas, isto é (pelas definições 1 e 2 da parte III), faz algo que não pode ser percebido através apenas da sua própria essência, isto é (pela definição 8 desta parte), algo que não se segue da sua própria virtude. Mas, enquanto é determinado a agir a partir daquilo que entende, (pela mesma proposição 1 da parte III) age, isto é (pela definição 2 da parte III), faz algo que é percebido através apenas da sua própria essência, ou (pela definição 8 desta parte) que se segue adequadamente da sua própria virtude. C.Q.D.

Proposição 24

Agir absolutamente de acordo com a virtude nada mais é em nós do que agir, viver e conservar o seu ser (essas três coisas significam o mesmo) segundo a condução da razão, a partir do fundamento da busca do próprio útil.

Demonstração

Agir absolutamente de acordo com a virtude nada mais é (pela definição 8 desta parte) do que agir a partir das leis da própria natureza. Contudo, nós agimos apenas enquanto entendemos (pela proposição 3 da parte III). Portanto, agir de acordo com a virtude nada mais é em nós do que agir, viver e conservar o seu ser sob a condução da razão, e isso (pelo corolário da proposição 22 desta parte) a partir do fundamento da busca do seu útil. C.Q.D.

Proposição 25
Ninguém se esforça para conservar o seu ser por causa de outra coisa.

Demonstração
O esforço pelo qual cada uma das coisas se esforça para perseverar no seu ser é definido apenas pela essência da própria coisa (pela proposição 7 da parte III), dada a qual, e não a partir da essência de outra coisa, segue-se necessariamente (pela proposição 6 da parte III) que todos se esforçam para conservar o seu ser. Essa proposição é evidente também de acordo com o corolário da proposição 22 desta parte, pois, se o homem se esforçasse para conservar o seu ser por causa de outra coisa, então aquela coisa seria o fundamento primeiro da virtude (como é conhecido por si), o que (pelo mencionado corolário) é absurdo. Portanto, ninguém se esforça para conservar o seu ser etc. C.Q.D.

Proposição 26
Tudo pelo que nos esforçamos pela razão nada mais é do que entender, e a mente, enquanto utiliza a razão, não considera coisa alguma como útil para si senão o que conduz a entender.

Demonstração
O esforço de conservar o seu ser nada mais é do que a própria essência da coisa (pela proposição 7 da parte III), a qual, na medida que existe como tal, se concebe como tendo força para perseverar na existência (pela proposição

6 da parte III) e para fazer aquilo que necessariamente se segue da sua natureza dada (veja-se a definição de apetite no escólio da proposição 9 da parte III). Mas a essência da razão nada mais é do que a nossa mente enquanto entende clara e distintamente (veja-se a sua definição no escólio 2 da proposição 40 da parte II); portanto (pela proposição 40 da parte II), tudo pelo que nos esforçamos pela razão nada mais é do que entender. Dessa forma, dado que esse esforço da mente, com o qual a mente, enquanto raciocina, busca conservar o seu ser, nada mais é do que entender (pela primeira parte desta proposição), esse esforço para entender (pelo corolário da proposição 22 desta parte) é o primeiro e único fundamento da virtude, e não buscaremos entender uma coisa por causa de um fim qualquer (pela proposição 25 desta parte); mas, ao contrário, a mente, enquanto raciocina, não poderá conceber algo como bom para si senão aquilo que conduz a entender (pela definição 1 desta parte). C.Q.D.

Proposição 27
Não conhecemos seguramente nada como bom ou mau senão aquilo que de fato conduz a entender, ou que pode impedir que entendamos.

Demonstração
A mente, enquanto raciocina, não apetece nada além de entender, e não considera outra coisa útil para si além daquilo que conduz a entender (pela proposição precedente). Mas a mente (pelas proposições 41 e 43 da parte II, cujo escólio também se deve ver) não tem certeza das

coisas senão enquanto tem ideias adequadas, ou (o que é o mesmo pelo escólio 2 da proposição 40 da parte II) enquanto raciocina. Portanto, não conhecemos seguramente nada como bom senão aquilo que verdadeiramente conduz a entender e, ao contrário, não conhecemos seguramente nada como mau senão aquilo que pode impedir que entendamos. C.Q.D.

Proposição 28
O maior bem da mente é o conhecimento de Deus, e a maior virtude da mente é conhecer a Deus.

Demonstração
A maior coisa que a mente pode entender é Deus, isto é (pela definição 6 da parte I), o ente absolutamente infinito, e sem o qual (pela proposição 15 da parte I) nada pode ser ou ser concebido. Por isso (pelas proposições 26 e 27 desta parte), o maior útil da mente, ou (pela definição 1 desta parte) o seu maior bem, é o conhecimento de Deus. Daí a mente age apenas enquanto entende (pelas proposições 1 e 3 da parte III), e, nessa medida (pela proposição 23 desta parte), pode-se dizer absolutamente que age a partir da virtude. A virtude absoluta da mente é, portanto, entender. Mas o maior que a mente pode entender é Deus (como já demonstramos); logo, a maior virtude da mente é conhecer ou entender a Deus. C.Q.D.

Proposição 29
Uma coisa singular qualquer, cuja natureza seja completamente diferente da nossa, não pode nem ajudar nem

inibir a nossa potência de agir, e absolutamente coisa nenhuma pode ser-nos boa ou má, a não ser que tenha algo em comum conosco.

Demonstração
A potência de uma coisa singular qualquer, e, consequentemente (pelo corolário da proposição 10 da parte II), a potência do homem pela qual ele existe e opera, não é determinada senão por outra coisa singular (pela proposição 28 da parte I), cuja natureza (pela proposição 6 da parte II) deve ser entendida por meio do mesmo atributo com que se concebe a natureza humana. Portanto, a nossa potência de agir, seja como for que se conceba, pode ser determinada, e, consequentemente, fomentada ou inibida por meio da potência de uma outra coisa singular, que tenha algo em comum conosco, e não por meio da potência de uma coisa cuja natureza seja completamente diferente da nossa. E, dado que chamamos de bem ou mal aquilo que é causa de alegria ou de tristeza (pela proposição 8 desta parte), isto é (pelo escólio da proposição 11 da parte III) aquilo que aumenta ou diminui, fomenta ou coíbe a nossa potência de agir, assim uma coisa cuja natureza é completamente diferente da nossa não nos pode ser nem boa nem má. C.Q.D.

Proposição 30
Nenhuma coisa pode ser má por aquilo que tem em comum com a nossa natureza, mas, enquanto nos é má, é-nos contrária.

Demonstração
Chamamos de mal aquilo que é causa de tristeza (pela proposição 8 desta parte), isto é (pela sua definição, a qual se veja no escólio da proposição 11 da parte III), aquilo que diminui ou coíbe a nossa potência de agir. Se, portanto, uma coisa pudesse ser-nos má por aquilo que tem em comum conosco, essa coisa poderia diminuir ou inibir exatamente aquilo que tem em comum conosco, o que (pela proposição 4 da parte III) é absurdo. Logo, nenhuma coisa pode ser-nos má por aquilo que tem em comum conosco, mas sim, ao contrário, enquanto é má, isto é (como já mostramos), enquanto pode diminuir ou inibir a nossa potência de agir, é-nos contrária. C.Q.D.

Proposição 31
Uma coisa é boa enquanto convém com a nossa natureza.

Demonstração
Uma coisa não pode ser má (pela proposição precedente) enquanto convém com a nossa natureza; será, portanto, necessariamente boa ou indiferente. Se supormos que uma coisa não seja nem boa nem má, nada (pela definição 1 desta parte) seguirá da sua natureza que sirva à conservação da nossa natureza, isto é (por hipótese), que sirva à conservação da natureza da própria coisa. Mas isso é absurdo (pela proposição 6 da parte III); será, portanto, necessariamente boa enquanto convém com a nossa natureza. C.Q.D.

Corolário

Segue daí que, quanto mais uma coisa convém com a nossa natureza, tanto mais ela nos é útil ou melhor; inversamente, quanto mais uma coisa nos é útil, tanto mais ela convém com a nossa natureza. Pois, enquanto ela não convém com a nossa natureza, será necessariamente diferente da nossa natureza, ou mesmo contrária a ela; se for diferente, então (pela proposição 29 desta parte) não poderá ser nem boa nem má; se, por outro lado, for contrária, será contrária àquilo que convém com a nossa natureza, isto é (pela proposição precedente), contrária ao bem ou má. Nada, portanto, senão enquanto convém com a nossa natureza, pode ser bom, e, por isso, quanto mais uma coisa convém com a nossa natureza, tanto mais nos é útil, e vice-versa. C.Q.D.

Proposição 32
Não se pode dizer que os homens, enquanto estão submetidos às paixões, convenham com a natureza.

Demonstração

Quando se diz que algo convém com a natureza, entende-se (pela proposição 7 da parte III) que convenha em potência, e não em impotência ou negação, e, consequentemente (veja-se o escólio da proposição 3 da parte III), nem em paixão; por isso, enquanto são submetidos às paixões, não se pode dizer que os homens convenham com a natureza. C.Q.D.

Escólio
A coisa é evidente por si mesma: ora, quem diz que o branco e o preto convêm apenas por nenhum dos dois ser vermelho afirma absolutamente que o branco e o preto não convêm em nenhum aspecto. Assim também se alguém diz que a pedra e o homem convêm apenas por serem os dois finitos, impotentes, ou porque não existem a partir da necessidade de sua natureza, ou enfim porque são superados indefinidamente pela potência de causas externas, afirma que a pedra e o homem não convêm em nenhum aspecto: com efeito, as coisas que convêm apenas negativamente ou naquilo que não têm de fato não convêm em nenhum aspecto.

Proposição 33
Os homens podem divergir quanto à natureza enquanto são agitados por afetos que são paixões, e, nessa medida, o mesmo homem pode ser variável e inconstante.

Demonstração
A natureza ou essência dos afetos não pode ser explicada através apenas da nossa essência ou natureza (pelas definições 1 e 2 da parte III); mas deve ser definida por meio da potência, isto é (pela proposição 7 da parte III), da natureza das causas externas comparada com a nossa. Assim, tantas são as formas de um afeto quantas são as espécies de objetos pelos quais somos afetados (veja-se a proposição 56 da parte III), e os homens são afetados de maneiras diversas por um só e mesmo objeto (veja-se a proposição 51 da parte III), e, nessa medida, divergem

em natureza; enfim, um só e mesmo homem (pela mesma proposição 51 da parte III) é afetado por um mesmo objeto de maneiras diversas, e, na medida disso, é variável etc. C.Q.D.

Proposição 34
Os homens, enquanto são agitados por afetos que são paixões, podem ser contrários uns aos outros.

Demonstração
Um homem, por exemplo, Pedro, pode ser a causa de que Paulo se entristeça, porque tem algo de semelhante a uma coisa que Paulo odeia (pela proposição 16 da parte III), ou porque apenas Pedro conseguiu uma coisa que o próprio Paulo também ama (veja-se a proposição 32 da parte III com o seu escólio), ou por outras razões (das quais veja-se as mais importantes no escólio da proposição 55 da parte III); e, assim (pela definição 7 dos afetos) Paulo odiará Pedro e, consequentemente, Pedro odiará Paulo, e, por isso (pela proposição 39 da parte III), buscarão fazer-se mal um ao outro, isto é (pela proposição 30 desta parte), serão contrários um ao outro. Mas o afeto da tristeza é sempre uma paixão (pela proposição 59 da parte III); os homens, portanto, enquanto são agitados por afetos que são paixões, podem ser contrários uns aos outros.

Escólio
Eu disse que Paulo odeia Pedro porque imagina que ele possui a mesma coisa que Paulo ama; assim, à primeira vista, parece seguir que os dois façam-se mal um

ao outro a partir do fato de que os dois amam o mesmo e, consequentemente, do fato de que convém em natureza. Ora, se isso fosse verdade, seriam falsas as proposições 30 e 31 desta parte; mas, se quisermos examinar a questão ponderadamente, veremos que todas essas coisas convêm inteiramente, pois esses dois homens não são danosos um ao outro enquanto convêm em natureza, isto é, enquanto ambos amam a mesma coisa, mas sim enquanto diferem um do outro, pois o amor de ambos é alimentado (pela proposição 31 da parte III), isto é (pela definição 6 dos afetos), a alegria de ambos é alimentada enquanto ambos amam a mesma coisa. Por isso, estamos longe de que esses dois homens sejam danosos um ao outro enquanto amam a mesma coisa e convêm em natureza. Mas a causa disso, como eu disse, não é outra senão a suposição de que os dois sejam diferentes quanto à natureza: supomos, com efeito, que Pedro tem a ideia de uma coisa amada já possuída, e que Paulo tem a ideia de uma coisa amada perdida. Dessa forma, este é afetado pela tristeza e aquele por alegria e, na medida disso, são contrários um ao outro. Dessa forma, podemos mostrar facilmente que as demais causas de ódio dependem apenas de que os homens diferem em natureza, e não daquilo em que convêm.

Proposição 35
Os homens necessariamente convêm em natureza enquanto vivem a partir da condução da razão.

Demonstração
Os homens podem divergir quanto à natureza enquanto são agitados por afetos que são paixões (pela proposição 33 desta parte) e ser contrários uns aos outros (pela proposição precedente). Mas se diz que os homens agem apenas enquanto vivem a partir da condução da razão (pela proposição 3 da parte III); assim, tudo o que se segue da natureza humana, na medida em que é definida pela razão (pela definição 2 da parte III) só deve ser entendido pela natureza humana, como se fosse pela sua causa próxima. Mas, porque cada um apetece, a partir das leis da sua natureza, aquilo que julga ser bom e rejeita aquilo que julga ser mau (pela proposição 19 desta parte), e porque aquilo que julgamos, a partir do ditame da razão, como bom ou mau é necessariamente bom ou mau (pela proposição 41 da parte II), logo os homens, enquanto vivem a partir da condução da razão, fazem apenas aquilo que é bom para a natureza humana e, consequentemente, para cada homem, isto é (pelo corolário da proposição 31 desta parte), aquilo que convém com a natureza de cada homem. Por isso os homens, enquanto vivem a partir da condução da razão, necessariamente convêm entre si sempre. C.Q.D.

Corolário 1
Na natureza das coisas não se dá nada de singular que seja mais útil ao homem do que um homem que vive a partir da condução da razão, pois o mais útil ao homem é aquilo que mais convém à sua natureza (pelo corolário da proposição 31 desta parte), isto é (como é evidente por si só), o homem. Mas o homem age absolutamente a partir

das leis da sua natureza quando vive a partir da condução da razão (pela definição 2 da parte III), e, apenas nessa medida, convém necessariamente e sempre com a natureza de um outro homem (pela proposição precedente); portanto, não existe, entre as coisas singulares, algo mais útil ao homem do que o homem etc. C.Q.D.

Corolário 2
Os homens são mais úteis uns aos outros quanto mais cada um busca para si o seu útil, pois, quanto mais cada um busca o seu útil e se esforça para conservar a si mesmo, tanto mais é possuidor de virtude (pela proposição 20 desta parte), ou, o que é o mesmo (pela definição 8 desta parte), tanto mais é possuidor de potência para agir a partir das leis da sua natureza, isto é (pela proposição 3 da parte III), para viver a partir da condução da razão. Mas os homens maximamente convêm em natureza quando vivem a partir da condução da razão (pela proposição precedente); portanto (pelo corolário precedente), os homens serão mais úteis uns aos outros quando cada um buscar para si o seu útil. C.Q.D.

Escólio
O que acabamos de mostrar é provado todos os dias pela experiência e de tão numerosos testemunhos que chega a estar na boca de todos que o homem é um Deus para o homem. No entanto, é raro que os homens vivam a partir da condução da razão; com isso, a maioria dos homens são invejosos e molestos uns aos outros. Mas, de qualquer forma, dificilmente podem levar uma vida so-

litária, de tal maneira que à maioria dos homens agrada muito aquela definição de que o homem é um animal social. E, de fato, é assim: da sociedade comum dos homens provêm muito mais comodidades do que danos. Que riam o quanto quiserem das coisas humanas os satíricos, detestem-nas os teólogos, e louvem, o quanto podem, os melancólicos uma vida inculta e rústica, e desprezem os homens e admirem os animais; perceberão, contudo, que os homens podem conseguir muito mais facilmente aquilo de que precisam através de um auxílio mútuo, e que não podem evitar os perigos que nos cercam por todas as partes senão por meio da união das suas forças e, para que eu me cale, que é muito melhor e mais digno do nosso conhecimento contemplar os feitos dos homens do que os dos animais. Mas, quanto a isso, falarei mais longamente em outro momento.

Proposição 36
O maior bem daqueles que seguem a virtude é comum a todos, e todos podem gozar igualmente dele.

Demonstração
Agir a partir da virtude é agir a partir da condução da razão (pela proposição 24 desta parte), e tudo o que nos esforçamos por fazer a partir da razão é entender (pela proposição 26 desta parte); por isso (pela proposição 28 desta parte), o maior bem daqueles que seguem a virtude é conhecer a Deus, isto é (pela proposição 47 da parte II e o seu escólio), o bem que é comum a todos e que pode ser

igualmente possuído por todos os homens enquanto são da mesma natureza. C.Q.D.

Escólio

No entanto, se alguém perguntar: e se o maior bem daqueles que buscam a virtude não fosse comum a todos? Não se seguiria daí, como se viu acima (veja-se a proposição 34 desta parte), que os homens que vivem a partir da condução da razão, isto é (pela proposição 35 desta parte), os homens enquanto convêm em natureza fossem contrários uns aos outros? Dê-se a ele como resposta que decorre não de um acidente, mas sim da própria natureza da razão, que o maior bem dos homens seja comum a todos, uma vez que ele é deduzido da própria essência humana enquanto esta é definida pela razão; e porque o homem não poderia nem ser nem ser concebido se não tivesse o poder de gozar desse bem maior. É, pois (pela proposição 47 da parte II), próprio à essência da mente humana ter o conhecimento adequado da eterna e infinita essência de Deus.

Proposição 37

Quem segue a virtude deseja para os demais homens o bem que apetece para si, e tanto mais, quanto maior conhecimento de Deus tiver.

Demonstração

Os homens, enquanto vivem a partir da condução da razão, são utilíssimos para o homem (pelo corolário 1 da proposição 35 desta parte); por isso (pela proposição 19 desta parte), a partir da condução da razão nos esforçaremos por fazer com que os homens vivam a partir da condução da razão. Mas o bem que apetece para si quem vive a partir do ditame da razão, isto é (pela proposição 24 desta parte), quem segue a virtude, é entender (pela proposição 26 desta parte); logo, quem segue a virtude apetecerá também para os demais homens o bem que deseja para si. Daí o desejo, enquanto se refere à mente, é a própria essência da mente (pela definição 1 dos afetos); no entanto, a essência da mente consiste no conhecimento (pela proposição 11 da parte II) que envolve o conhecimento de Deus (pela proposição 47 da parte II), e sem o qual (pela proposição 15 da parte I) ele não pode nem ser nem ser concebido. Assim, quanto maior for o conhecimento de Deus envolvido pela essência da mente, tanto maior será o desejo com o qual aquele que segue a virtude deseja a outro o que apetece para si. C.Q.D.

Outra demonstração
O homem amará mais constantemente o bem que apetece para si e que ama se ele vir que outros amam o mesmo (pela proposição 31 da parte III). Por isso (pelo corolário da mesma proposição), ele se esforçara por fazer com que os demais amem a mesma coisa; e, dado que esse bem (pela proposição precedente) é comum a todos e que todos podem contentar-se com ele, buscará (pela mesma razão) fazer com que todos gozem do mesmo, e (pela proposição 37 da Parte III) tanto mais, quanto mais fruir desse bem. C.Q.D.

Escólio 1

Aquele que, apenas pelo afeto, esforça-se por fazer com que os demais amem aquilo que ele mesmo ama e que vivam a partir do seu próprio engenho, age por meio de um ímpeto e, por isso, é detestável, sobretudo para aqueles aos quais agradam outras coisas e que, por isso, desejam e buscam, por meio do mesmo ímpeto, fazer com que os demais vivam a partir dos seus engenhos. Dessa forma, uma vez que o maior bem que os homens apetecem a partir dos afetos geralmente é tal que apenas um pode possui-lo, aqueles que amam não são mentalmente constantes e, enquanto se regozijam pronunciando elogios daquilo que amam, têm medo de que se acredite neles. Mas quem se esforça para conduzir os demais pela razão, age não através de um ímpeto, mas sim benigna e humanamente e é mentalmente constante. Ademais, relaciono à religião tudo o que desejamos e fazemos do qual somos causa enquanto temos uma ideia de Deus; de piedade chamo o desejo de fazer bem que surge do fato de vivermos a partir da condução da razão; a seguir, chamo de honestidade o desejo que obriga os homens que vivem a partir da condução da razão a unir-se aos demais em amizade, e chamo de honesto aquilo que os homens que vivem a partir da condução da razão louvam, e, ao contrário, chamo de torpe aquilo que repugna à união de amizade. Além disso, mostrei também quais sãos os fundamentos da cidade. Percebe-se facilmente do que se disse acima que diferença há entre a verdadeira virtude e a impotência, pois a verdadeira virtude nada mais é do que viver a partir apenas da condução da razão; por isso a impotência consiste apenas em o homem deixar-se conduzir por coisas externas a si mesmo, e ser por elas determinado a fazer o que pede a constituição comum das coisas externas, e não o que pede a sua própria natureza considerada em si mesma. Isso é o que prometi demonstrar no escólio da proposição 18 desta parte, e através desse fato torna-se evidente que a lei quanto a não se sacrificar animais é fundada mais em uma vã superstição e na misericórdia feminina do que em uma razão sã. Com efeito, a razão da busca do nosso útil nos ensina a necessidade de estreitar laços com os homens, mas não com os animais, ou com coisas cuja natureza seja diferente da natureza humana; e nos ensina, também, que nós temos o mesmo direito no que diz respeito a eles do que eles no que diz respeito a nós. Ou melhor, uma vez que o direito de cada um é definido pela virtude ou potência de cada um, os homens têm muito mais direito no que diz respeito aos animais do que eles no que diz respeito aos homens. Não nego, contudo, que os animais sintam; mas nego que, por isso, não possamos pensar na nossa utilidade e utilizá-los à vontade, tratando-os como mais nos convém, pois eles não convêm conosco em natureza (veja-se o escólio da proposição 57 da parte III). Resta-me explicar o que é justo, injusto, o que é o pecado e, enfim, o que é o mérito. Mas, quanto a isso, veja-se o escólio seguinte.

Escólio 2
No apêndice da parte I, prometi explicar o que é o elogio e a reprovação, o que é o mérito e o pecado, o que é justo e o que é injusto. Expliquei o que concerne ao elogio e à reprovação no escólio da proposição 29 da parte III; quanto ao resto, este é o lugar de tratá-lo. Antes disso, no en-

tanto, devo tratar brevemente do estado do homem natural e civil. Cada um existe graças ao maior direito da natureza e, consequentemente, cada um, pelo maior direito da natureza, faz o que segue da necessidade da sua natureza; assim, por meio do maior direito da natureza cada um julga o que é bom e o que é mau e pensa, a partir do seu engenho, na sua utilidade (veja-se as proposições 19 e 20 desta parte); reivindica a si mesmo (veja-se o corolário 2 da proposição 40 da parte III), e esforça-se para conservar o que ama e destruir o que odeia (veja-se a proposição 28 da parte III). Mas, se os homens vivessem a partir da condução da razão, cada um obteria (pelo corolário 1 da proposição 35 desta parte) esse seu direito sem prejuízo de nenhuma outra pessoa. Mas, por estarem submetidos aos afetos (pelo corolário da proposição 4 desta parte), que superam em muito a potência ou a virtude humana (pela proposição 6 desta parte), os homens acabam distanciando-se (pela proposição 33 desta parte) e entram em desacordo recíproco (pela proposição 34 desta parte), embora necessitem de auxílio mútuo (pelo escólio da proposição 35 desta parte). Portanto, para que os homens possam viver em concordância e ser de auxílio uns aos outros, é necessário que cedam seu direito natural e assegurem uns aos outros de que nada farão que possa se seguir em prejuízo de outro. Está claro, a partir da proposição 7 desta parte e da proposição 39 da parte III, de que maneira isso possa acontecer, isto é, de que maneira os homens, que necessariamente estão submetidos aos afetos (pelo corolário da proposição 4 desta parte) e inconstantes e diversos (pela proposição 33 desta parte), possam assegurar uns aos outros e confiar uns nos outros; ora, nenhum afeto pode ser coibido senão por uma afeto mais forte e contrário ao afeto a ser coibido; além disso, todos se abstêm de causar um dano devido ao medo de um dano ainda maior. Por meio dessa lei, portanto, a sociedade pode consolidar-se, desde que ela mesma reivindique a si o direito que todos têm de reivindicar para si mesmo e de julgar o bem e o mau; e desde que tenha o poder de prescrever uma maneira de vida comum, de criar leis e de consolidá-las não pela razão, que não pode coibir os afetos (pelo escólio da proposição 17 desta parte), mas sim através de ameaças. Essa sociedade, consolidada em leis e no poder de conservar a si mesma, chama-se cidade, e os que são defendidos pelo seu direito, cidadãos. Daí, entendemos facilmente que não há nada no estado natural que seja bom ou mau no consenso de todos, uma vez que quem está no estado natural pensa apenas na sua utilidade e discerne sobre o bem e o mal a partir da sua mente enquanto dá conta apenas da sua utilidade, e não é abrigado por lei alguma a obedecer a ninguém senão a si mesmo. Por isso, no estado natural não se pode conceber pecado, mas sim no estado civil, onde, além de se decidir sobre o bem e o mal por meio do consenso de todos, cada um é obrigado a obedecer à cidade. Portanto, o pecado nada mais é do que a desobediência, a qual, por isso, é punida apenas no âmbito do direito civil; ao contrário, a obediência converte-se em mérito para o cidadão, pois é considerado digno de gozar das comodidades da cidade. Além disso, no estado natural ninguém é senhor de uma coisa por consenso geral, e não existe coisa alguma na natureza da qual se possa dizer que pertença a este e não àquele homem; ao contrário, tudo é de todos.

Por isso, no estado natural não se pode conceber um desejo de dar a cada um o seu ou de tomar de alguém o que é seu, isto é, no estado natural não existe nada que se possa chamar de justo ou de injusto; no estado civil, sim, pois nele se decide, por consenso comum, o que pertence a este e o que pertence àquele. Assim, fica evidente que justo e injusto, o pecado e o mérito são noções extrínsecas, e não atributos que expliquem a natureza da mente. Mas, quanto a isso, basta.

Proposição 38
Aquilo que dispõe o corpo humano de maneira a poder ser afetado de muitas maneiras, ou que o torna apto a afetar corpos externos de muitas maneiras, é útil ao homem; e tanto mais útil, quanto mais apto é tornado por ele o corpo a ser afetado ou a afetar outros corpos de muitas maneiras; ao contrário, é nocivo aquilo que torna o corpo menos apto a essas coisas.

Demonstração
Quanto mais apto a essas coisas se torna o corpo, tanto mais apta se torna a mente à percepção (pela proposição 14 da parte II); por isso, aquilo que dispõe o corpo desta forma e o torna apto a essa coisas é necessariamente bom ou útil (pelas proposições 26 e 27 desta parte), e tanto mais útil, quanto mais apto se pode tornar o corpo a essas coisas; ao contrário (pela mesma proposição 14 da parte II, inversa, e pelas proposições 26 e 27 desta parte), é nocivo se ele torna o corpo menos apto a essas coisas. C.Q.D.

Proposição 39

Boas são as coisas que fazem com que se conserve a relação de movimento e repouso que as partes do corpo humano têm umas com as outras; ao contrário, más são as que fazem com que as partes do corpo humano adquiram outra relação de movimento e repouso umas com as outras.

Demonstração

O corpo humano, para conservar-se, necessita de muitíssimos outros corpos (pelo postulado 4 da parte II). Mas o que constitui a forma do corpo humano consiste em que as suas partes comunicam seus movimentos umas às outras com uma relação certa (pela definição anterior ao lema 4, a qual se veja após a proposição 13 da parte II). Portanto, as coisas que fazem com que se conserve a relação de movimento e repouso que as partes do corpo humano têm umas com as outras conservam, também, a forma do corpo humano e, consequentemente, fazem (pelos postulados 3 e 6 da parte II) com que o corpo possa ser afetado e afetar corpos externos de muitas maneiras; por isso, (pela proposição precedente), são boas. Então, as coisas que fazem com que as partes do corpo humano adquiram outra relação de movimentos e repousos (pela mesma definição da parte II) fazem com que o corpo humano adquira outra forma, isto é (como é conhecido por si, e como notamos no fim do prefácio desta parte), fazem com que o corpo humano seja destruído e, consequentemente, torne-se completamente inepto, de maneira que não possa mais ser afetado de muitas maneiras e, assim (pela proposição precedente), são más. C.Q.D.

347

Escólio
Será explicado na quinta parte o quanto essas coisas podem ajudar ou obstar a mente; contudo, deve-se notar aqui que entenderei que o corpo morre quando as suas partes são dispostas de maneira a assumir uma outra relação de movimento e repouso. Não ouso, pois, negar que o corpo humano, conservados a circulação do sangue e outros elementos pelos quais se considera que o corpo vive, possa, ainda assim, ser mudado em uma natureza completamente diferente da sua, pois não há razão que me obrigue a afirmar que o corpo não morre senão quando se muda em um cadáver; mais do que isso, a própria experiência parece convencer-nos do contrário. Com efeito, às vezes um homem passa por mudanças tais que não se pode dizer facilmente que ele é o mesmo; como ouvi narrar-se sobre um poeta espanhol que havia contraído uma doença e, embora tivesse sido curado, permaneceu tão esquecido da sua vida anterior que não acreditava serem suas as fábulas e as tragédias que ele mesmo havia escrito; e poderia até ter sido tratado como uma criança adulta se houvesse esquecido também da sua língua materna. Embora isso pareça incrível, o que costumamos dizer das crianças? Os homens mais velhos, com efeito, acreditam ser de uma natureza tão diferente que não podem ser convencidos de que jamais foram crianças senão através de conjecturas feitas por meio de outros. Mas, para não dar matéria para os supersticiosos agitarem novas questões, prefiro abandonar essa questão na sua metade.

Proposição 40

Aquilo que conduz à sociedade comum dos homens, ou seja, aquilo que faz com que os homens vivam em concórdia, é útil; ao contrário, mau é aquilo que induz a discórdia na cidade.

Demonstração

Aquilo, pois, que faz com que os homens vivam em concórdia faz também com que vivam a partir da condução da razão (pela proposição 35 desta parte), e, por isso (pelas proposições 26 e 27 desta parte), é bom, e, ao contrário, (pela mesma razão) é mau aquilo que estimula discórdias. C.Q.D.

Proposição 41

A alegria não é diretamente má, mas sim boa; a tristeza, ao contrário, é diretamente má.

Demonstração

A alegria (pela proposição 11 da parte III com o seu escólio) é o afeto por meio do qual a potência de agir do corpo aumenta ou é ajudada; a tristeza, ao contrário, é o afeto por meio do qual a potência de agir do corpo diminui ou é coibida; por isso (pela proposição 38 desta parte), a alegria é diretamente boa etc. C.Q.D.

Proposição 42

A hilaridade não pode ter excesso, sendo sempre boa; ao contrário, a melancolia é sempre má.

Demonstração

A hilaridade (veja-se a sua definição no escólio da proposição 11 da parte III) é a alegria que, enquanto se refere ao corpo, consiste em que todas as partes do corpo são igualmente afetadas, isto é (pela proposição 11 da parte III), a potência de agir do corpo aumenta ou é ajudada, de maneira que todas as suas partes assumam a mesma relação de movimento e repouso umas com as outras; por isso (pela proposição 39 desta parte) a hilaridade é sempre boa, não podendo ter excesso. Mas a melancolia (cuja definição veja-se no mesmo escólio da proposição 11 da parte III) é a tristeza que, enquanto se refere ao corpo, consiste em que a potência de agir do corpo absolutamente diminui ou é coibida; por isso (pela proposição 38 desta parte) é sempre má. C.Q.D.

Proposição 43

A titilação pode ter excesso e ser má; a dor, por outro lado, pode ser boa enquanto a titilação ou a alegria é má.

Demonstração

A titilação é a alegria que, enquanto se refere ao corpo, consiste em que uma ou algumas das suas partes são mais afetadas do que outras (veja-se a sua definição no escólio da proposição 11 da parte III). A potência desse afeto pode ser grande ao ponto de superar as demais ações do corpo (pela proposição 6 desta parte) e aderir a ele obstinadamente, impedindo, assim, que o corpo seja afetado de muitas outras maneiras. Por isso (pela proposição 38 desta parte) pode ser má. Então, a dor, que, ao contrário, é uma tristeza, considerada em si, não pode ser boa (pela proposição 41 desta parte). Contudo, uma vez que a sua força e o seu crescimento são definidos pela potência de uma causa externa comparada com a nossa (pela proposição 5 desta parte), podemos conceber infinitos graus e modos (pela proposição 3 desta parte) desse afeto; assim, podemos conceber um afeto tal que possa coibir a titilação de maneira que não tenha excesso e, assim (pela primeira parte desta proposição), evitar que o corpo se torne menos apto: dessa maneira, será boa. C.Q.D.

Proposição 44
O amor e o desejo podem ter excesso.

Demonstração
O amor é a alegria (pela definição 6 dos afetos) concomitante à ideia de uma causa externa; a titilação, portanto (pelo escólio da proposição 11 da parte III), é o amor concomitante à ideia de uma causa externa; assim, o amor (pela proposição precedente) pode ter excesso. Então, o desejo é tanto maior quanto maior é o afeto de onde se origina (pela proposição 37 da parte III). Por isso, assim como um afeto (pela proposição 6 desta parte) pode superar as demais ações do homem, assim também o desejo que surge do mesmo afeto pode superar os demais desejos, e, assim, pode ter o mesmo excesso que, na proposição precedente, mostramos ter a titilação. C.Q.D.

Escólio
A hilaridade, a qual eu disse ser boa, é mais facilmente concebida do que observada. Pois os afetos, pelos quais somos agitados quotidianamente, referem-se geralmente a uma parte do corpo que é mais afetada do que as outras; assim, os afetos com frequência têm excesso e detêm a mente na contemplação de um único objeto, de maneira a não poder pensar sobre outros objetos. E, embora os homens estejam submetidos a muitíssimos afetos e, por isso, seja raro encontrarmos alguém que seja agitado sempre pelo mesmo afeto, ainda assim não faltam aqueles aos quais um mesmo afeto adere com persistência. Vemos, com efeito, alguns homens serem às vezes afetados por um objeto de tal maneira que, embora ele não esteja presente, acreditam tê-lo diante de si. Quando isso acontece a um homem que não está dormindo, dizemos que ele está delirando ou que está louco; e também são tidos como loucos aqueles que ardem de amor e que sonham com sua amante ou com sua meretriz por noites e dias inteiros, pois movem o riso. Mas, quando o avaro não pensa a respeito de nenhuma outra coisa senão do lucro e de dinheiro, e o ambicioso a respeito da glória etc., enfim, não se diz que essas pessoas estejam delirando, pois costumam ser irritantes e considerados dignos de ódio. Mas, na verdade, a avareza, a ambição, a lascívia etc. são tipos de delírio, embora não sejam elencadas entre as doenças.

Proposição 45
O ódio nunca pode ser bom.

Demonstração

Esforçamo-nos para destruir (pela proposição 39 da parte III) o homem a quem odiamos, isto é (pela proposição 37 desta parte), esforçamo-nos por algo que é mau; portanto etc. C.Q.D.

Escólio

Note-se que, aqui e na sequência, falo do ódio pelos homens.

Corolário 1

A inveja, o deboche, o desprezo, a ira, a vingança e os demais afetos que se referem ao ódio ou que surgem dele são maus; isso é evidente também a partir da proposição 39 da parte III e da proposição 37 desta parte.

Corolário 2

Tudo o que apetecemos ao sermos afetados de ódio é torpe e injusto na cidade. Isso também é evidente a partir da proposição 39 da parte III e das definições de torpe e de injusto, as quais se vejam nos escólios da proposição 37 desta parte.

Escólio

Vejo uma grande diferença entre o deboche (o qual, no primeiro corolário, disse ser mau) e o riso: com efeito, o riso, assim como a piada, é pura alegria; assim, desde que não tenha excessos, é bom por si (pela proposição 41 desta parte). Nada, portanto, proíbe o deleite senão uma obscura e triste superstição, pois em que é mais decente matar a fome e a sede do que expulsar a melancolia? Essa é a minha regra, e assim convenci a mim mesmo. Nenhum Deus, nem ninguém, senão um invejoso, deleita-se com a minha impotência e o meu incômodo, nem trata como virtudes minhas lágrimas, meus soluços e outros sinais de um ânimo impotente; mas, ao contrário, quanto maior é a alegria que nos afeta, e quanto maior é a perfeição à qual passamos, tanto mais é necessário que participemos da natureza divina. É, portanto, próprio de um homem sábio utilizar as coisas e, na medida do possível, deleitar--se com elas (certamente não até a náusea, pois isso não é deleitar-se). É próprio de um homem sábio refazer-se com alimentos saborosos e moderados, assim como com perfumes, com a beleza do verdor das plantas, com ornamentos, com música, com jogos e exercícios, com teatro e outras coisas desse gênero, as quais todos podem utilizar sem prejuízo de outro. Pois o corpo humano é composto por muitas partes de naturezas diversas, as quais necessitam continuamente de um alimento novo e diferente, para que todo o corpo esteja igualmente apto a tudo o que pode provir de sua própria natureza e para que, consequentemente, a mente também esteja apta a entender mais coisas. Ora, essa maneira de vida convém muitíssimo bem com os nossos princípios e com a praxe comum; por isso, se se falar sobre outra, essa maneira de vida será a melhor, e deverá ser recomendada de todos as formas. E não é necessário tratar essa questão mais a longo.

Proposição 46

Quem vive a partir da condução da razão busca, o quanto pode, compensar o ódio, a ira, o desprezo etc. alheios por meio do amor ou da generosidade.

Demonstração

Todos os afetos de ódio são maus (pelo corolário 1 da proposição precedente); por isso, quem vive a partir da condução da razão se esforçara, o quanto pode, por fazer com que os afetos de ódio não sejam conflituosos (pela proposição 19 desta parte) e, consequentemente (pela proposição 37 desta parte), esforçar-se-á por evitar que o outro sofra dos mesmos afetos. Mas o ódio aumenta pelo ódio recíproco, podendo, contudo, ser extinguido pelo amor (pela proposição 43 da parte III), de maneira que o ódio se converta em amor (pela proposição 44 da parte III); portanto, quem vive a partir da condução da razão se esforça por compensar o ódio, a ira etc. do outro pelo amor, isto é, pela generosidade (cuja definição veja-se no escólio da proposição 59 da parte III). C.Q.D.

Escólio

Aquele que quer vingar injúrias por meio do ódio recíproco vive sem dúvidas miseravelmente. Ao contrário, aquele que quer vencer o ódio por meio do amor luta alegremente e com segurança, resistindo com igual facilidade a um ou a mais homens e de jeito nenhum precisa de qualquer auxílio da fortuna. Aqueles aos quais vence, no entanto, rendem-se alegres, não pela falta das suas forças, mas sim pelo seu aumento. Isso tudo é tão evidente a partir apenas das definições de amor e de intelecto que não é necessário demonstrá-lo pormenorizadamente.

Proposição 47
Os afetos de esperança e medo não podem ser bons por si mesmos.

Demonstração
Os afetos de esperança e medo não existem sem tristeza. Pois o medo é (pela definição 13 dos afetos) uma tristeza, e a esperança (vejam-se como explicações as definições 12 e 13 dos afetos) não existe sem medo. Por isso (pela proposição 41 desta parte) esses afetos não podem ser bons por si mesmos, mas apenas enquanto podem coibir o excesso de tristeza (pela proposição 43 desta parte). C.Q.D.

Escólio
Acrescenta-se a isso o fato de que esses afetos indicam um defeito de conhecimento e impotência da mente e, por isso, também a segurança, o desespero, o gozo e o remorso são sinais de um ânimo impotente. Embora, pois, a segurança e o contentamento sejam afetos de alegria, supõe-se que lhes tenha precedido a tristeza, isto é, a esperança e o medo. Quanto mais, portanto, esforçamo-nos por viver a partir da condução da razão, tanto mais nos esforçamos por depender menos da esperança, liberar-nos do medo e, o quanto podemos, mandar na fortuna e dirigir as nossas ações por meio de um plano adequado da razão.

Proposição 48
Os afetos de estima e de desprezo são sempre maus.

Demonstração
Esses afetos (pelas definições 21 e 22 dos afetos) são contrários à razão; por isso (pelas Proposições 26 e 27 desta parte) são maus. C.Q.D.

Proposição 49
A estima torna facilmente o homem que é estimado em soberbo.

Demonstração
Se vemos alguém pensar sobre nós, por amor, além da medida, facilmente nos vangloriamos (pelo escólio da proposição 41 da parte III), ou seremos afetados de alegria (pela definição 30 dos afetos), e acreditaremos facilmente no bem que ouvimos dizerem a nosso respeito (pela proposição 25 da parte III); por isso, pensaremos, por amor, além da medida, isto é (pela definição 28 dos afetos), seremos facilmente soberbos. C.Q.D.

Proposição 50
A comiseração, em um homem que vive a partir da condução da razão, é má e inútil por si mesma.

Demonstração
A comiseração (pela definição 18 dos afetos) é uma tristeza; por isso (pela proposição 41 desta parte) é má por si mesma. Contudo, o bem que se segue dela, isto é,

esforçarmo-nos (pelo corolário 3 da proposição 27 da parte III) por liberar da miséria o homem do qual nos comiseramos, só o desejamos fazer a partir do ditame da razão (pela proposição 37 desta parte). Também não podemos (pela proposição 27 desta parte) fazer algo que sabemos sem dúvida ser um bem senão a partir apenas do ditame da razão; por isso, a comiseração, no homem que vive a partir da condução da razão, é má e inútil por si mesma. C.Q.D.

Corolário

Segue-se daí que o homem que vive a partir do ditame da razão se esforça, o quanto pode, por fazer com que não seja tocado pela comiseração.

Escólio

Aquele que sabe corretamente que tudo provém da necessidade da natureza divina e acontece segundo as eternas leis e regras da natureza, não encontrará nada digno de ódio, riso ou desprezo, nem se comiserará de ninguém, mas, tanto quanto o conduz a virtude humana, esforçar-se-á por agir bem, como dizem, e alegrar-se. Acrescenta-se a isso o fato de que aquele que é tomado facilmente pelo afeto da comiseração e comovido facilmente pela miséria ou por lágrimas alheias geralmente faz coisas das quais posteriormente ele mesmo se arrepende, tanto porque a partir de um afeto não fazemos nada que sabemos ser certamente bom, quanto porque somos facilmente enganados por lágrimas falsas. Mas aqui se fala expressamente do homem que vive a partir da condução da razão, pois aquele que não é levado a auxiliar os demais nem por meio da razão nem por meio da comiseração é chamado corretamente de desumano, pois (pela proposição 27 da parte III) parece ser dessemelhante de um homem.

Proposição 51
O apreço não é contrário à razão, mas pode convir com ela e surgir dela.

Demonstração
O apreço é, pois, um amor por quem fez bem a outro (pela definição 19 dos afetos); por isso pode ser referido à mente enquanto se considera que esta age (pela proposição 29 da parte III), isto é (pela proposição 3 da parte III), enquanto entende; assim, convém com a razão etc. C.Q.D.

Outra demonstração
Aquele que vive a partir da condução da razão deseja ao outro aquilo que apetece para si (pela proposição 37 desta parte); por essa razão, é fomentado o seu esforço por fazer bem àquele a quem viu fazer bem a outro, isto é (pelo escólio da proposição 11 da parte III), ele se alegra, e o faz (a partir de hipótese) concomitantemente à ideia de quem fez bem a outro; por isso (pela definição 19 dos afetos), terá apreço por ele. C.Q.D.

Escólio
A indignação, assim como foi definida por nós (veja-se a definição 20 dos afetos), é necessariamente má (pela proposição 45 desta parte); deve ser notado, no entanto,

que, quando o poder maior pune um cidadão devido ao desejo, pelo qual é tomado, de defender a paz, não digo que ela se indigna com aquele cidadão, pois não é levado a destruir um cidadão por ódio, mas sim que ele o puniu movida por piedade.

Proposição 52

O contentamento em si mesma pode surgir da razão, e apenas o contentamento que surge da razão é o maior possível.

Demonstração

O contentamento em si mesmo é a alegria que surge quando o homem contempla a si mesmo e à sua potência de agir (pela definição 25 dos afetos). Mas a verdadeira potência de agir ou virtude do homem é a própria razão (pela proposição 3 da parte III), à qual o homem contempla clara e distintamente (pelas proposições 40 e 43 da parte II); portanto, o contentamento consigo mesmo surge da razão. Então, o homem, ao contemplar a si mesmo, não percebe nada clara e distintamente, ou adequadamente, senão aquilo que segue da sua própria potência de agir (pela definição 2 da parte III), isto é (pela proposição 3 da parte III), aquilo que segue da sua própria potência de entender; por isso, o maior contentamento que pode dar-se surge apenas dessa contemplação. C.Q.D.

Escólio

O contentamento consigo mesmo é, na verdade, a maior coisa que podemos esperar, pois (como mostramos na proposição 25 desta parte) ninguém se esforça por conservar o seu ser por qualquer finalidade; e, uma vez que esse contentamento é fomentado cada vez mais e corroborado por louvores (pelo corolário da proposição 53 da parte III), e, ao contrário (pelo corolário da proposição 55 da parte III) é cada vez mais perturbado pelo vitupério, por isso somos guiados especialmente pela glória, e quase não podemos suportar uma vida com infâmia.

Proposição 53
A humildade não é uma virtude, ou seja, não surge da razão.

Demonstração
A humildade é a tristeza que surge quando o homem contempla a sua impotência (pela definição 26 dos afetos). O homem, no entanto, enquanto conhece a si mesmo por meio da verdadeira razão, supõe-se que entenda a sua essência, isto é (pela proposição 7 da parte III) a sua potência. Por isso, se o homem, ao contemplar a si mesmo, percebe sua impotência, isso não decorre do fato de que ele entende a si mesmo, mas sim (como mostramos na proposição 55 da parte III), do fato de que a sua potência de agir está sendo coibida. Mas, se supomos que o homem concebe a sua impotência por entender que há algo mais potente do que ele mesmo e por cujo conhecimento ele determina a sua potência de agir, então nada mais concebemos senão que o homem entende a si mesmo distintamente (pela proposição 25 desta parte) e que a sua potência de agir é fomentada. Por essa razão, a humildade ou tristeza que surge

quando o homem contempla a sua impotência não surge da verdadeira contemplação ou razão, e não é uma virtude, mas sim uma paixão. C.Q.D.

Proposição 54
O arrependimento não é uma virtude, ou seja, não surge da razão, e aquele que se arrepende pelo que fez é miserável ou impotente em dobro.

Demonstração
A primeira parte dessa proposição é demonstrada da mesma maneira que a proposição precedente; a segunda, no entanto, fica evidente apenas a partir da definição desse afeto (veja-se a definição 27 dos afetos). Deixa-se, pois, primeiramente, vencer por um desejo depravado; depois, pela tristeza. C.Q.D.

Escólio
Uma vez que os homens raramente vivem a partir do ditame da razão, esses dois afetos, a saber, a humildade e o arrependimento, e, além deles, os afetos da esperança e do medo, trazem mais utilidade do que prejuízo; por isso, já que se há de pecar, que se peque nesse sentido. Ora, e se os homens impotentes de ânimo fossem todos tomados de soberba, de nada se envergonhassem nem temessem, com que vínculos poderiam se prender e unir? O vulgo, quando não tem medo, dá medo; por isso, não é estranho que os profetas, que pensavam não na utilidade de uns poucos, mas sim na utilidade comum, tenham recomendado com tanta veemência a humildade,

o arrependimento e a reverência. E, realmente, aqueles que estão submetidos a esses afetos podem ser guiados muito mais facilmente para que, enfim, vivam a partir da condução da razão, isto é, para que sejam livres e fruam da vida dos beatos.

Proposição 55
A maior soberba ou abjeção é a maior ignorância de si mesmo.

Demonstração
É evidente a partir das definições 28 e 29 dos afetos. C.Q.D.

Proposição 56
A maior soberba ou abjeção indica a maior impotência do ânimo.

Demonstração
O primeiro fundamento da virtude é conservar o seu ser (pelo corolário da proposição 22 desta parte), e fazê-lo a partir da condução da razão (pela proposição 24 desta parte). Aquele, portanto, que ignora a si mesmo, ignora o fundamento de todas as virtudes e, consequentemente, todas as virtudes. Então, viver a partir da virtude nada mais é do que agir a partir da condução da razão (pela proposição 24 desta parte), e aquele que age a partir da condução da razão deve necessariamente saber que age a partir da condução da razão (pela pro-

posição 43 da parte II). Aquele, portanto, que ignora a si mesmo e, consequentemente (como acabamos de mostrar), todas as virtudes, não age de maneira alguma a partir da virtude, isto é (como fica evidente a partir da definição 8 desta parte), é maximamente impotente de ânimo; por isso (pela proposição precedente), a maior soberba ou abjeção indica a maior impotência do ânimo. C.Q.D.

Corolário
Segue muito claramente disso que os soberbos e os abjetos estão maximamente submetidos aos afetos.

Escólio
A abjeção, no entanto, pode ser corrigida mais facilmente do que a soberba, uma vez que esta é um afeto de alegria, e aquela um afeto de tristeza; e, por isso (pela proposição 18 desta parte), esta mais forte do que aquela.

Proposição 57
O soberbo ama a presença dos parasitas ou dos aduladores; já a dos generosos, odeia.

Demonstração
A soberba é a alegria que surge quando o homem se estima além da medida (pelas definições 28 e 6 dos afetos). O homem soberbo, o quanto pode, esforça-se por fomentar essa opinião (veja-se o escólio da proposição 13 da parte III); por isso, os soberbos amarão a presença dos parasitas e dos aduladores (omiti as definições destes, pois são de-

masiadamente conhecidas), e evitarão a presença dos generosos, que têm a respeito dele uma opinião justa. C.Q.D.

Escólio
Seria demasiadamente longo enumerar aqui todos os males da soberba, uma vez que os soberbos estão submetidos a todos os afetos; mas eles não estão menos submetidos a nenhum afeto do que dos afetos do amor e da misericórdia. Mas não deve ser omitido aqui que também será chamado de soberbo aquele que estima os outros aquém da medida; por isso, a soberba deve ser definida no sentido de que é a alegria que surge de uma opinião falsa quando o homem pensa estar acima dos demais. E a abjeção deveria ser definida como contrária a essa soberba, pois surge de uma opinião falsa quando o homem acredita estar abaixo dos demais. Posto isso, concebemos facilmente que o soberbo é necessariamente invejoso (veja-se o escólio da proposição 55 da parte III); que odeia maximamente aqueles que são elogiados pelas suas virtudes; e que o seu ódio não é vencido facilmente pelo amor ou pelo benefício (veja-se o escólio da proposição 41 da parte III); e, enfim, que ele se deleita apenas na presença daqueles que obedecem ao seu ânimo impotente, e fazem de um tolo um insano.

Embora a abjeção seja contrária à soberba, o abjeto é, contudo, próximo ao soberbo. Pois, uma vez que a sua tristeza surge do fato de que ele julga a sua impotência a partir da potência ou virtude alheia, a sua tristeza será eliminada, isto é, ele se alegrará se a sua imaginação for ocupada pela contemplação dos vícios alheios. Daí nasceu aquele provérbio: consola aos miseráveis ter companheiros na desgraça. Por outro lado, ele ficará tanto mais triste, quanto mais abaixo dos demais acredite estar; acontece, assim, que ninguém tem maior tendência à inveja do que os abjetos, e que estes esforçam-se por observar as ações humanas mais para criticá-las do que para corrigi-las, e que, enfim, louvem apenas a abjeção e se vangloriem dela, mas de maneira a parecerem abjetos. E essas coisas são consequências tão necessárias desse afeto quanto serem os três ângulos de um triângulo iguais a dois ângulos retos. E eu já disse que chamo esses afetos e outros semelhantes de maus enquanto atento apenas para a utilidade humana; mas as leis da natureza observam a ordem comum da natureza, da qual o homem é parte; e quis fazer essa observação aqui para que ninguém pensasse que estou narrando os vícios e feitos absurdos dos homens, mas que não desejo demonstrar a natureza e as propriedades das coisas. Ora, como eu disse no prefácio da terceira parte, considero os afetos humanos e as suas propriedades como todas as outras coisas naturais. Certamente os afetos humanos indicam, se não a potência e o artifício humanos, ao menos a potência e o artifício da natureza, bem como muitas outras coisas, que admiramos e com cuja contemplação nos deleitamos. Mas continuo agora a notar, quanto aos afetos, aquilo que apresenta utilidade ao homem ou que lhe traz prejuízo.

Proposição 58
A glória não é contrária à razão, mas pode surgir dela.

Demonstração

É evidente a partir da definição 30 dos afetos e da definição de honesto, a qual se veja no escólio 1 da proposição 37 desta parte.

Escólio

A glória dita vã é o contentamento em si mesmo que só é fomentada pela opinião do vulgo, cessando a qual cessa também o contentamento, isto é (pelo escólio da proposição 52 desta parte), o maior bem que cada um ama. Dessa forma, acontece que quem se vangloria por meio da opinião do vulgo empenha-se, com cuidados quotidianos, faz e experimenta de tudo para conservar a sua fama. O vulgo é, pois, variável e inconstante e, por isso, se a fama não for conservada, desaparece rapidamente. Mais do que isso: uma vez que todos desejam captar os aplausos do vulgo, a fama de um é facilmente suprimida pela de outro; dessa forma, uma vez que se disputa aquilo que se julga o maior bem, surge uma lascívia enorme de se suprimir um ao outro de qualquer maneira, e aquele que, finalmente, sai vencedor se vangloria mais por ter impedido o outro do que por ter ajudado a si mesmo. Portanto, essa glória, ou esse contentamento, é de fato vã, pois não é nada.

O que deve ser notado quanto à vergonha depreende-se facilmente do que dissemos sobre a misericórdia e o arrependimento. Adiciono apenas que, assim como a comiseração, a vergonha, embora não seja uma virtude, é bom enquanto indica que, no homem que é tomado de pudor, existe o desejo de viver honestamente, assim como a dor, que é considerada boa enquanto indica que o membro ferido ainda não está putrefeito. Por isso, embora o homem que se envergonha de uma ação seja de fato triste, é, contudo, mais perfeito do que o despudorado, que não tem desejo algum de viver honestamente.

Isso é o que pretendia notar acerca dos afetos da alegria e da tristeza; no que diz respeito aos desejos, eles obviamente são bons ou maus enquanto surgem de afetos bons ou maus. Mas todos, enquanto são gerados em nós a partir de afetos que são paixões, são de fato cegos (como se conclui facilmente a partir do que dissemos no escólio da proposição 44 desta parte), e não teriam utilidade alguma se os homens pudessem ser levados a viver a partir apenas do ditame da razão, como demonstrarei brevemente a seguir.

Proposição 59
Para todas as ações às quais somos determinados a partir de um afeto que é uma paixão, podemos ser, sem ele, determinados pela razão.

Demonstração
Agir a partir da razão nada mais é (pela proposição 3 e pela definição 2 da parte III) do que fazer aquilo que provém da necessidade da nossa natureza considerada em si só. Mas a tristeza é má enquanto diminui ou coíbe essa potência de agir (pela proposição 41 desta parte); portanto, não podemos ser determinados por esse afeto a uma ação que não possamos fazer se formos conduzidos pela razão. Além disso, a alegria é má apenas enquanto impede que o homem seja apto a agir (pelas proposições 41 e

43 desta parte); por isso, não podemos ser determinados a nenhuma ação que não possamos fazer se formos conduzidos pela razão. Enfim, a alegria convém com a razão enquanto é boa, pois consiste em que a potência de agir do homem aumenta ou é ajudada, e não é uma paixão senão enquanto a potência de agir do homem não aumenta ao ponto de ele conceber a si e a suas ações adequadamente (pela proposição 3 da parte III com o seu escólio). Por essa razão, se o homem, afetado pela alegria, fosse levado a uma perfeição tal, que concebesse a si e a suas ações adequadamente, seria apto, ou melhor, mais apto ainda, a ações às quais já é determinado por afetos que são paixões. No entanto, todos os afetos se referem à alegria, à tristeza ou ao desejo (veja-se a explicação 4 das definições dos afetos), e o desejo (pela definição 1 dos afetos) nada mais é do que o próprio esforço de agir; assim, para todas as ações às quais somos determinados a partir de um afeto que é uma paixão, podemos ser, sem ele, determinados pela razão. C.Q.D.

Outra demonstração
Uma ação qualquer é considerada má enquanto surge do fato de sermos afetados pelo ódio ou por outro afeto mau (veja-se o corolário 1 da proposição 45 desta parte). No entanto, nenhuma ação, considerada em si só, é boa ou má (como mostramos no prefácio desta parte), mas uma mesma ação é ora boa, ora má; portanto, podemos ser levados (pela proposição 19 desta parte) pela razão à mesma ação, que é má no momento, ou seja, que surge de um afeto mau. C.Q.D.

Escólio
Isso é explicado mais claramente através de um exemplo. A ação de bater, enquanto é considerada fisicamente e atentamos apenas a que o homem levanta o braço, fecha a mão e move todo o braço para baixo com força, é uma virtude que é concebida a partir da constituição do corpo humano. Se, portanto, o homem, movido pela ira ou pelo ódio, é determinado a fechar a mão ou a mover o braço, isso acontece, como mostramos na segunda parte, porque uma mesma ação pode ser ligada a quaisquer imagens das coisas; por isso podemos ser determinados a uma mesma ação a partir de imagens tanto das coisas que concebemos confusamente quanto daquelas que concebemos clara e distintamente. Fica evidente, com isso, que todo desejo que surge de um afeto que é uma paixão não teria utilidade alguma se os homens pudessem ser guiados pela razão. Vejamos agora por que o desejo que surge de um afeto que é uma paixão é chamado de cego por nós.

Proposição 60
O desejo que surge da alegria ou da tristeza e que se refere a uma ou a algumas, mas não a todas as partes do corpo não considera a utilidade do homem todo.

Demonstração
Suponha-se que, por exemplo, uma parte A do corpo seja corroborada pela força de uma causa externa ao ponto de superar as demais (pela proposição 6 desta parte). Essa parte não se esforçará por perder as suas forças para que as

demais partes do corpo desempenhem a sua função. Deveria, para tanto, ter a força ou a potência de perder as suas formas, o que (pela proposição 6 da parte III) é absurdo. Assim, essa parte e, consequentemente (pelas proposições 7 e 12 da parte III) também a mente, esforçar-se-á por manter aquele estado. Por isso, o desejo que surge de tal afeto de alegria não considera o todo. Se, ao contrário, se supomos que a parte A é coibida para que as demais prevaleçam, fica demonstrado da mesma maneira que o desejo que surge da tristeza também não considera o todo. C.Q.D.

Escólio
Dado, portanto, que a alegria geralmente (pelo escólio da proposição 44 desta parte) se refere a uma parte do corpo, geralmente desejamos conservar o nosso ser sem considerar a nossa saúde como um todo. Acrescenta-se a isso o fato de que os desejos que mais nos controlam (pelo corolário da proposição 9 desta parte) consideram apenas o tempo presente, e não o futuro.

Proposição 61
O desejo que surge da razão não pode ter excesso.

Demonstração
O desejo (pela definição 1 dos afetos), considerado absolutamente, é a própria essência do homem, enquanto concebida como sendo determinada de qualquer forma a fazer algo; por isso, o desejo que surge da razão, isto é (pela proposição 3 da parte III), que é gerado em nós enquanto agimos, é a própria essência ou natureza

do homem enquanto concebida como sendo determinada a fazer aquilo que é concebido adequadamente apenas pela essência do homem (pela definição 2 da parte III). Portanto, se esse desejo pudesse ter excesso, a natureza humana, considerada em si só, poderia exceder a si mesma, ou poderia mais do que pode, o que é uma contradição evidente. Por isso, esse desejo não pode ter excesso. C.Q.D.

Proposição 62

A mente, enquanto concebe uma coisa a partir do ditame da razão, é igualmente afetada, seja pela ideia de uma coisa futura, passada ou presente.

Demonstração

Tudo o que a mente concebe sob a condução da razão é concebido sob o mesmo aspecto da eternidade ou necessidade (pelo corolário 2 da proposição 44 da parte II) e é afetado pela mesma certeza (pela proposição 43 da parte II e o seu escólio). Por isso, seja a ideia de uma coisa futura, passada ou presente, a mente concebe essa coisa com a mesma necessidade e é afetada pela mesma certeza; e, se a ideia for futura, passada ou presente, será, de qualquer maneira, igualmente verdadeira (pela proposição 41 da parte II), isto é (pela definição 4 da parte II), terá, de qualquer maneira, as mesmas propriedades de uma ideia adequada; por isso, a mente, enquanto concebe uma coisa a partir do ditame da razão, é igualmente afetada, seja pela ideia de uma coisa futura, passada ou presente. C.Q.D.

Escólio

Se pudéssemos ter um conhecimento adequado da duração das coisas e determinar pela razão os seus tempos de existência, contemplaríamos as coisas futuras e presentes com o mesmo afeto, e a mente apeteceria o bem que ela concebe como futuro assim como se ele fosse presente e, consequente e necessariamente, negligenciaria um bem presente menor por um bem futuro maior, e não apeteceria aquilo que fosse um bem no presente, mas causa de um mal futuro, como logo demonstraremos. Mas não podemos ter senão um conhecimento muito inadequado da duração das coisas (pela proposição 31 da parte II), e determinamos os tempos de existência das coisas (pelo escólio da proposição 44 da parte II) por meio apenas da imaginação, a qual não é afetada igualmente pela imagem de uma coisa presente e pela imagem de uma coisa futura; por isso, o verdadeiro conhecimento do bem e do mal, que temos, não é senão abstrato, ou seja, universal, e o juízo, que fazemos quanto à ordem das coisas e o nexo das causas para podermos determinar o que nos é bom ou mau no presente, é antes imaginário do que real. Por isso não é estranho que o desejo que surge do conhecimento do bem e do mal, enquanto ele antecipa o futuro, possa ser coibido mais facilmente pelo desejo das coisas que são agradáveis no presente. Quanto a isso, veja-se a proposição 16 desta parte.

Proposição 63

Quem é conduzido pelo medo e faz o bem a fim de evitar o mal não é conduzido pela razão.

Demonstração

Todos os afetos que se referem à mente enquanto age, isto é (pela proposição 3 da parte III), que se referem à razão, não são outros senão os afetos da alegria e do desejo (pela proposição 59 da parte III); por isso (pela definição 13 dos afetos), quem é conduzido pelo medo e faz o bem por medo do mal não é conduzido pela razão. C.Q.D.

Escólio

Os supersticiosos, que sabem mais censurar os vícios do que ensinar as virtudes, e que se empenham em não conduzir os homens pela razão, mas contê-los pelo medo, para que mais evitem o mal do que amem as virtudes, nada mais intentam senão que os demais se tornem tão miseráveis quanto eles próprios; por isso, não é estranho que eles sejam desagradáveis e odiosos para os homens.

Corolário

Por meio do desejo que surge da razão, seguimos diretamente o bem e evitamos indiretamente o mal.

Demonstração

Pois o desejo que surge da razão pode surgir apenas do afeto da alegria que não é uma paixão (pela proposição 59 da parte III), isto é, da alegria que não pode ter excesso (pela proposição 61 desta parte), e não da tristeza; assim, esse desejo (pela proposição 8 desta parte) surge do conhecimento do bem, e não do conhecimento do mal; por isso, apetecemos diretamente o bem a partir da condução da razão, e apenas nessa medida evitamos o mal. C.Q.D.

Escólio
Esse corolário é explicado pelo exemplo do doente e do saudável. O doente come aquilo que detesta por medo da morte; o saudável, por sua vez, contenta-se com a comida e desfruta da vida mais do que se temesse a morte e desejasse evitá-la diretamente. Assim, é conduzido apenas pela razão o juiz que, movido não por ódio ou ira etc., mas pelo amor à saúde pública, condena um acusado à morte.

Proposição 64
O conhecimento do mal é inadequado.

Demonstração
O conhecimento do mal (pela proposição 8 desta parte) é a própria tristeza enquanto somos cônscios dela. A tristeza, por sua vez, é a transição a uma perfeição menor (pela definição 3 dos afetos), a qual, por isso, não pode ser entendida pela própria essência do homem (pelas proposições 6 e 7 da parte III); assim (pela definição 2 da parte III), é uma paixão, que (pela proposição 3 da parte III) depende de ideias inadequadas e, consequentemente (pela proposição 29 da parte II), o seu conhecimento, a saber, o conhecimento do mal, é inadequado. C.Q.D.

Corolário
Segue daí que, se a mente humana não tivesse senão ideias adequadas, não formaria nenhuma noção do mal.

Proposição 65

A partir da condução da razão, seguiremos o maior de dois bens e o menor de dois males.

Demonstração

O bem que nos impede de desfrutar de um bem maior é, na verdade, um mal, pois o mal ou o bem se dizem das coisas (como mostramos no prefácio desta parte) enquanto as comparamos umas às outras; e (pela mesma razão) um mal menor é, na verdade, um bem. Por isso (pelo corolário da proposição 63 desta parte), a partir da condução da razão, desejamos ou seguimos apenas o bem maior e o mal menor. C.Q.D.

Corolário

Seguiremos, a partir da condução da razão, um mal menor ao invés de um bem maior e negligenciaremos um bem menor que é causa de um mal maior. O mal, pois, que é chamado aqui de menor, é, na verdade, um bem, e o bem, ao contrário, um mal; por isso (pelo corolário da proposição 63 desta parte), desejaremos aquele e negligenciaremos este.

Proposição 66

Apeteceremos, a partir da condução da razão, um bem maior futuro ao invés de um menor bem presente, e um menor mal presente ao invés de um maior mal futuro.

Demonstração
Se a mente pudesse ter um conhecimento adequado de uma coisa futura, seria afetada pelo mesmo afeto quanto a uma coisa futura e a uma coisa presente (pela proposição 62 desta parte); por isso, enquanto atentamos para a própria razão, como supomos fazer nesta proposição, a coisa é a mesma, se o bem maior ou o mal maior seja concebido tanto como presente quanto como futuro; assim (pela proposição 65 desta parte), apeteceremos um bem maior futuro ao invés de um bem menor presente etc. C.Q.D.

Corolário
Apeteceremos, a partir da condução da razão, um mal menor presente que é causa de um bem maior futuro; e negligenciaremos um bem menor presente que é causa de um mal maior futuro. Este corolário está para a proposição precedente como o corolário da proposição 65 à própria proposição 65.

Escólio
Se, portanto, isso for comparado ao que mostramos nesta parte até a proposição 18 quanto à força dos afetos, veremos facilmente em que diferem o homem que é conduzido apenas pelo afeto ou opinião e o homem que é conduzido pela razão: ora, aquele, queira ou não, faz as coisas que mais ignora; este, por sua vez, não obedece a ninguém senão a si mesmo e faz apenas as coisas que sabe serem as mais importantes na vida e às quais, por isso, mais deseja. Por isso, chamo aquele de servo e este de livre, sobre cujo enge-

nho e maneira de viver gostaríamos ainda de notar algumas coisas.

Proposição 67
O homem livre não pensa em nada menos do que na morte, e a sua sabedoria é uma meditação sobre a vida, e não sobre a morte.

Demonstração
O homem livre, isto é, o homem que vive a partir apenas do ditame da razão, não é conduzido pelo medo da morte (pela proposição 63 desta parte), mas deseja o bem diretamente (pelo corolário da mesma proposição), isto é (pela proposição 24): agir, viver, conservar o seu ser a partir do fundamento da procura do seu próprio útil. Por essa razão, não pensa em nada menos do que na morte, mas a sua sabedoria é uma meditação sobre a vida. C.Q.D.

Proposição 68
Se os homens nascessem livres, não formariam nenhum conceito de bem ou mal enquanto fossem livres.

Demonstração
Eu disse que livre é aquele que é conduzido apenas pela razão; aquele, portanto, que nasce livre, e livre permanece, não tem senão ideias adequadas. Assim, não tem nenhum conceito de mal (pelo corolário da proposição 64 desta parte) e, consequentemente (pois o bem e o mal são correlatos), nem de bem. C.Q.D.

Escólio
Fica evidente, da proposição 4 desta parte, que a hipótese desta proposição é falsa e não pode ser concebida senão enquanto atentamos à natureza humana, ou melhor, a Deus, não enquanto ele é infinito, mas enquanto é apenas a causa por que o homem existe. Isso, e outras coisas que já demonstramos, parece ser indicado por Moisés naquela história do primeiro homem, pois, nela, nenhuma outra potência de Deus é concebida senão aquela pela qual criou o homem, isto é, a potência pela qual pensou apenas na utilidade do homem; assim, é narrado que Deus proibiu o homem livre de comer da árvore do conhecimento do bem e do mal, pois, no momento exato em que dela comesse, temeria imediatamente a morte mais do que desejaria viver. Além disso, encontrada pelo homem uma esposa que convenha inteiramente com a sua natureza, ele descobriu que nada na natureza lhe poderia ser mais útil do que ela; mas, acreditando que os animais eram similares a ele, começou imediatamente a imitar os seus afetos (veja-se a proposição 27 da parte III) e a perder a sua liberdade; os patriarcas posteriormente a recuperaram conduzidos pelo espírito de Cristo, isto é, pela ideia de Deus, da qual apenas depende ser o homem livre e desejar para os demais homens o bem que deseja para si, como demonstramos acima (pela proposição 37 desta parte).

Proposição 69
A virtude do homem livre é observada igualmente grande tanto na fuga quanto na superação dos perigos.

Demonstração
Um afeto não pode ser coibido nem eliminado senão por um afeto contrário e mais forte do que o afeto a ser coibido (pela proposição 7 desta parte). Mas a audácia cega e o medo são afetos que podem ser concebidos igualmente grandes (pelas proposições 5 e 3 desta parte); portanto, é requerida uma virtude ou fortaleza do ânimo (veja-se a definição desta no escólio da proposição 59 da parte III) igualmente grande tanto para coibir audácia quanto para coibir o medo, isto é (pela definição 40 e 41 dos afetos), o homem livre foge dos perigos com a mesma virtude do ânimo com que se esforça para superá-los. C.Q.D.

Corolário
Para um homem livre, portanto, tanto a fuga na hora certa quanto a batalha correspondem a uma animosidade igualmente grande. Ou seja, o homem livre escolhe a fuga com a mesma animosidade ou presença de ânimo com que escolhe a batalha.

Escólio
Expliquei no escólio 59 da parte III o que eu entendo por animosidade. Já por perigo entendo tudo o que pode ser causa de algum mal, isto é, de tristeza, ódio, discórdia etc.

Proposição 70
O homem livre que vive entre ignorantes se empenha em declinar os benefícios dados por eles o quanto pode.

Demonstração
Cada um julga o que é bom a partir do seu engenho (veja-se o escólio da proposição 39 da parte III). Dessa forma, o ignorante que presta um benefício a alguém estimará esse benefício a partir do seu engenho e, se vê que o benefício é pouco estimado por aquele que o recebeu, entristecer-se-á (pela proposição 42 da parte III). Mas o homem livre se empenha em unir os demais homens a si por amizade (pela proposição 37 desta parte), e não em retribuir aos homens benefícios equivalentes a partir do afeto deles, mas conduzir a si e aos demais pelo juízo livre da razão e fazer apenas aquilo que ele mesmo sabe ser o mais importante. O homem livre, portanto, para não ser odiado pelos ignorantes e para não servir ao apetite deles, mas apenas à razão, esforçar-se-á por declinar os benefícios dados por eles o quanto pode. C.Q.D.

Escólio
Digo "o quanto pode" pois, embora os homens sejam ignorantes, ainda assim são homens, que podem oferecer auxílio humano, que é o melhor possível, em meio à necessidade. Por isso, muitas vezes é necessário receber auxílio dessas pessoas e, consequentemente, agradecer a elas de acordo com o engenho deles. Acrescenta-se a isso o fato de que, mesmo ao declinar-se benefícios dados por eles, é necessário que haja cautela, de maneira que não pareça que os desprezamos ou que temeremos a sua retribuição por avareza; e, assim, enquanto fugimos do seu ódio, acabaríamos ofendendo-os por essa mesma razão. Por isso, ao declinarmos benefícios, temos de levar em conta o útil e o honesto.

Proposição 71
Apenas os homens livres são os mais gratos para com os outros.

Demonstração

Apenas os homens livres são utilíssimos uns aos outros e se ligam com o maior laço de amizade (pela proposição 35 desta parte e pelo seu corolário 1) e esforçam-se por fazer bem uns aos outros com igual empenho e amor (pela proposição 37 desta parte); por isso (pela definição 34 dos afetos), apenas os homens livres são os mais gratos para com os outros. C.Q.D.

Escólio

A gratidão que os homens que são conduzidos pelo desejo cego têm uns aos outros é, no mais das vezes, mais um comércio ou uma armadilha do que gratidão. Além disso, a ingratidão não é um afeto; contudo, a ingratidão é torpe, pois geralmente indica um homem demasiadamente afetado por ódio ou ira, soberba, avareza etc. Aquele, pois, que não sabe compensar os presentes pela burrice não é ingrato, e muito menos aquele que não é movido pelos presentes de uma meretriz a fim de que sirva à sua lascívia, nem pelos presentes de um ladrão, a fim de que oculte os seus furtos, ou por outros semelhantes. Essa pessoa, ao contrário, mostra que tem um ânimo constante, pois não se deixa corromper rumo à sua perdição ou à comum por meio de nenhum presente.

Proposição 72
O homem livre nunca age com mau dolo, mas sempre com boa fé.

Demonstração
Se o homem livre fizesse algo com mau dolo, enquanto é livre, fá-lo-ia a partir do ditame da razão (pois é nessa medida que ele é chamado por nós de livre); assim, agir com mau dolo seria uma virtude (pela proposição 24 desta parte) e, consequentemente (pela mesma proposição), seria melhor que todos agissem com mau dolo para a preservação do seu ser, isto é (como é conhecido por si), seria melhor que os homens conviessem apenas em palavra, mas fossem contrários uns aos outros na realidade, o que (pelo corolário da proposição 31 desta parte) é absurdo. Portanto, o homem livre etc. C.Q.D.

Escólio
Se agora se pergunta: e se o homem pudesse, por meio de perfídia, liberar a si mesmo de um perigo presente de morte, a razão da conservação do seu ser não aconselharia que ele fosse totalmente pérfido? Deve-se responder que, se a razão o aconselhasse a isso, ela então aconselharia a todos os homens, de maneira que a razão aconselharia os homens a que não fizessem pactos, não juntassem forças nem tivessem direitos comuns senão com mau dolo, isto é, aconselharia os homens a que não tivessem direitos comuns, o que é absurdo.

Proposição 73

O homem que é conduzido pela razão é mais livre na cidade, onde vive a partir do decreto comum, do que na solidão, onde obedece apenas a si mesmo.

Demonstração

O homem que é conduzido pela razão não é levado a obedecer por medo (pela proposição 63 desta parte); mas, enquanto se esforça por conservar o seu ser a partir do ditame da razão, isto é (pelo escólio da proposição 66 desta parte), enquanto se esforça por viver livremente, deseja observar a razão da utilidade comuns (pela proposição 37 desta parte) e, consequentemente (como mostramos no escólio 2 da proposição 37 desta parte), viver a partir do decreto comum da cidade. O homem que é conduzido pela razão deseja, portanto, observar os direitos comuns da cidade a fim de viver mais livremente. C.Q.D.

Escólio

Isso e outras coisas similares, que mostramos acerca da verdadeira liberdade do homem, referem-se à fortaleza, isto é (pelo escólio da proposição 59 da parte III), à animosidade e à generosidade. Acredito que não vale a pena demonstrar separadamente aqui todas as propriedades da fortaleza, e muito menos demonstrar que o homem forte não odeia ninguém, não se enfurece com ninguém, não sente inveja de ninguém, não se indigna, não despreza ninguém e não seja soberbo de forma alguma: isso, assim como tudo o que diz respeito à verdadeira vida e à religião, prova-se facilmente a partir das proposições 37 e 46 desta parte, a saber, que o ódio deve ser vencido pelo amor e que cada um que é conduzido pela razão deseja que os demais também tenham o bem que apetece para si. Acrescenta-se a isso o que notamos no escólio da proposição 50 desta parte e em outros lugares, a saber: que o homem forte observa antes de tudo o fato de que tudo procede da necessidade da natureza divina e, assim, tudo o que pensa de molesto e mau, e, além disso, tudo o que se apresenta como ímpio, horrendo, injusto e torpe surge do fato de que ele concebe essas coisas de maneira desordenada, mutilada e confusa; por isso, esforça-se primeiramente por conceber as coisas como elas são em si e a afastar os empecilhos do verdadeiro conhecimento, tais como o ódio, a ira, a inveja, o riso, a soberba e as demais coisas que notamos anteriormente; por isso, esforça-se, como dissemos, o quanto pode, por agir bem e por alegrar-se. Demonstrarei na parte seguinte até onde a virtude humana se estende para consegui-lo, e o que ela pode.

Apêndice

As questões acerca da maneira correta de viver que mostrei nesta parte não estão arranjadas de maneira que possam ser observadas em seu conjunto de uma vez só, tendo sido demonstradas por mim dispersamente, conforme pude deduzir mais facilmente uma coisa de outra. Propus-me, portanto, recolher aqui essas questões e reduzi-las aos seus pontos principais.

Capítulo I

Todos os nossos esforços ou desejos procedem da necessidade da nossa natureza, de maneira que podem ser entendidos ou só por ela, como se fosse por sua causa próxima, ou enquanto somos uma parte da natureza que não pode ser concebida adequadamente por si, sem os demais indivíduos.

Capítulo II

Os desejos que procedem da nossa natureza de maneira que somente podem ser entendidos só por ela são aqueles que se referem à mente enquanto esta é concebida como algo que consta de ideias adequadas; os demais desejos, por outro lado, não se referem à mente senão enquanto esta concebe coisas de maneira inadequada, cuja força e crescimento devem ser definidos pela potência das coisas que são externas a nós, e não pela potência humana; por isso, aqueles são chamados corretamente de ações, enquanto estes são chamados de paixões. Ora, aqueles sempre indicam a nossa potência; estes, ao contrário, indicam a nossa impotência e um conhecimento mutilado.

Capítulo III
As nossas ações, isto é, aqueles desejos que são definidos pela potência do homem ou pela razão, são sempre bons; já as demais ações podem ser tanto bons quanto maus.

Capítulo IV
A coisa mais útil da vida é aperfeiçoar, o quanto podemos, o intelecto ou a razão, e nisso consiste a maior felicidade ou beatitude do homem; com efeito, a beatitude nada mais é senão o próprio contentamento do ânimo que surge do conhecimento intuitivo de Deus. Contudo, aperfeiçoar o intelecto nada mais é do que entender Deus, os atributos de Deus e as ações que provêm da necessidade da sua natureza. Por essa razão, o fim último do homem que é conduzido pela razão, isto é, o seu maior desejo e pelo qual se empenha em moderar os demais, é aquele que o leva a conceber adequadamente a si mesmo e a todas as coisas que podem cair sob a sua inteligência.

Capítulo V
Não existe, portanto, nenhuma vida racional sem inteligência; e as coisas são boas apenas enquanto ajudam

o homem a desfrutar a vida da mente, que é definida pela inteligência. Apenas as coisas que, ao contrário, impedem o homem de aperfeiçoar a razão e de desfrutar da vida racional são chamadas de más por nós.

Capítulo VI
Mas porque tudo aquilo de que o homem é a causa eficiente é necessariamente bom, logo nada pode acontecer de mau ao homem senão a partir de causas externas, a saber, enquanto é parte da natureza toda, cujas leis a natureza humana é forçada a obedecer e à qual é forçada a se acomodar quase que de infinitas maneiras.

Capítulo VII
E não é possível que o homem não seja parte da natureza e não siga a sua ordem comum; contudo, se ele circular entre indivíduos que convêm com a natureza do próprio homem, por isso mesmo a potência de agir do homem será ajudada e fomentada. Ao contrário, se o homem circular entre indivíduos que de jeito nenhum convêm com a sua natureza, mal poderá acomodar-se a eles sem passar por grandes mudanças em si mesmo.

Capítulo VIII
É permitido que removamos, pela via que nos parecer mais segura, da nossa proximidade tudo o que existe na natureza e que julgamos ser mau ou impedir que possamos existir e desfrutar a vida racional. E é permitido que tomemos para o nosso uso e utilizemos de qualquer maneira tudo o que, ao contrário, julgamos ser bom, ou seja, útil

à conservação do nosso ser e ao desfrute da vida racional. E é absolutamente permitido a cada um, a partir do maior direito da natureza, tudo o que julgue contribuir à sua própria utilidade.

Capítulo IX
Nada pode convir mais com a natureza de uma coisa do que os demais indivíduos da mesma espécie; por isso (pelo capítulo 7), não existe nada mais útil para o homem conservar o seu ser e para desfrutar a vida racional do que o homem que é conduzido pela razão. Dessa maneira, uma vez que não conhecemos nada entre as coisas singulares que seja mais excelente do que o homem que é conduzido pela razão, não existe coisa melhor, por meio da qual cada um de nós possa mostrar seu valor em termos de engenho e de arte, do que a educação de tais homens, de maneira que possam, enfim, viver a partir do próprio império da razão.

Capítulo X
Os homens, enquanto investem uns contra os outros por inveja ou outro afeto de ódio, são contrários uns aos outros e, consequentemente, tanto mais devem ser temidos, quanto mais podem do que os outros indivíduos da natureza.

Capítulo XI
Os ânimos, contudo, não são vencidos por armas, mas sim pelo amor e pela generosidade.

Capítulo XII

A coisa mais útil para os homens é estabelecer relações e se unir com vínculos pelos quais se fazem, de maneira mais apta, todos eles um só, e, absolutamente, fazer aquilo que serve para firmar as amizades.

Capítulo XIII

Mas, para isso, requerem-se arte e vigilância. Com efeito, os homens são variáveis (pois raros são aqueles que vivem a partir da prescrição da razão) e, ainda assim, são geralmente invejosos e tendentes mais à vingança do que à misericórdia. Portanto, é preciso uma potência singular do ânimo para suportar cada um a partir do próprio engenho e conter a si mesmo, de maneira a não imitar tais afetos. Aqueles, contudo, que sabem mais criticar os homens e censurar os seus vícios do que ensinar-lhes as virtudes, são molestos tanto para si mesmos quanto para os demais. Por isso, muitos, pela excessiva impaciência do ânimo e por um falso interesse religioso, preferem viver entre os animais a viver entre os homens; como as crianças ou os adolescentes que não conseguem suportar tranquilamente as repreensões dos pais, fogem para o exército e escolhem os incômodos da guerra e o império da tirania ao invés das comodidades domésticas e dos conselhos paternos, suportando que lhe ponham às costas todo o tipo de peso, desde que se vinguem dos seus pais.

Capítulo XIV

Embora, portanto, os homens geralmente moderem tudo a partir da sua lascívia, da sua sociedade comum provêm, ainda assim, mais comodidades do que prejuízos. Por essa razão, é melhor suportar tranquilamente as suas injúrias e dedicar-se àquilo que serve para promover a concórdia e a amizade.

Capítulo XV

As coisas que geram a concórdia são aquelas que se referem à justiça, à equidade e à honestidade. Pois os homens, além do que é injusto e iníquo, também não suportam o que é considerado torpe ou que contraria os costumes aceitos na cidade. No entanto, as coisas que dizem respeito à religião e à piedade são as mais necessárias para promover o amor. Quanto a isso, veja-se os escólios 1 e 2 da proposição 37, o escólio da proposição 46 e o escólio da proposição 73 da parte IV.

Capítulo XVI

Além disso, a concórdia na maioria das vezes costuma ser gerada a partir do medo, mas sem confiança. Some-se a isso o fato de que o medo surge da impotência do ânimo e, por isso, não diz respeito ao uso da razão; assim como a comiseração, embora pareça apresentar um aspecto de piedade.

Capítulo XVII

Os homens também são vencidos pela prodigalidade, especialmente aqueles que não têm como obter o que é necessário para o sustento da sua vida. Contudo, dar auxílio a todo indigente supera as forças e a utilidade de um homem privado, pois as riquezas de um homem privado são absolutamente insuficientes para dar conta disso. Além disso, a capacidade de um único homem é limitada demais para que ele possa unir-se a todos por amizade; por essa razão, o cuidado com os pobres recai sobre toda a sociedade e diz respeito apenas à utilidade comum.

Capítulo XVIII

Ao se receber benefícios e mostrar gratidão, o cuidado deve ser completamente outro, sobre o qual, veja-se o escólio da proposição 70 e o escólio da proposição 71 da parte IV.

Capítulo XIX

Além disso, o amor sexual, isto é, a lascívia de procriar que surge da formosidade, e absolutamente, todo amor que reconhece outra causa que não a liberdade do ânimo, converte-se facilmente em ódio. A não ser que, o que é pior, seja uma espécie de delírio; então, alimenta-se mais a discórdia do que a concórdia. Veja-se o corolário da proposição 31 da parte III.

Capítulo XX

No que concerne ao matrimônio, é certo que ele convém com a razão se o desejo de juntar os corpos surge não apenas da formosidade, mas também do amor de procriar filhos e educá-los sabiamente; além disso, se o amor de ambos, isto é, do homem e da mulher, tem como causa não apenas a formosidade, mas principalmente a liberdade do ânimo.

Capítulo XXI

Além disso, a adulação gera concórdia; mas o faz pelo torpe crime da servidão ou da perfídia. Com efeito, ninguém é maior presa da adulação do que os soberbos, que querem ser os primeiros, mas não o são.

Capítulo XXII

Há na abjeção o aspecto falso de piedade e religião. E, embora a abjeção seja contrária à soberba, o abjeto é, contudo, semelhante ao soberbo. Veja-se o escólio da proposição 57 da parte IV.

Capítulo XXIII

Além disso, a vergonha contribui à concórdia apenas nas coisas que não podem ser ocultadas. Então, como a própria vergonha é uma espécie de tristeza, não diz respeito ao uso da razão.

Capítulo XXIV

Os demais afetos de tristeza pelos homens se opõem diretamente à justiça, à equidade, à honestidade, à piedade e à religião; e, embora a indignação pareça mostrar um aspecto de equidade, vive-se sem lei onde é permitido que cada um emita juízos sobre as ações alheias e reivindique direitos seus ou de outro.

Capítulo XXV

A modéstia, isto é, o desejo de agradar a todos que é determinado a partir da razão, refere-se à piedade (como dissemos no escólio 1 da proposição 37 da parte IV); mas, se surge de um afeto, é ambição, ou o desejo pelo qual os homens geralmente concitam discórdias e sedições valendo-se de uma falsa imagem de piedade. Pois aquele que deseja ajudar os demais com um conselho ou uma coisa, a fim de que desfrutem juntos o maior bem, empenhar-se-á em promover o amor deles para si antes de mais nada, e não despertar neles admiração, para que tenha uma disciplina com o seu nome, nem absolutamente dar motivo algum de inveja. Em seguida, evitará recensear os vícios dos homens nas conversas comuns, e não se interessará por falar da impotência humanas senão com parcimônia; no entanto, falará abundantemente sobre a virtude ou potência humana, e sobre o caminho para aperfeiçoá-la, de maneira que os homens se esforcem por viver não a partir do medo ou da repulsa, mas sim movidos pelo afeto da alegria e a partir da prescrição da razão.

Capítulo XXVI
Além dos homens, não conhecemos nenhuma coisa singular na natureza com cuja mente possamos nos alegrar e com que possamos nos ligar por amizade ou outro tipo de relação. Por isso, a razão da nossa utilidade não nos pede que conservemos tudo o que existe na natureza exteriormente ao homem; ao contrário, ela nos ensina a conservá-lo, destruí-lo ou adaptá-lo de qualquer maneira à nossa utilidade.

Capítulo XXVII
A utilidade que tomamos das coisas que são exteriores a nós é, além da experiência e do conhecimento que

adquirimos da observação dessas coisas e da sua mudança de uma forma a outra, principalmente a conservação do corpo. Por essa razão, as coisas mais úteis são aquelas que podem nutrir e alimentar o corpo de maneira que todas as suas partes possam desempenhar as suas funções, pois, quanto mais apto é o corpo a ser afetado de múltiplas maneiras e a afetar os corpos exteriores de múltiplas maneiras, tanto mais apta é a mente a pensar (veja-se as proposições 38 e 39 da parte IV). Contudo, pouquíssimas coisas desse tipo parecem existir na natureza, de maneira que, para alimentar o corpo como ele pede, é necessário utilizar muitos alimentos de naturezas diversas. Com efeito, o corpo humano é composto de muitíssimas partes de diferentes naturezas, partes essas que carecem de alimento constante e variado a fim de que o corpo seja igualmente apto a tudo o que pode decorrer da sua própria natureza e, consequentemente, para que a mente também seja igualmente apta a conceber muitas coisas.

Capítulo XXVIII
No entanto, para a obtenção dessas coisas, as forças de cada um dificilmente bastariam, a não ser que os homens prestassem auxílio uns aos outros. Mas o dinheiro trouxe como que um compêndio de todas as coisas, e, em decorrência disso, a sua imagem geralmente costuma ocupar a mente do vulgo, porque dificilmente podem imaginar uma espécie qualquer de alegria que não seja concomitante à ideia do dinheiro como causa.

Capítulo XXIX

Mas esse vício é apenas daqueles que não procuram o dinheiro por necessidade nem por indigência, mas sim porque aprenderam as artes do lucro, por meio das quais elevam a si mesmos magnificamente. Além disso, costumam alimentar o seu corpo, mas parcamente, pois acreditam perder, dos seus bens, aquilo que gastam com a conservação do seu corpo. Mas, aqueles que conheceram a verdadeira utilidade do dinheiro, e moderam a quantidade das suas riquezas apenas em proporção à sua indigência, vivem contentes com pouco.

Capítulo XXX

Uma vez, portanto, que sejam boas as coisas que ajudam as partes do corpo a desempenhar as suas funções, e que a alegria consista na potência do homem, enquanto este consta de mente e corpo, ser ajudada ou aumentada, tudo aquilo que traz alegria é bom. Contudo, dado que as coisas não agem com a finalidade de nos afetar de alegria, e que a sua potência de agir não seja moderada a partir da nossa utilidade, e que, enfim, como a alegria geralmente se refere mais a uma parte do corpo, eles geralmente têm afetos de alegria (a menos que a razão e a vigilância estejam presentes) e, consequentemente, os desejos, que delas surgem, têm excesso. Acrescenta-se a isso o fato de que, a partir de um afeto, temos primeiramente aquilo que é agradável no presente, e não podemos estimar as coisas futuras com o mesmo afeto do ânimo. Veja-se o escólio da proposição 44 e o escólio da proposição 60 da parte IV.

Capítulo XXXI
Mas a superstição, ao contrário, parece estabelecer como bom aquilo que traz tristeza e, como mau, aquilo que traz alegria. No entanto, como já dissemos (veja-se o escólio da proposição 45 da parte IV), ninguém, a não ser o invejoso, deleita-se com a minha impotência e com o meu incômodo. Pois quanto maior é a alegria que nos afeta, tanto maior é a perfeição a que passamos e, consequentemente, tanto mais participamos da natureza divina. E a alegria que a verdadeira razão da nossa utilidade modera jamais pode ser má. Mas aquele que, ao contrário, é conduzido pelo medo e faz o bem para evitar o mal, não é conduzido pela razão.

Capítulo XXXII
Mas a potência humana é muitíssimo limitada, e é superada infinitamente pela potência das causas externas; por isso, não temos o poder absoluto de adaptar para nosso uso as coisas que são externas a nós. Contudo, suportaremos com igual ânimo as coisas que nos acontecem contra o que a razão da nossa utilidade pede se formos cônscios de que cumprimos o nosso dever, de que a potência que temos não se pode estender a ponto de as evitarmos e de que somos parte da totalidade da natureza, cuja ordem seguimos. Se entendermos isso clara e distintamente, aquela parte de nós, que é definida como inteligência, isto é, a melhor parte de nós, evidentemente se contentará com isso, e se esforçará por permanecer nesse contentamento. Pois, enquanto entendemos, não podemos apetecer nada a não ser aquilo que é necessário nem poderemos contentar-nos absolutamen-

te a não ser com o verdadeiro. Por isso, enquanto entendemos corretamente essas coisas, o esforço da nossa melhor parte convém com a ordem da natureza toda.

FIM DA QUARTA PARTE.

Parte V
Sobre a potência do intelecto, ou sobre a liberdade humana

Prefácio

Passo finalmente à outra parte da Ética, a qual é a maneira ou via que conduz à liberdade. Logo, nela discutirei sobre a potência da razão, mostrando o que a própria razão pode fazer contra os afetos, e depois o que é a liberdade da mente ou a felicidade, a partir de que veremos, o quanto o sábio é mais potente que o ignorante. Porém, não pertence a essa discussão estabelecer como e por qual via deva o intelecto ser aperfeiçoado, nem por qual arte o corpo deva ser cuidado para que possa, por seu ofício, executar as coisas corretamente, pois isto compete à medicina, aquilo, à lógica. Aqui, portanto, como eu disse, tratarei apenas da potência da mente ou razão. E, antes de tudo, mostrarei o quanto e qual tipo de império ela tem sobre os afetos, para que sejam coibidos e moderados. Pois que nós próprios não temos o império absoluto sobre eles, já o demonstramos acima. Os estoicos, contudo, pensaram que isso dependia absolutamente da nossa vontade, e que poderíamos imperar sobre os afetos absolutamente. Mas pelo clamor da experiência e não verdadeiramente a partir de seus princípios, os estoicos foram obrigados a confessar que são necessários não pouco esforço e prática para que os afetos sejam contidos e moderados. Para tentar demonstrar isso, certo sujeito deu como exemplo dois cães (se bem me lembro): um doméstico, (I, 278) outro de caça. Pela prática, finalmente pôde fazer com que o doméstico caçasse e o caçador se acostumasse a se abster de perseguir lebres. Descartes favorece muito essa opinião. Pois estabeleceu que a alma ou mente seja especialmente unida a uma certa parte do cérebro, chamada glândula pineal, por meio da qual a mente sente todos os movimentos que são excitados no corpo, e os objetos externos, e que a mente, só porque quer, pode mover variadamente. Ele estabeleceu que esta glândula está suspensa no meio do cérebro para que, com o mínimo movimento dos espíritos animais, possa ser movida. Depois estabeleceu que essa glândula está suspensa no meio do cérebro de vários modos, a saber, tantos quantos são os vários modos dos espíritos animais que a atingem, e, além disso, que os vários vestígios nela impressos são tantos quantos os vários objetos externos que contra ela propelem esses espíritos animais. Donde acontece que, depois, se essa glândula, pela vontade da alma movendo-a variadamente, deste ou daquele modo, esteja suspensa como foi uma vez pelos espíritos, estando agitada deste ou daquele modo, então a própria glândula propelirá daquele modo e determinará os próprios espíritos animais, que antes disso, por uma similar suspensão da glândula, haviam sido repelidos. Além disso estabeleceu que cada vontade da mente é por natureza unida a um movimento certo dessa glândula. Por exemplo, se alguém tem vontade de olhar para um objeto distante, essa vontade se efetiva para que a pupila dilate; mas se pensa a partir da pupila sozinha a ser dilatada, de nada será de benefício para isso ter a vontade, porque a natureza não uniu o movimento da glândula, que serve para impelir os espíritos contra o nervo óptico de maneira conveniente para que a pupila seja dilatada ou contraída de acordo com a vontade de que essa fosse dilatada ou contraída, mas de acordo com a vontade de observar objetos distantes ou próximos. Por fim, ele estabeleceu que, embora cada movimento dessa glândula pareça estar conectado, por natureza, com cada um de nossos pensamentos singulares desde o início das nossas vidas, esses movimentos podem, por hábito, ligar-se a outros ainda, o que ele se esforça para provar no art. 50 da parte I de *As paixões da alma*. A partir disso conclui que nenhuma alma é tão frágil que não possa, quando bem dirigida, adquirir poder absoluto sobre suas paixões. Pois essas, como foram definidas por ele, são percepções, sentimentos ou emoções da alma, as quais a ela estão relacionadas, e que, nota bem, são produzidas, conservadas, e corroboradas, por algum movimento do espírito (veja-se art. 27 da parte I de *As paixões da alma*). Mas, como podemos juntar qualquer que seja a vontade a um movimento qualquer da glândula, e consequentemente dos espíritos, e como a determinação da vontade depende apenas do nosso poder, assim, se determinarmos nossa vontade, com juízos certos e firmes, segundo os quais queremos dirigir as ações da nossa vida, e juntarmos os movimentos das paixões que queremos ter, adquiramos o império absoluto sobre nossas paixões. É essa a opinião desse homem ilustríssimo (tal como infiro de suas próprias palavras), a qual eu dificilmente acreditaria que fosse dita por tamanho homem, se tivesse sido enunciada de forma menos acurada. Não posso admirar o suficiente, que esse filósofo, que firmemente estabelecera nada deduzir a não ser de princípios conhecidos por si, e nada afirmar a não ser o que clara e distintamente percebesse, e que frequentemente repreendera os escolásticos porque quiseram explicar coisas obscuras por meio de qualidades ocultas, assumisse uma hipótese mais oculta que todas as qualidades ocultas. O que, pergunto, ele entende pela união da mente e corpo? Que conceito, digo, ele tem, claro e distinto, do pensamento unido de forma estreitíssima com essa quantidade de pequeníssimas proporções? Eu gostaria, certamente, que ele tivesse explicado essa união por sua causa próxima. Mas ele concebera a mente a tal ponto distinta do corpo que nem dessa união nem da própria mente pôde indicar uma causa singular, mas foi preciso para ele recorrer à causa de todo o Universo, isto é, Deus. Depois, eu realmente queria saber quantos graus de movimento a mente pode atribuir a essa glândula pineal, e com quanta força pode a mente mantê-la suspensa. Pois não sei se essa glândula é mais lenta ou rapidamente movida pela mente do que pelos espíritos animais, nem se o movimento das paixões, que juntamos estreitamente a juízos firmes, não possam desprender-se novamente deles por causas corpóreas. Disso se seguiria que, mesmo que a mente tivesse proposto firmemente ir contra os perigos, e a esse decreto tivesse juntado o movimento da audácia, contudo, ao ver o perigo, a glândula estaria suspensa de tal maneira que a mente não poderia pensar a não ser na fuga; e como certamente não existe relação entre vontade e movimento, nenhuma comparação é dada entre a potência ou as forças da mente e as do corpo; e consequentemente as forças deste de maneira nenhuma podem ser determinadas pelas forças daquela. Adicione-se a isso que essa glândula não está situada no meio do cérebro de tal maneira que seja repelida tão facilmente e revolvida de tantos modos, e que nem todos os nervos se estendem até as cavidades do cérebro. Finalmente, deixo de lado todas as coisas que ele disse sobre a vontade e sua liberdade, já que essas coisas são falsas, e demonstrei isso suficientemente acima.

Portanto, como a potência da mente, como mostrei acima, é definida pela inteligência sozinha, os remédios dos afetos, as quais, creio, todos certamente experimentaram, mas não acuradamente observaram nem viram distintamente, só determinaremos pelo conhecimento da mente, e deduziremos dele todas as coisas que dizem respeito à sua felicidade.

Axiomas

I. Se duas ações contrárias são incitadas em certo sujeito, uma mudança deverá acontecer necessariamente ou em uma só ou em ambas, até que deixem de ser contrárias.

II. A potência de um efeito é definida pela potência de sua causa desde que a essência dele seja explicada ou definida pela essência de sua causa.
Esse axioma é patente pela proposição 7 da parte III.

Proposição 1
Assim como os pensamentos e as ideias das coisas são ordenados e concatenados na mente, assim as afecções do corpo ou imagens das coisas são ordenadas com precisão e concatenadas no corpo.

Demonstração
A ordem e conexão das ideias é igual (pela proposição 7 da parte II) à ordem e conexão das coisas; e vice-versa, a ordem e conexão das coisas é igual (pelo corolário da proposição 6 e 7 da parte II) à ordem e conexão das ideias. Como, da mesma maneira, a ordem e conexão das ideias na mente acontece segundo a ordem e concatenação das afecções do corpo (pela proposição 18 da parte II), assim, vice-versa (pela proposição 2 da parte III), a ordem e conexão das afecções do corpo acontece exatamente como os pensamentos e as ideias das coisas são ordenados e concatenados na mente. C.Q.D.

Proposição 2

Se, pelo pensamento, removemos a comoção ou afeto do ânimo de sua causa externa, e a juntamos a outros pensamentos, então o amor ou ódio à causa externa, assim como as flutuações do ânimo que se originam desses afetos, serão destruídos.

Demonstração

De fato, aquilo que constitui a forma do amor ou ódio é a alegria ou a tristeza concomitantemente à ideia de causa externa (pelas definições 6 e 7 dos afetos), portanto, destruída, esta é tolhida a forma do amor ou do ódio; e, por conseguinte, esses afetos, e os que deles se derivam, são destruídos. C.Q.D.

Proposição 3

O afeto que é uma paixão deixa de ser paixão tão logo dele formamos uma ideia clara e distinta.

Demonstração

O afeto que é uma paixão é uma ideia confusa (pela definição geral dos afetos). Se, portanto, formarmos desse afeto uma ideia clara e distinta, essa ideia só se distinguirá do próprio afeto, desde que se refira apenas à mente, a não ser pela razão (pela proposição 21 da parte II com seu escólio); e, por conseguinte (pela proposição 3 da parte III), esse afeto deixará de ser uma paixão. C.Q.D.

Corolário
Portanto, o afeto está mais em nosso poder e a mente sofre menos quanto mais ele nos é conhecido.

Proposição 4
Não há nenhuma afecção do corpo de que não possamos formar um conceito claro e distinto.

Demonstração
As coisas que são comuns a todos não podem ser conhecidas a não ser adequadamente (pela proposição 38 da parte II), e, por isso (pela proposição 12 e lema 2, que está depois do escólio da proposição 13 da parte II), não há nenhuma afecção do corpo de que não possamos formar um conceito claro e distinto. C.Q.D.

Corolário
Daqui se segue que não há nenhuma afecção da qual não possamos formar algum conceito claro e distinto. Pois o afeto é a ideia de uma afecção do corpo (pela definição geral dos afetos), a qual por essa razão (pela proposição precedente) deve envolver algum conceito claro e distinto.

Escólio
Como nada existe de que algum efeito não se siga (pela proposição 36 da parte I), e que entendemos clara e distintamente tudo que se segue de uma ideia que em nós é adequada (pela proposição 40 da parte II), daí se segue que cada um tem poder de entender a si e a seus afetos clara e distintamente, senão em absoluto, pelo menos em par-

te, e consequentemente de fazer com que por essas coisas sofra menos. Portanto, deve ser dada principalmente a devida atenção para essa questão, para que conheçamos, tanto quanto possível, cada afeto clara e distintamente, para que assim a mente seja determinada pelo afeto a pensar nas coisas que ela percebe clara e distintamente, e com as quais contenta totalmente; e, por conseguinte, para que o próprio afeto seja separado do pensamento da causa externa, e seja juntado a pensamentos verdadeiros; disso se segue que não só o amor, o ódio etc. são destruídos (pela proposição 2 desta parte), mas também os apetites ou desejos que costumam surgir de tal afeto não possam ter excesso (pela proposição 61 da parte IV). Pois deve-se notar, em primeiro lugar, que é um e o mesmo o apetite pelo qual o homem se diz tanto agir quanto sofrer. Por exemplo, quando mostramos que a natureza humana é estabelecida de tal maneira que cada um apetece que os outros vivam segundo o engenho de cada um (veja-se corolário da proposição 31 da parte III), o apetite no homem, que não é conduzido pela razão é uma paixão que se chama ambição, não muito diferente da soberba; ao contrário, no homem que vive a partir do ditame da razão, é uma ação ou virtude que se chama piedade (veja-se o escólio 1 da proposição 37 da parte IV e a demonstração 2 desta). E dessa maneira todos os apetites ou desejos só são paixões enquanto se originam de ideias inadequadas; e são associados a virtudes quando são suscitados ou gerados por ideias adequadas. Pois todos os desejos pelos quais somos determinados a agir podem aparecer tanto por meio de ideias adequadas, quanto por ideias inadequadas (veja-se proposição 59 da parte IV). E (para retornar de onde me desviei nesta digressão) não se pode pensar para os afetos em outro remédio mais excelente, que dependa de nosso poder, do que aquele que consiste no verdadeiro conhecimento, uma vez que nenhuma outra potência da mente é dada a não ser a de formar e pensar ideias adequadas, como (pela proposição 3 da parte III) mostramos acima.

Proposição 5
O afeto para com uma coisa que imaginamos de maneira mais simples, não como necessário, possível ou contingente, em iguais circunstâncias, é o maior de todos.

Demonstração
O afeto para com uma coisa que imaginamos ser livre é maior do que para com uma coisa necessária (pela proposição 49 da parte III), e, consequentemente, é ainda maior do que para com uma coisa que imaginamos ser possível ou contingente (pela proposição 11 da parte IV). Mas imaginar uma coisa como livre é não é nada mais do que imaginar a coisa de maneira simples, ignorando as causas a partir das quais ela foi determinada a agir (pelo que mostramos no escólio da proposição 35 da parte II). Logo, o afeto para com uma coisa que imaginamos de maneira mais simples é maior do que para com outra que imaginamos, em iguais circunstâncias, como necessária, possível ou contingente, e, consequentemente, será o maior. C.Q.D.

Proposição 6

Enquanto a mente entende todas as coisas como necessárias, tem maior potência sobre os afetos, ou seja, sofre menos por eles.

Demonstração

A mente entende que todas as coisas são necessárias (pela proposição 29 da parte I), e que são determinadas a existir e operar por um nexo infinito de causas (pela proposição 28 da parte I); por conseguinte (pela proposição precedente), faz com que a mente, na mesma medida, sofra menos pelos afetos que delas se originam, e (pela proposição 48 da parte III) é menos afetada por elas. C.Q.D.

Escólio

Quanto mais este conhecimento, a saber, que as coisas sejam necessárias, diz respeito a coisas singulares que mais distinta e vividamente imaginamos, maior é a potência da mente sobre os afetos, como atestado pela própria experiência. Vemos, pois, que a tristeza de um certo bem perdido é mitigada quando o homem que o perdeu considera que não teria sido possível, de maneira nenhuma, conservar aquele bem. Assim também, vemos que ninguém se comisera de um bebê porque ele não sabe falar, andar, raciocinar e, enfim, por viver ignorante de si por tantos anos. Mas se a maioria dos homens nascesse adulta, e apenas um ou outro nascesse bebê, então todos se comiserariam de cada bebê, porque considerariam a infância não como uma coisa natural e necessária, mas como um vício ou pecado da natureza; e, como esse, poderíamos citar muitos outros exemplos.

Proposição 7

Os afetos que se originam ou são suscitados a partir da razão, se o tempo é levado em consideração, são mais potentes do que os que se referem às coisas singulares que contemplamos como ausentes.

Demonstração

Não contemplamos uma coisa como ausente a partir do afeto pelo qual a imaginamos, mas a partir disto: que o corpo é afetado por outro afeto que exclui a existência da coisa (pela proposição 17 da parte II). Porque o afeto que se refere a uma coisa que contemplamos como ausente não é de uma natureza que supere as outras ações e a potência do homem (sobre isso, veja-se a proposição 6 da parte IV); mas, ao contrário, é de sua natureza poder ser retido por essas afecções que excluem a existência de sua causa externa (pela proposição 9 da parte IV). Mas o afeto que é oriundo da razão refere-se necessariamente às propriedades comuns das coisas (veja-se a definição de razão no escólio 2 da proposição 40 da parte II), as quais sempre contemplamos como presentes (pois nada pode existir que exclua sua existência presente), e as quais sempre imaginamos da mesma maneira (pela proposição 38 da parte II). Por isso, tal afeto sempre permanece a mesmo, e, consequentemente (pelo axioma 1 desta parte), os afetos que lhe são contrários, e que não são favorecidos por suas causas externas, deverão acomodar-se mais e mais a ele, até que não sejam mais contrários, e, nessa medida, o afeto que se origina da razão é mais potente. C.Q.D.

Proposição 8
Quanto mais um afeto é suscitado por muitas causas simultaneamente concorrentes, maior ele é.

Demonstração
Muitas causas simultaneamente podem mais do que se fossem menos causas (pela proposição 7 da parte III); portanto (pela proposição 5 da parte IV), quanto mais um afeto é excitado por muitas causas simultaneamente, mais forte ele é. C.Q.D.

Escólio
Essa proposição é também patente do axioma 2 desta parte.

Proposição 9
O afeto que se refere a diversas causas que a mente contempla simultaneamente com o próprio afeto, é menos nocivo e sofremos menos com ele, e somos afetados menos com cada uma das suas causas do que seríamos com um outro afeto igualmente grande que se referisse a um só ou a um número menor de causas.

Demonstração
Um afeto é mau ou nocivo na medida em que a mente é impedida por ela de poder pensar (pelas proposições 26 e 27 da parte IV). E, por conseguinte, aquele afeto pelo qual a mente é determinada à contemplação de muitos objetos simultaneamente é menos nocivo do que outro afeto igualmente grande que detenha a mente na contemplação de apenas um ou de poucos objetos, de tal maneira que ele

não possa pensar em outros. Este era o primeiro ponto. Depois, visto que a essência da mente, isto é (pela proposição 7 da parte III), sua potência, consiste no pensamento apenas (pela proposição 11 da parte II), logo a mente, pelo afeto com que é determinada à contemplação de muitos objetos simultaneamente, sofre menos do que por um afeto igualmente grande que retenha a mente ocupada na contemplação de um ou de poucos objetos. Este é o segundo ponto. Finalmente, esse afeto (pela proposição 48 da parte III), enquanto se refere a muitas causas externas, é também menor no que diz respeito a cada uma delas. C.Q.D.

Proposição 10
Enquanto não somos conflitados por afetos que são contrários à nossa natureza, temos o poder de ordenar e concatenar as afecções do corpo segundo a ordem do intelecto.

Demonstração
Os afetos que são contrários à nossa natureza, isto é (pela proposição 30 da parte IV), os que são maus, são maus apenas enquanto impedem a mente de entender (pela proposição 27 da parte IV). Portanto, enquanto não somos conflitados por afetos que são contrários à nossa natureza, a potência da mente pela qual se esforça para entender as coisas (pela proposição 26 da parte IV) não é impedida, e, portanto, tem o poder para formar ideias claras e distintas, e de as deduzir umas das outras (veja-se o escólio 2 da proposição 40 e o escólio da proposição 47 da parte II), e, consequentemente (pela proposição 1 desta parte), temos

o poder de ordenar e concatenar as afecções do corpo segundo a ordem do intelecto. C.Q.D.

Escólio

Por esse poder de corretamente ordenar e concatenar as afecções do corpo, podemos fazer com que não sejamos facilmente afetados por afetos maus. Pois (pela proposição 7 desta parte), maior força é requerida para reter os afetos ordenados e concatenados segundo a ordem do intelecto do que para os incertos e vagos. Portanto, o melhor que podemos fazer enquanto não temos o perfeito conhecimento dos nossos afetos é conceber uma razão correta de viver, ou seja, dogmas certos de vida, aprendê-los de memória, e aplicá-los continuamente às coisas particulares que se apresentam frequentemente em nossa vida, para que assim nossa imaginação seja afetada por eles amplamente, e estejam sempre à mão para nós. Por exemplo, colocamos entre os dogmas de vida (veja-se proposição 46 da parte IV com seu escólio), vencer o ódio pelo amor, ou seja, com a generosidade, porém não o compensando com um ódio recíproco. Todavia, para que tenhamos essa prescrição da razão sempre à mão, há de se pensar e frequentemente meditar sobre as injúrias comuns dos homens, e de que maneira e por qual via sejam repelidas pela generosidade da melhor forma possível; assim, juntaremos a imagem da injúria à imaginação desse dogma, e para nós (pela proposição 18 da parte II) ele estará sempre à mão quando formos afetados por uma injúria. Porque, se tivermos em prontidão a razão da nossa verdadeira utilidade, e do bem que se segue da mútua amizade e da sociedade comum, e, além disso, que apareça o sumo contentamento do ânimo em se viver a partir da correta razão (pela proposição 52 da parte IV), e que os homens, como os restantes, agem pela necessidade da natureza; então a injúria, ou seja, o ódio que costuma aparecer a partir dessas coisas, ocupará uma parte mínima da imaginação, e facilmente será superado; ou se a ira, a qual costuma surgir de injúrias maiores, não é tão facilmente superada, ainda assim será superada, embora não sem uma flutuação do ânimo, durante um espaço de um tempo muito menor do que se não tivéssemos meditado antes sobre essas coisas, como é patente pelas proposições 6, 7 e 8 desta parte. Sobre a firmeza para abandonar o medo, deve ser pensada deste modo: os perigos comuns da vida devem ser claramente enumerados e frequentemente imaginados, para que, desse modo, possam ser evitados e superados com a melhor presença e fortaleza do ânimo. Mas deve-se notar que para ordenarmos os nossos pensamentos e imagens, sempre devemos atentar (pelo corolário da proposição 63 da parte IV e a proposição 59 da parte III) àquilo que há de bom nas coisas, para que assim sejamos sempre determinados a agir pelo afeto da alegria. Por exemplo, se alguém vê que busca excessivamente a glória, que pense sobre o correto uso dela, e para que fim ela seja procurada e por quais meios adquirida; mas não sobre o abuso, a vaidade e a inconstância dos homens, ou outras coisas desse tipo, sobre as quais só pensa quem tem o ânimo perturbado. Em tais pensamentos, pois, se afligem maximamente aqueles que são muito ambiciosos, quando se desesperam de conseguir a honra que buscavam, então vomitam a sua ira querendo parecer sábios. Por isso, é certo que os que são mais desejosos de glória são os mesmos que mais reclamam do seu abuso e da vaidade do mundo. E isso não é exclusivo do ambicioso, mas é comum a todos aos quais a fortuna é adversa e que são impotentes de ânimo. Pois é o pobre e avarento que não cessa de falar sobre o abuso do dinheiro e os vícios dos ricos, quando não faz outra coisa que afligir a si mesmo e mostrar aos outros que não suporta em seu ânimo iníquo tanto a sua pobreza quanto as riquezas dos outros. Assim também, os que são mal-recebidos pela amante, nada pensam além da inconstância das mulheres, de seu ânimo falaz e outros de seus desencantados vícios, que entregam imediatamente ao esquecimento, assim que são recebidos novamente pela amante. Portanto, aquele que se empenha em moderar seus afetos e apetites a partir do seu amor à liberdade, esse, o quanto pode, trabalhará para conhecer as virtudes e suas verdadeiras causas, e preencher o ânimo do gozo que surge do verdadeiro conhecimento dessas virtudes; e não contemplará os vícios dos homens e os difamará, nem se regozijará com uma falsa espécie de liberdade. E aquele que diligentemente observar essas coisas (o que, de fato, não é muito difícil), e as praticar, em breve espaço de tempo poderá dirigir suas ações, na maior parte, pelo império da razão.

Proposição 11

Quanto mais uma imagem é referida a muitas coisas, mais ela é frequente, ou seja, vige mais frequentemente e ocupa mais a mente.

Demonstração

Pois, quanto mais a imagem ou afeto se refere a muitas coisas, mais causas há pelas quais ela pode ser excitada e favorecida, as quais a mente (por hipótese) contempla todas simultaneamente a partir do próprio afeto, e, por conseguinte, o afeto é mais frequente nisso, ou seja, vige mais frequentemente, e (pela proposição 8 desta parte) ocupa mais a mente. C.Q.D.

Proposição 12

As imagens das coisas são juntadas mais facilmente a imagens que se referem às coisas que entendemos clara e distintamente do que às outras.

Demonstração

As coisas que entendemos clara e distintamente ou são propriedades comuns das coisas ou são deduzidas destas (veja-se a definição de razão no escólio 2 da proposição 40 da parte II), e, portanto, com mais frequência (pela proposição precedente) são excitadas em nós, e, consequentemente, pode acontecer mais facilmente que contemplemos as outras coisas simultaneamente que estas, e (I, 290) (pela proposição 18 da parte II), por conseguinte, que elas se juntem mais facilmente a estas do que às outras. C.Q.D.

Proposição 13

Quanto mais uma imagem é juntada a muitas outras, mais frequentemente ela vige.

Demonstração
Pois, quanto mais uma imagem é juntada a muitas outras (pela proposição 18 da parte II), mais causas se dão pelas quais ela pode ser suscitada. C.Q.D.

Proposição 14
A mente pode fazer com que todas as afecções do corpo, ou seja, imagens das coisas, refiram-se à ideia de Deus.

Demonstração
Nenhuma afecção do Corpo existe da qual a mente não possa formar um conceito claro e distinto (pela proposição 4 desta parte); e derivo que pode fazer (pela proposição 15 da parte I) que todas se refiram à ideia de Deus. C.Q.D.

Proposição 15
Quem entende a si e a seus afetos clara e distintamente ama a Deus, e tanto quanto mais entende a si e a seus afetos.

Demonstração
Quem entende a si e a seus afetos clara e distintamente se alegra (pela proposição 53 da parte III), e isso concomitantemente à ideia de Deus (pela proposição precedente), e, por conseguinte (pela definição 6 dos afetos), ama a Deus tanto mais quanto mais entende a si e a seus afetos. C.Q.D.

Proposição 16
Este amor a Deus deve o ocupar a mente maximamente.

Demonstração
Com efeito, este amor está junto de todas as afecções do corpo (pela proposição 14 desta parte) pelas quais este é favorecido (pela proposição 15 desta parte), portanto (pela proposição 11 desta parte), deve ocupar a mente maximamente. C.Q.D.

Proposição 17
Deus é imune às paixões e nunca é afetado por afecção de alegria ou tristeza.

Demonstração
Todas as ideias, enquanto se referem a Deus, são verdadeiras (pela proposição 32 da parte II), isto é (pela definição 4 da parte II), adequadas, e, por conseguinte (pela definição geral dos afetos), Deus é isento de paixões. Ademais, Deus não pode transitar para maior ou menor perfeição (pelo corolário 2 da proposição 20 da parte I); e, portanto, (pelas definições 2 e 3 dos afetos) não é afetado por nenhum afeto de alegria nem de tristeza. C.Q.D.

Corolário
Deus, propriamente falando, não ama nem odeia ninguém. Porque Deus (pela proposição precedente) não pode ser afetado por nenhum afeto de alegria nem de tristeza, e, consequentemente (pelas definições 6 e 7 dos afetos), não ama nem odeia ninguém.

Proposição 18
Ninguém pode odiar a Deus.

Demonstração

A ideia de Deus que existe em nós é adequada e perfeita (pelas proposições 46 e 47 da parte II); e, por conseguinte, enquanto contemplamos Deus, agimos (pela proposição 3 da parte III); consequentemente (pela proposição 59 da parte III), não pode haver uma tristeza concomitante à ideia de Deus, isto é (pela definição 7 dos afetos), ninguém pode odiar a Deus. C.Q.D.

Corolário

O amor a Deus não pode ser convertido em ódio.

Escólio

Mas pode-se objetar que, enquanto entendemos Deus como causa de todas as coisas, por isso consideramos Deus como causa da tristeza. Ora, a isso respondo que, enquanto entendemos as causas da tristeza, na mesma medida (pela proposição 3 desta parte) ela deixa de ser paixão, isto é (pela proposição 59 da parte III), deixa de ser tristeza; e, portanto, enquanto entendemos ser Deus a causa da tristeza, então nos alegramos.

Proposição 19
Quem ama a Deus não pode esforçar-se para que Deus também o ame.

Demonstração

Se o homem se esforçasse para isso, logo desejaria (pelo corolário da proposição 17 desta parte) que Deus, a quem ama, não fosse Deus, e, consequentemente (pela proposição 19 da parte III), desejaria se deprimir, o que (pela proposição 28 da parte III) é um absurdo. Logo, quem ama a Deus etc. C.Q.D.

Proposição 20

Este amor a Deus não pode ser poluído nem pelo afeto de inveja nem pelo de ciúme; mas é mais e mais favorecido quanto mais imaginamos mais homens unidos a Deus pelo mesmo vínculo de amor.

Demonstração

Este amor a Deus é o sumo bem que podemos apetecer a partir do ditame da razão (pela proposição 28 da parte IV), e é comum a todos os homens (pela proposição 36 da parte IV) e desejamos que todos gozem dele (pela proposição 37 da parte IV); e, por conseguinte (pela definição 23 dos afetos) não pode ser maculado pelo afeto de inveja, nem ainda (pela proposição 18 deste parte e pela definição de ciúme que se vê no escólio da proposição 35 da parte III) pelo afeto de ciúme; mas, ao contrário, deve ser mais favorecido quanto mais homens imaginamos gozando dele. C.Q.D.

Escólio

Podemos mostrar, da mesma maneira, que nenhum afeto existe que seja diretamente contrário a esse amor, e que com esse amor possa ser destruído; por isso, podemos concluir que esse amor a Deus é o mais constante de todos os afetos, e que, enquanto se refere ao corpo não pode ser destruído a não ser com o próprio corpo. Porém, o que seja a natureza desse amor, enquanto se refere à mente sozinha, veremos depois. Com tudo o que foi visto até aqui, reuni todos os remédios para todos os afetos, ou seja, tudo que a mente, considerada em si mesma, pode contra os afetos; a partir disso, aparece que a potência da mente contra os afetos consiste em: I°. no seu conhecimento dos afetos (veja-se o escólio da proposição 4 desta parte); II°. em que ela separa os afetos do pensamento da causa externa que imaginamos confusamente (veja-se a proposição 2 com o escólio da proposição 4 desta parte); III°. no tempo pelo qual as afecções que se referem às coisas que entendemos superam aquelas que se referem às coisas que confusa ou mutiladamente concebemos (veja-se a proposição 7 desta parte); IV°. na multidão das causas pelas quais as afecções que se referem às propriedades comuns das coisas ou de Deus são favorecidas (veja-se as proposições 9 e 11 desta parte); V°. finalmente, na ordem em que a mente pode ordenar seus afetos e concatená-los reciprocamente (veja-se o escólio da proposição 10 e também as proposições 12, 13 e 14 desta parte). Mas, para que entendamos melhor a potência da mente sobre os afetos, deve ser especialmente notado que os afetos são chamados grandes por nós quando comparamos o afeto de um homem com o de outro, e vemos que o mesmo afeto se defronta com um que mais do que com outro; ou quando comparamos um afeto com outro de um mesmo homem, e verificamos que ele é mais afetado ou movido por um afeto mais do que que por outro. Com efeito (pela proposição 5 da parte IV), a força de um afeto é definida pela potência da causa externa em comparação com a nossa. Mas a potência da mente é definida apenas pelo conhecimento, ao passo que a impotência, ou seja, a paixão, é estimada somente pela privação do conhecimento, isto é, por aquilo pelo qual as ideias são ditas inadequadas. Disso se segue que a mente que sofre mais é aquela que em sua maior parte é constituída de ideias inadequadas, e, assim, é discernida mais pelo que ela sofre do que pelo que ela faz; e, ao contrário, a mente que mais age é aquela cuja maior parte é constituída de ideias adequadas; assim, embora haja nesta mente tantas ideias inadequadas quanto naquela, ela é discernida mais por aquelas ideias que são atribuídas às virtudes humanas do que por aquelas que comprovam a impotência humana. Ademais, deve-se notar que as doenças e os infortúnios do ânimo se originam principalmente do excesso de amor por uma coisa que é sujeita a muitas variações e que nunca podemos possuir. Pois ninguém se preocupa ou fica ansioso por uma coisa a não ser que a ame; e as injúrias, as suspeitas, as inimizades etc. surgem do amor por coisas das quais não podemos verdadeiramente ser possuidores. A partir disso, facilmente concebemos porque o pensamento claro e distinto e aquele terceiro gênero de conhecimento (sobre ele veja-se o escólio da proposição 47 da parte II), cujo fundamento é o próprio conhecimento de Deus, pode sobre os afetos, aos quais certamente, enquanto são paixões, se não tolhe absolutamente (veja-se a proposição 3 com o escólio da proposição 4 desta parte), ao menos acontece que constituam uma parte mínima da mente (veja-se a proposição 14 desta parte). Ademais, gera o amor àquilo que é imutável e eterno (veja-se a proposição 15 desta parte), de que verdadeiramente somos possuidores (veja-se proposição 45 da parte II), amor que, por esse motivo, não pode ser maculado por nenhum dos vícios que existem no amor comum, mas pode ser sempre maior (pela proposição 15 desta parte), ocupar a maior parte da mente (pela proposição 16 desta parte) e afetá-la amplamente. Com essas coisas, completo os assuntos que dizem respeito a esta vida presente. Pois, aquilo que eu disse no princípio deste escólio, a saber, que abrangi nessas poucas coisas todos os remédios contra os afetos, cada um que preste atenção pode facilmente conferir com base no que dissemos neste escólio, nas definições da mente e de seus afetos, e, finalmente, nas proposições 1 e 3 da parte III. Portanto, já é tempo para passarmos a discutir o que é pertinente à duração da mente em relação ao corpo.

Proposição 21
A mente nada pode imaginar, nem recordar das coisas do passado, a não ser enquanto dura o corpo.

Demonstração
A mente não exprime a existência atual de seu corpo, nem concebe as afecções do corpo como atuais, a não ser enquanto dura no corpo (pelo corolário da proposição 8 da parte II), e, consequentemente (pela proposição 26 da parte II), não concebe nenhum corpo como existindo em ato a não ser enquanto seu corpo dura, e, da mesma maneira, nada pode imaginar (veja-se a definição de imaginação

no escólio da proposição 17 da parte II), nem se recordar das coisas do passado, a não ser enquanto seu corpo dura (veja-se a definição de memória no escólio da proposição 18 da parte II). C.Q.D.

Proposição 22
Em Deus, porém, há necessariamente uma ideia que exprime a essência deste ou daquele corpo humano sob o aspecto da eternidade.

Demonstração
Deus não só é a causa da existência deste e daquele corpo humano, mas também de sua essência (pela proposição 25 da parte I), que por isso, deve necessariamente ser concebida pela própria essência de Deus (pelo axioma 4 da parte I), e isso por uma necessidade eterna (pela proposição 16 da parte I), conceito que certamente deve existir em Deus necessariamente (pela proposição 3 da parte II). C.Q.D.

Proposição 23
A mente humana não pode ser absolutamente destruída com o Corpo, mas dela permanece algo que é eterno.

Demonstração
Em Deus existe necessariamente o conceito ou a ideia que exprime a essência do corpo humano (pela proposição precedente), ideia que por isso é necessariamente algo que pertence à essência da mente humana (pela proposição 13 da parte II). Mas não atribuímos nenhuma

duração à mente humana que possa ser definida pelo tempo a não ser enquanto exprime a existência atual do corpo, a qual é explicada pela duração e pode ser definida pelo tempo, isto é (pelo corolário da proposição 8 da parte II), não atribuímos duração à própria mente senão enquanto o corpo dura. Como, porém, trata-se de algo que é concebido pela eterna necessidade da própria essência de Deus (pela proposição precedente), esse algo que pertence à essência da mente será necessariamente eterno. C.Q.D.

Escólio
Como dissemos, essa ideia que exprime a essência do corpo sob o aspecto da eternidade é um modo de pensar certo que pertence à essência da mente e que necessariamente é eterno. No entanto, não pode acontecer que recordemos de que tenhamos existido antes do corpo, uma vez que não existe no corpo qualquer vestígio disso, nem a eternidade pode ser definida pelo tempo, nem ter qualquer relação com o tempo. Mas, mesmo assim, sentimos e experimentamos que somos eternos. Pois a mente não sente aquelas coisas que concebe entendendo menos do que as que tem na memória. Com efeito, os olhos com os quais a mente vê as coisas são as demonstrações. Portanto, embora não nos recordemos de termos existido antes do corpo, ainda assim sentimos que a nossa mente enquanto envolve a essência do corpo sob o aspecto da eternidade, é eterna, e sua existência não pode ser definida pelo tempo, ou seja, não pode ser explicada pela duração. Logo, pode-se dizer que nossa mente dura e que sua existência pode ser definida por um tempo certo somente enquanto envolve a

existência atual do corpo, e só nessa medida tem a potência para determinar pelo tempo a existência das coisas e concebê-las sob a duração.

Proposição 24
Quanto mais entendemos as coisas singulares, mais entendemos Deus.

Demonstração
É evidente pelo corolário da proposição 25 da parte I.

Proposição 25
O sumo esforço da mente e sua suma virtude é entender as coisas pelo terceiro gênero de conhecimento.

Demonstração
O terceiro gênero de conhecimento procede da ideia adequada de certos atributos de Deus para o adequado conhecimento da essência das coisas (veja-se sua definição no escólio da proposição 40 da parte II), e quanto mais entendemos as coisas dessa maneira, mais (pela proposição precedente) entendemos Deus, e, portanto (pela proposição 28 da parte IV), a suma virtude da mente, isto é (pela definição 8 da parte IV), a potência ou natureza da mente, ou seja (pela proposição 7 da parte III), seu sumo esforço é o de entender as coisas por meio do conhecimento de terceiro gênero. C.Q.D.

Proposição 26

Quanto mais a mente é apta a entender as coisas pelo terceiro gênero de conhecimento, mais ela deseja entender as coisas por esse gênero de conhecimento.

Demonstração

É evidente. Pois, na mediada em que concebemos a mente como apta a entender as coisas por esse gênero de conhecimento, então a concebemos como determinada a entender as coisas por esse mesmo gênero de conhecimento, e, consequentemente (pela definição 1 dos afetos), quanto mais a mente é apta a isso, mais o deseja. C.Q.D.

Proposição 27

Deste terceiro gênero de conhecimento origina-se o sumo contentamento da mente que pode existir.

Demonstração

A suma virtude da mente é conhecer a Deus (pela proposição 28 da parte IV), ou seja, entender as coisas pelo terceiro gênero de conhecimento (pela proposição 25 desta parte); e essa virtude é certamente maior quanto mais a mente conhece as coisas por esse gênero de conhecimento (pela proposição 24 desta parte); portanto, quem conhece as coisas por esse gênero de conhecimento é levado à suma perfeição humana, e, consequentemente (pela definição 2 dos afetos), é afetado pela suma alegria, e isso (pela proposição 43 da parte II) é concomitante à ideia de si mesmo e de sua virtude, e, por conseguinte (pela definição 25 dos afetos), desse gênero de conhecimento origina-se o sumo contentamento que pode existir. C.Q.D.

Proposição 28
O esforço ou desejo de conhecer as coisas por meio do terceiro gênero de conhecimento não pode originar-se do primeiro, mas sim do segundo gênero de conhecimento.

Demonstração
Essa proposição é evidente por si mesma. Pois, o que entendemos clara e distintamente entendemos ou por si mesmo ou por outra coisa que é concebida de si mesmo, isto é, as ideias que existem em nós claras e distintas, ou seja, as que se referem ao terceiro gênero de conhecimento (veja-se o escólio 2 da proposição 40 da parte II) não podem se seguir de ideias mutiladas e confusas, as quais (pelo mesmo escólio) se referem ao primeiro gênero de conhecimento, mas de ideias adequadas, ou seja (pelo mesmo escólio), do segundo e do terceiro gêneros de conhecimento; e, portanto (pela definição 1 dos afetos), o desejo de conhecer as coisas pelo terceiro gênero de conhecimento não se pode originar do primeiro, mas certamente do segundo gênero. C.Q.D.

Proposição 29
O que quer que a mente entenda sob o aspecto da eternidade, ela não o concebe por meio da existência presente atual do corpo, mas porque concebe a essência do corpo sob o aspecto da eternidade.

Demonstração

Enquanto a mente concebe a existência presente do seu corpo, também concebe sua duração, que pode ser determinada pelo tempo, e somente assim tem a potência de conceber as coisas com relação ao tempo (pela proposição 21 desta parte e pela proposição 26 da parte II). Mas a eternidade não pode ser explicada pela duração (pela definição 8 da parte I e pela sua explicação). Logo, a mente, nessa medida, não tem o poder de conceber a coisa sob o aspecto da eternidade; mas, porque é da natureza da razão conceber as coisas sob o aspecto da eternidade (pelo corolário 2 da proposição 44 da parte II), e, além disso, pertence à natureza da mente conceber a essência do corpo sob o aspecto da eternidade (pela proposição 23 desta parte), e, além dessas duas coisas, nada outro pertence à essência da mente (pela proposição 13 da parte II); logo, essa potência de conceber as coisas sob o aspecto da eternidade não pertence à mente a não ser enquanto concebe a essência do corpo sob o aspecto da eternidade. C.Q.D.

Escólio

As coisas são concebidas por nós como atuais de duas maneiras: ou enquanto existem com relação a um tempo e local certos, ou enquanto estão contidas em Deus e concebemos que se sigam da necessidade da natureza divina. Ora, as que concebemos desta segunda maneira como verdadeiras ou reais, nós as concebemos sob o aspecto da eternidade, e as ideias dessas coisas envolvem a essência eterna e infinita de Deus, conforme mostramos pela proposição 45 da parte II, da qual se veja o escólio.

Proposição 30
Nossa mente, enquanto conhece a si mesma e ao corpo sob o aspecto da eternidade, também tem necessariamente o conhecimento de Deus e sabe que é em Deus e por meio de Deus é concebida.

Demonstração
A eternidade é a própria essência de Deus enquanto envolve a existência necessária (pela definição 8 da parte I). Portanto, conceber as coisas sob o aspecto da eternidade é conceber as coisas, enquanto são concebidas pela essência de Deus, como entes reais, ou seja, enquanto, pela essência de Deus, envolvem a existência; e, portanto, nossa mente, enquanto concebe a si mesma e seu corpo sob o aspecto da eternidade, necessariamente tem o conhecimento de Deus e sabe etc. C.Q.D.

Proposição 31
O terceiro gênero de conhecimento depende da mente, como de uma causa formal, enquanto a própria mente é eterna.

Demonstração
A mente nada concebe sob o aspecto da eternidade a não ser enquanto concebe a essência do seu corpo sob o aspecto da eternidade (pela proposição 29 desta parte), isto é (pelas proposições 21 e 23 desta parte), a não ser enquanto é eterna; e, por conseguinte (pela proposição precedente), enquanto é eterna, tem o conhecimento de Deus, que decerto é necessariamente adequado (pela pro-

posição 46 da parte II), e, portanto, a mente, enquanto é eterna, está apta a conhecer todas aquelas coisas que podem seguir-se do conhecimento de Deus (pela proposição 40 da parte II), isto é, conhecer as coisas pelo terceiro gênero de conhecimento (veja-se sua definição no escólio 2 da proposição 40 da parte II), do qual a mente (pela definição 1 da parte III), enquanto é eterna, é causa adequada ou formal. C.Q.D.

Escólio

Portanto, quanto mais cada um se desenvolve nesse gênero de conhecimento mais cônscio estará de si mesmo e de Deus, isto é, será mais perfeito e feliz, o que ficará ainda mais evidente a partir do que segue. Mas, deve-se notar aqui que, embora estejamos certos de que a mente é eterna enquanto concebe as coisas sob o aspecto da eternidade, no entanto, para que as coisas que queremos mostrar sejam explicadas com mais facilidade e mais bem entendidas, consideraremos como se a mente tivesse apenas começado agora a existir e a entender as coisas sob o aspecto da eternidade, como temos feito até aqui; o que nos é permitido fazer sem nenhum perigo de erro, contanto que tomemos o cuidado de nada concluir que não seja a partir de premissas evidentes.

Proposição 32

Somos deleitados com tudo que entendemos pelo terceiro gênero de conhecimento e com a ideia concomitante de Deus como causa.

Demonstração
Desse gênero de conhecimento surge o sumo contentamento da mente (pela proposição 27 desta parte), ou seja (pela definição 25 dos afetos), a alegria, que é concomitante à ideia de si, e, consequentemente (pela proposição 30 desta parte), também à ideia de Deus como causa. C.Q.D.

Corolário
Do terceiro gênero de conhecimento origina-se necessariamente o amor intelectual de Deus. Porque a partir desse gênero de conhecimento surge (pela proposição precedente) a alegria concomitante à ideia de Deus como causa, isto é (pela definição 6 dos afetos), o amor de Deus, não enquanto o imaginamos como presente (pela proposição 29 desta parte), mas enquanto entendemos que Deus é eterno; e é isso que eu chamo de amor intelectual de Deus.

Proposição 33
O amor intelectual de Deus que se origina do terceiro gênero de conhecimento é eterno.

Demonstração
De fato, o terceiro gênero de conhecimento (pela proposição 31 desta parte e o axioma 3 da parte I) é eterno; e, por conseguinte (pelo mesmo axioma da parte I), o amor que se origina dele também é necessariamente eterno. C.Q.D.

Escólio

Embora esse amor a Deus não tenha tido um começo (pela proposição precedente), tem todas as perfeições do amor, como se tivesse tido uma origem, como fingimos no corolário da proposição precedente. Não há aqui diferença alguma, senão que a mente tem essas mesmas perfeições que fingimos acontecer-lhe agora, e isso concomitante à ideia de Deus como causa eterna. Com efeito, se a alegria consiste na passagem para uma perfeição maior, a felicidade sem dúvida deve consistir em que a mente é dotada da própria perfeição.

Proposição 34
A Mente só está sujeita aos afetos que se referem às paixões enquanto o corpo dura.

Demonstração

A imaginação é a ideia pela qual a mente contempla alguma coisa como presente (veja-se sua definição no escólio da proposição 17 da parte II), a qual, no entanto, indica mais o estado presente do corpo humano do que a natureza da coisa externa (pelo corolário 2 da proposição 16 da parte II). A imaginação é, portanto, um afeto (pela definição geral dos afetos) enquanto indica o estado presente do corpo; portanto (pela proposição 21 desta parte), a mente só está sujeita às afecções que se referem aos afetos enquanto o corpo dura. C.Q.D.

Corolário
Disso se segue que nenhum amor além do amor intelectual é eterno.

Escólio
Se atentamos à opinião comum dos homens, veremos que eles certamente são cônscios da eternidade de sua mente, mas que a confundem com a duração e a atribuem à imaginação ou à memória, que creem permanecer após a morte.

Proposição 35
Deus ama a si mesmo com um amor intelectual infinito.

Demonstração
Deus é absolutamente infinito (pela definição 6 da parte I), isto é (pela definição 6 da parte II), a natureza de Deus goza de infinita perfeição, e isso (pela proposição 3 da parte II) concomitantemente à ideia de si, isto é (pela proposição 11 e pela definição 1 da parte I), à ideia de sua causa, e isso é o que dissemos ser, no corolário da proposição 32 desta parte, o amor intelectual.

Proposição 36
O amor intelectual da mente a Deus é o próprio amor de Deus pelo qual Deus ama a si mesmo, não enquanto infinito, mas enquanto pode ser explicado pela essência da mente humana, considerada sob o aspecto da eternidade, isto é, o amor intelectual da mente a Deus é parte do amor infinito pelo qual Deus ama a si mesmo.

Demonstração

Esse amor da mente deve ser referido às ações da mente (pelo corolário da proposição 32 desta parte e pela proposição 3 da parte III); portanto, é uma ação pela qual a mente contempla a si mesma concomitantemente à ideia de Deus como causa (pela proposição 32 desta parte e seu corolário), isto é (pelo corolário da proposição 25 da parte I e o corolário da proposição 11 da parte II), uma ação pela qual Deus, enquanto pode ser explicado pela mente humana, contempla a si mesmo concomitantemente à ideia de si; portanto (pela proposição precedente), esse amor da mente é parte do amor infinito pelo qual Deus ama a si mesmo. C.Q.D.

Corolário

Disso se segue que Deus, enquanto ama a si mesmo, ama os homens, e, consequentemente, que o amor de Deus para os homens e o amor da mente para Deus são um e o mesmo.

Escólio

A partir disso claramente entendemos em que nossa salvação, felicidade ou liberdade consiste, a saber, no constante e eterno amor a Deus, ou seja, no amor de Deus para com os homens. E não é sem motivo que esse amor ou felicidade seja chamado de glória nos códices Sagrados. Pois, seja esse amor referido à Deus seja à mente, ele pode ser chamado corretamente de contentamento do ânimo, o que, na verdade, não se distingue da glória (pelas definições 25 e 30 dos afetos). Com efeito, enquanto se refere a Deus, (pela proposição 35 desta parte) é uma alegria – que nos seja ainda permitido o uso desta palavra – concomitantemente à ideia de si mesmo, bem como enquanto se refere à mente (pela proposição 27 desta parte). Ademais, porque a essência da nossa mente consiste somente no conhecimento cujo princípio e fundamento é Deus (pela proposição 15 da parte I e pelo escólio da proposição 47 da parte II), daí nos é evidente como e de que maneira nossa mente, segundo sua essência e existência, segue-se da natureza divina e depende continuamente de Deus. Aqui pensei que valia a pena mostrar, por meio desse exemplo, o quanto o conhecimento das coisas singulares que chamei de intuitivo ou do terceiro gênero (veja-se escólio 2 da proposição 40 da parte II) é capaz, e mais potente do que o conhecimento universal, que chamei de segundo gênero. Pois, embora eu tenha mostrado de maneira geral na primeira parte que todas as coisas (e consequentemente também a mente humana) dependem de Deus segundo a essência e a existência, e embora aquela demonstração seja legítima e esteja fora de qualquer dúvida, ainda assim não afeta nossa mente tanto quanto o que se conclui da própria essência de uma coisa singular que declaramos depender de Deus.

Proposição 37
Nada existe na natureza que seja contrário a esse amor intelectual, ou seja, que o possa destruir.

Demonstração
Esse amor intelectual se segue necessariamente da natureza da mente enquanto considerada, pela natureza

de Deus, como verdade eterna (pelas proposições 33 e 39 desta parte). Portanto, se existisse algo que fosse contrário a esse amor, ele seria contrário à verdade, porque o que pudesse destruir esse amor faria com que o verdadeiro fosse falso, o que (como é evidente por si) é absurdo. Logo, nada existe na natureza etc. C.Q.D.

Escólio
O axioma da quarta parte diz respeito às coisas singulares enquanto consideradas em relação a um tempo e lugar certos, do que acredito que ninguém duvide.

Proposição 38
Quanto mais coisas a mente entende pelo segundo e pelo terceiro gêneros de conhecimento, menos ela sofre com afetos que são maus, e teme menos a morte.

Demonstração
A essência da mente consiste no conhecimento (pela proposição 11 da parte II). Portanto, quanto mais coisas a mente conhece pelo segundo e terceiro gêneros de conhecimento, maior é a parte dela que permanece (pela proposição 23 e 29 desta parte), e, consequentemente (pela proposição precedente), maior é a parte dela que não é atingida por afetos que são contrários à nossa natureza, isto é (pela proposição 30 da parte IV), que são maus. Assim, quanto mais coisas a mente conhece pelo segundo e terceiro gênero de conhecimento, maior é sua parte que permanece ilesa, e, consequentemente, ela sofre menos com as afecções etc. C.Q.D.

Escólio
 Disso entendemos aquilo que apenas toquei no escólio da proposição 39 da parte IV, e que prometi explicar nesta parte, a saber, que a morte certamente é menos prejudicial quanto maior é o conhecimento claro e distinto da mente, e, consequentemente, quanto mais a mente ama a Deus. Ademais, visto que (pela proposição 27 desta parte) a partir do terceiro gênero de conhecimento origina-se o sumo contentamento que pode existir, segue-se disso que a mente humana pode ser de tal natureza que a parte dela que mostramos que perece com o corpo (veja-se a proposição 21 desta parte), não tem nenhuma importância com respeito àquela que permanece. Mas sobre isso em breve falarei mais prolixamente.

Proposição 39
 Quem tem um corpo que é apto a muitas coisas, tem uma mente cuja maior parte é eterna.

Demonstração
 Quem tem um corpo apto a fazer muitas coisas de jeito nenhum é afligido por maus afetos, (pela proposição 38 da parte IV), isto é (pela proposição 30 da parte IV), por afetos que são contrários à nossa natureza; e, por conseguinte (pela proposição 10 desta parte), tem o poder de ordenar e concatenar as afecções do corpo segundo a ordem do intelecto, e, consequentemente, de fazer (pela proposição 14 desta parte) com que todas as afecções do corpo se refiram à ideia de Deus, do que se seguirá (pela proposição 15 deste) que é afetado de um amor a Deus, que (pela proposição

16 desta parte) deve ocupar, ou seja, constituir, a maior parte da mente, e, dessa maneira (pela proposição 33 desta parte), tem uma mente cuja maior parte é eterna. C.Q.D.

Escólio

Visto que os corpos humanos são aptos a fazer muitas coisas, não há dúvida de que podem ser de uma natureza tal que se refiram a mentes que tenham um grande conhecimento de si mesmas e de Deus, e cuja parte maior e principal seja eterna, e, portanto, que dificilmente temam a morte. Mas, para que essas coisas sejam entendidas mais claramente aqui, deve-se notar que nós vivemos em uma contínua variação, e, exatamente na medida em que somos mudados para melhor ou para pior, somos ditos felizes ou infelizes. Com efeito, quem de bebê ou criança passa a cadáver é dito infeliz, e, ao contrário, a felicidade nos será atribuída se pudermos percorrer todo o espaço da vida com uma mente sã em um corpo são. Na verdade, quem tem um corpo como o de um bebê ou uma criança, apto a pouquíssimas coisas, e maximamente dependendo de causas externas, tem uma mente que, considerada apenas em si mesma, quase não tem consciência de si, nem de Deus, nem das coisas; ao contrário, quem tem um corpo apto a muitas coisas, tem uma mente que, considerada só em si mesma, possui grande consciência de si, de Deus e das coisas. Nesta vida, portanto, esforcemo-nos principalmente para que que o corpo da infância se transforme, o quanto sua natureza permite e a isso conduz, em um outro que seja apto a muitas coisas e que se refira a uma mente que seja consciente de si mesma, de Deus e de muitas coisas, de tal maneira que tudo o que se refira à sua memória ou imaginação seja de pouquíssima importância a respeito do intelecto, como eu já disse no escólio da proposição precedente.

Proposição 40
Quanto mais perfeição cada coisa tem, mais age e menos sofre, e, ao contrário, quanto mais age mais perfeita é.

Demonstração
Quanto mais perfeita é cada coisa, mais realidade tem (pela definição 6 da parte II), e, consequentemente (pela proposição 3 da parte III com seu escólio), mais age e menos sofre. Essa demonstração, em ordem inversa, procede da mesma maneira; do que se segue, inversamente, que uma coisa seja mais perfeita quanto mais ela age. C.Q.D.

Corolário
Disso se segue que a parte da mente que permanece, qualquer que seja o seu tamanho, é mais perfeita do que outra. Pois a parte eterna da mente (pelas proposições 23 e 29 desta parte) é o intelecto, somente pelo qual se diz que agimos (pela proposição 3 da parte III); aquela parte, porém, que mostramos perecer é a imaginação (pela proposição 21 desta parte), somente pela qual se diz que sofremos (pela proposição 3 da parte III e pela definição geral dos afetos); e, por conseguinte (pela proposição precedente) aquela parte, qualquer que seja o seu tamanho, é mais perfeita do que esta. C.Q.D.

Escólio
Essas são as coisas que eu tinha proposto mostrar sobre a mente enquanto considerada sem sua relação com a existência do corpo; destas, bem como a partir da proposição 21 e de outras, parece que nossa mente, enquanto entende, é um modo eterno de pensar, que é determinado por outro modo eterno de pensar, e este de novo por outro, e assim ao infinito; de tal maneira que todos, simultaneamente, constituem o intelecto eterno e infinito de Deus.

Proposição 41
Ainda que não soubéssemos que a nossa mente é eterna, teríamos como primeiros a piedade, a religião, e absolutamente tudo aquilo que se refere à animosidade e à generosidade, que demonstramos na quarta parte.

Demonstração
O primeiro e único fundamento da virtude ou da razão de viver corretamente (pelo corolário da proposição 22 e pela proposição 24 da parte IV) é procurar o que é útil. Ora, para determinar as coisas que a razão indica como úteis, não tivemos em conta a eternidade da mente, a qual só conhecemos nesta quinta parte. Portanto, embora tivéssemos ignorado que a mente é eterna, demonstramos que aquilo que se refere à animosidade e à generosidade é tido por nós como primordial; e, por conseguinte, ainda que agora ignorássemos tudo isso, mesmo assim teríamos os preceitos da razão como primeiros. C.Q.D.

Escólio

A persuasão comum do vulgo parece ser outra. Pois a maioria parece crer que é livre enquanto lhe é lícito obedecer à lascívia, e que renuncia a seus direitos enquanto tem que viver de acordo com a prescrição da lei divina. Portanto, creem que a piedade, a religião e absolutamente todas as coisas que se referem à fortaleza do ânimo são fardos que, após a morte, esperam pôr de lado para receber o preço de sua servidão, a saber, da piedade e da religião. E não apenas porque esperam isso, mas também, principalmente, pelo medo de ser punidos depois da morte por cruéis suplícios, é que são induzidos a viver segundo a prescrição da lei divina, tanto quanto o suporta sua fragilidade e ânimo impotente. E, se esses homens não tivessem essa esperança e esse medo dentro de si, mas, ao contrário, se acreditassem que as mentes perecem com os corpos e que não resta aos miseráveis, extenuados pelo fardo da piedade, uma vida mais além, voltar-se-iam ao seu engenho e quereriam moderar tudo por sua lascívia, e quereriam obedecer preferencialmente à fortuna do que a si mesmos. Isso para mim não parece menos absurdo do que se alguém, por não crer que possa nutrir eternamente o corpo de bons alimentos, preferisse saturá-lo de venenos e coisas mortíferas, ou que alguém, porque vê que sua mente não é eterna ou imortal, preferisse ser demente e viver sem razão, coisas tão absurdas que mal merecem ser mencionadas.

Proposição 42

A felicidade não é o prêmio da virtude, mas é a própria virtude; e não gozamos dela para refrear a lascívia, mas, ao contrário, é porque gozamos dela que podemos refrear a lascívia.

Demonstração

A felicidade consiste no amor a Deus (pela proposição 36 desta parte e seu escólio), e esse amor decerto se origina do terceiro gênero de conhecimento (pelo corolário da proposição 32 desta parte), e, por conseguinte, esse amor (pelas proposições 59 e 3 da parte III), deve referir-se à mente enquanto ela age; e, dessa forma (pela definição 8 da parte IV) ele é a própria virtude. Isso era o primeiro. Além disso, quanto mais a mente goza desse amor divino, ou seja, de felicidade, mais entende (pela proposição 32 desta parte), isto é (pelo corolário da proposição 3 desta parte), maior potência tem sobre os afetos e (pela proposição 38 desta parte) sofre menos dos afetos que são maus; e, por conseguinte, ela tem o poder de coibir a lascívia; e visto que a potência humana para coibir os afetos consiste apenas no intelecto, logo ninguém goza de felicidade porque coibiu os afetos, mas, ao contrário, o poder de coibir a lascívia se origina da própria felicidade. C.Q.D.

Escólio

Com essas coisas, conclui tudo o que eu queria mostrar sobre a potência da mente sobre os afetos e sobre a liberdade da mente. Disso é evidente o quanto o sábio se sobressai e é preferível ao ignorante que age somente pela lascívia. Pois o ignorante, além de ser agitado de muitos modos por causas externas e de nunca obter o verdadeiro contentamento do ânimo, além disso, vive como que inconsciente de si mesmo, de Deus e das coisas; e logo que deixa de sofrer, simultaneamente deixa também de existir. Ao contrário, o sábio, enquanto é considerado como tal, dificilmente se comove com o ânimo, mas, consciente de si, de Deus e das coisas, graças a uma certa necessidade eterna, nunca deixa de existir; e sempre obtém o verdadeiro contentamento do ânimo. Se a via que mostrei conduzir a isso parece muito árdua, ainda assim pode ser descoberta. E certamente deve ser árduo aquilo que tão raramente é descoberto. Com efeito, como poderia ocorrer que a salvação fosse negligenciada por quase todos se ela estivesse à mão e pudesse ser descoberta sem grande trabalho? Mas todas as coisas excelentes são tão difíceis quanto raras.

Fim.

Leia também!

Conecte-se conosco:

facebook.com/editoravozes

@editoravozes

@editora_vozes

youtube.com/editoravozes

+55 24 2233-9033

www.vozes.com.br

Conheça nossas lojas:

www.livrariavozes.com.br

Belo Horizonte – Brasília – Campinas – Cuiabá – Curitiba
Fortaleza - Juiz de Fora – Petrópolis – Recife – São Paulo

EDITORA VOZES LTDA.
Rua Frei Luís, 100 – Centro – Cep 25689-900 – Petrópolis, RJ
Tel.: (24) 2233-9000 – E-mail: vendas@vozes.com.br